U0910387

金融科技三大支柱

——一本书读懂大数据金融、区块链与智能投顾

罗明雄　侯少开　全忠伟　著

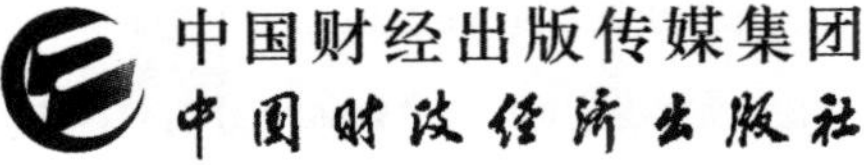

图书在版编目（CIP）数据

金融科技三大支柱：一本书读懂大数据金融、区块链与智能投顾／罗明雄，侯少开，全忠伟著．—北京：中国财政经济出版社，2017.12

ISBN 978－7－5095－7975－6

Ⅰ.①金…　Ⅱ.①罗…　②侯…　③全…　Ⅲ.①金融－科学技术－研究　Ⅳ.①F830

中国版本图书馆 CIP 数据核字（2017）第 323855 号

责任编辑：王　丽　　　　　　　责任校对：张　凡

中国财政经济出版社 出版

URL：http：//www.cfeph.cn

E－mail：cfeph @ cfeph.cn

社址：北京市海淀区阜成路甲 28 号　邮政编码：100142

营销中心电话：010-88191537　北京财经书店电话：64033436　84041336

中煤（北京）印务有限公司印刷　各地新华书店经销

710×1000 毫米　16 开　16 印张　185 000 字

2018 年 4 月第 1 版　2018 年 4 月北京第 1 次印刷

定价：66.00 元

ISBN 978－7－5095－7975－6

（图书出现印装问题，本社负责调换）

本社质量投诉电话：010－88190744

打击盗版举报热线：010－88191661　QQ：2242791300

编委会

Contents 目录

第 1 部分　大数据风控

第 2 部分　智能投顾

第 3 部分 区块链

第1部分

大数据风控

第1章 大数据风控初识

1.1 何谓“大数据风控”

大数据风控又称作“大数据风险控制”，是通过采用大数据、云计算和人工智能等新技术、新方法和模型全方面收集多方面数据信息，对资产（收益）的不确定性进行迅速、可靠的计量，并对这种不确定性进行管理（确定是否放贷、利率多少等）、披露和预警提示等相关技术和解决方案的统称。大数据风控的本质是通过计算机技术为资金融通过程中资产价格、风险等进行的快速、可靠计量并将其反映到成本上。

依靠数据、算法和程序进行风险控制管理是目前Fintech领域研究的焦点，同时也是目前应用最为活跃和最重要的领域。大数据风控成为风险投资等各类资本争先追逐和关注的重点，因此很多互金公司都在开发自己的大数据风控模型和技术并取得了较好的应用成果。

业界也形成了完整的产业链，涌现出了一大批专注于大数据风控模型开发和技术部署的公司，向下游业务公司输出技术和模型算法。大数据风控俨然成了互联网金融公司的技术核心和提升估值的重要手段，并成为区分互联网金融与传统金融的重要标志。

相比于传统金融的风控模式，大数据风控可以通过机器的大规模数据运算，完成大量用户的贷款申请审核工作，提升工作效率。传统金融的审核由人工完成，效率会相对有限；大数据风控可以针对业务运行中出现的新情况、新数据进行快速迭代，增强模型的有效性；机器和软件可以以“24 × 365”模式工作，摆脱工作时间的限制。典型应用场景包含主体征信、人机识别、授信管理、催收管理、运营管理等内容。

1.2　大数据风控的起源和发展

1.2.1　大数据风控的目标与应对策略

风险管理与控制是风险管理者通过各种方法、机制和措施，降低甚至消除时间的不确定性，减少风险损失发生的可能性，为组织或系统提供可控、清晰的管理环境并减少不必要的损失。

风险管理的目标是降低一切发生潜在损失的可能性，保持经营活动的稳定性和可持续性，具体将包含逾期率、周转率、收益率、坏账率。逾期率：资产未按照约定时间和价格正常完成资金赎回，是从按期还款的角度反映贷款使用效益情况和资产风险；周转率：周转包含现金周转、存货周转、库存周转、资产周转等；周转率是有效衡量主体营运能力和上升潜力的指标；收益率：收益率直观反映了资金/其他投资的收益回报比率，是收益扩大和利润产生的基础；坏账率是债权人不能支付造成的应收收益暂时无法收回或永久性损失等指标。

根据风险控制者的风险厌恶程度和选择的应对方法可大概将风险控制方法分为以下四种：风险回避、损失控制、风险转移和风险保留。

（1）风险回避

风险回避是一种传统的风险控制管理方式，主要指项目负责人对项目进行风险评价和分析，确认项目不确定性很大，并且潜在损失也可能会比较大，同时缺乏有效的措施和手段用以对冲这种不确定性，降低可能发生损失的概率，主动选择放弃项目的开展、改变实施路径或目标，使原计划搁置处理和放弃，从而达到降低潜在风险和损失的可能性。风险回避方法比较简单、结果明确，风险概率将为0，但在进行回避的同时也意味着项目实施方放弃了潜在获取收益的机会。

正因为风险回避是一种原始的风险处理方式，实际在应用中面临较为苛刻的条件，并不会被广泛使用，以下几种情况有可能采取风险回避方法：

①投资（项目）主体属于极端风险厌恶型，不愿承担任何风险。

②投资（项目）计划存在多种实施计划和路径，并且有可实现的同样目标的备选方案，同时风险又相对较低。

③投资（项目）主体没有足够的技术和能力降低和转移风险。

④投资（项目）主体对于可能产生的不良后果没有能力承担或者无力得到充分补偿。

（2）损失控制

损失控制是风险管理过程中相对温和并且最为常用的处理方式之一，也是风险控制管理所研究和关注的核心所在。损失控制并不像风险回避那样武断地放弃项目的投资和实施，而是采取一系列措施去控制可能发生的风险，并将可能的损失不断缩小的过程，最终达到可接受甚至完全消除的地步。损失控制需要具备一定的风险控制能力和过程管控的技术、理念和方法，方可在不放弃项目实施、不转嫁风险主体的情况下使风险点降低，以达到不丧失获利机会，甚至享受承担风险的收益。从这里可以看出，损失控制不仅仅是对风险的一种处置方法，同时也代表了各种控制技术和能力。

对于损失控制措施和技术同样可以从多重视角来进行区分：

①依据损失控制的理念目的进行区分，可将其分为损失预防和损失抑制两类。损失预防主要是降低不确定发生的概率，即降低或消除风险发生

的可能性；损失抑制则是接受损失发生的可能性，但在损失大小和程度上进行干预和控制。

简单的例子可以理解为提高汽车的整体安全和稳定性与改善道路运行环境和增加紧急避让措施的关系提高汽车稳定性和安全性意在降低发生意外的可能性，也就意味着降低了损失发生的可能性，而改善道路环境、增加应急车道和停车道则是在发生危险的情况下尽可能降低其发生损失后果的严重性。

②项目（投资）实施过程中是人与环境、人与机器等交互协作的一个系统，因此任何一个项目的实施过程都受到两个方面的影响：人和人之外的系统（器械、程序等）。根据损失控制所施用措施的对象来分，可将其分为工程法（Engineering Approach）和行为法（HumanBehavior Approach）两种。工程法强调的是对物理性质和作业逻辑的控制，比如器械的选择、搭配与协作；行为法则以人的行为为控制对象，因此也可以理解为操作风险的控制，实施方法如教育法、操作规范手册等。

③对于损失控制的分类同样可以从项目开展的时间来看，按照控制干预实施的时间点可以将损失控制分为损失前控制、损失中间控制和损失后控制，这与损失控制按照理念和目标进行区分相似。可以粗浅地将损失前控制等价为损失预防，而损失中间控制和损失后控制等价为损失抑制。这也说明不同的分类方法在时间维度上可能选取的控制理念、管理目标也会发生变化。

（3）风险转移

风险转移可以简单理解为“以邻为壑”，是指项目主体通过合约或非合约将评估后的项目风险或可能发生的利益损失转嫁给其他人或其他组织。这在本质上并没有降低或减少社会风险总量和潜在损失的可能性，只是在不同主体之间进行了风险转移。风险转移是风险管理中最为常用的和有效的手段之一，一般采取“保险”的方式完成转移，同时又可根据转移合同是否属于保险合同分为非保险转移和保险转移。

非保险风险转移是指通过订立非保险合同，一般是简单经济合同，约定将风险以及可能带来的利益损失结果转移给合作方，主要的表现形式有租赁、互助保证、基金制度等。经济合同所约定的内容不局限于风险及风险所带来的潜在财物后果，而是通过各种条款、制度和权责归属完成风险转移的目的。

保险转移则较为直接，通过与专门的保险机构签订保险合同，缴纳保费，将风险转移给保险公司或保险人。在风险发生过程中一旦引起确定的财物损失，将由保险公司按照合同约定进行补偿，同时将风险带来的潜在财务利得及保费划归保险公司所得，因此可以理解为：通过保险进行风险转移实际上是依赖于项目群或项目组，依靠系统的平均风险和损失发生概率进行相互补偿以达到降低个体风险的稳定和财物损失的程度的目的，是一种系统稳定个体的表现。

由于保险制度相对成熟，且优势明显，一直是风险管理中常用的手段之一，但并不是所有的风险都可以通过保险转移的方式进行操作，可通过保险转移的风险必须满足一系列的可保条件方可进行。

（4）风险保留

风险保留又称风险自留或风险承担，是指经济单位自己承担由风险事故所造成的损失。其实质在于：当风险事故发生并造成一定的损失之后，经济单位通过内部资金的融通来弥补所遭受的损失。风险自留是一种消极的处理风险方法，也是常见的方式之一，可以是被动的风险自留也可以是主动的风险自留，风险管理者在认识现存风险的基础上准确估计潜在损失的数量，在意识到风险的存在及其严重性后及时处理。对于主动的风险自留采取的具体措施有：①将损失摊入经营成本；②建立意外损失基金；③借款用以补偿风险损失；④自负额保险。

风险控制的核心在于对风险的提前评估和准确计量，并基于此结合企业或组织自身的资金周转能力、经营状况和发展战略综合采取应对措施。风险控制分为三个阶段：风险识别、风险度量和风险处理（见图 1－1）。

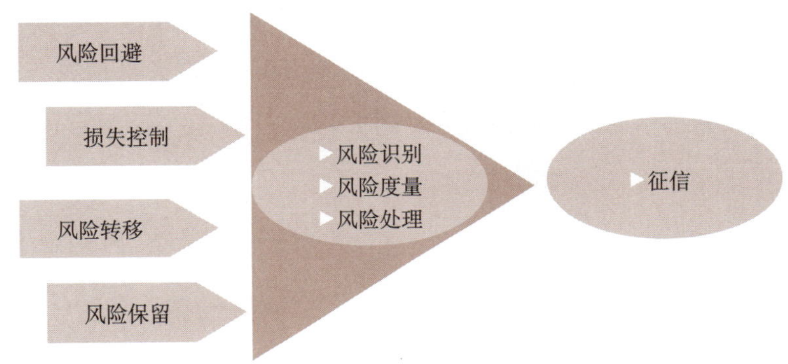

图 1－1　风险控制方法与征信

1.2.2　大数据风控发展的三个阶段

风险控制的渊源可以追溯至《左转》，其中《昭公八年》中讲到“君子之言，信而有征，故怨远于其身”。“信而有征”的意思就是追求其言其行的真实性，并对此做出验证，也可简单理解为追查、验证其信用，也叫做“征信”。依据现行的定义可以将征信理解为一种活动，即通过对信用主体信用信息的采集、整理、保存和分析，以信用报告、信用评级和其他信用咨询服务为产品提供，帮助客户完成信用主体判断、风险控制识别度量和其他信用管理相关工作的一系列活动的统称。因此，风险控制的基础与征信两者密不可分、相辅相成。征信是风险控制的基础，是前置；控制是征信的补充和延续，包含了对风险的处置。因此可以说风险控制的关键是对风险的识别和评估，就是征信。

综合国内征信业/大数据风控的发展，可以大概将其分为三个阶段：征信基础设施建设；互联网金融的高速发展；金融科技的崛起——大数据风控的新时代。

(1) 以征信报告和信用评分为主导的征信基础设施建设

在相当长的一段时间内，由于我国信用市场的缺失，征信产业不完全和不成熟，金融基础设施不健全，相关机构都以美国、日本、德国和法国等国的征信市场为研究范本研究征信/风控市场的发展和治理，同时以美国为代表的 FICO、Equifax、Experian、TransUnion 等市场征信服务公司为研究样例，开展国内的风控探索（见图 1-2）。

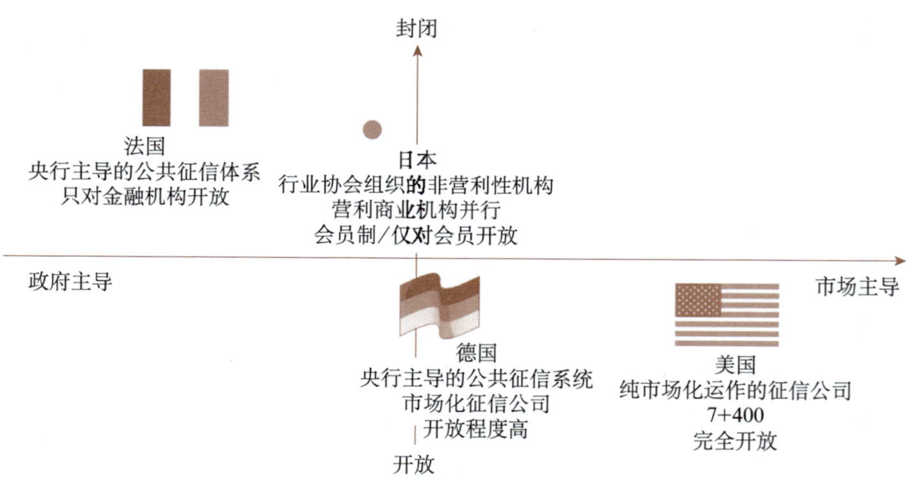

图 1-2　发达国家的征信市场模式比较

在全球范围内，各个国家征信行业的信用体系各不相同，并没有统一范式和发展逻辑，但可以大概总结为法德模式、美加模式和日韩模式三大类。法德模式属于典型的政府驱动模式，依赖于中央银行和政府构建的“中央信贷登记系统”由政府主导强制金融机构向系统提供必要的金融数据并反向为金融机构提供征信服务。美加模式则可以看作是典型的市场驱动模式，民营征信机构广泛参与国家信用体系建设，负责信用数据的收集、整理、加工，并为有需求的金融机构和监管部门提供信用产品和服务。但是，这种模式并不适合发展中国家或信用落后国家的发展道路。日韩模式中尤以日本所采用的发展模式最为明显，主要采用的是行业协会会员制，这与日韩的财团和银团企业发展模式有很大关系。日本通过银行行业协会建立“日本个人信用信息中心”对信用主体进行征信活动和服务提供，依赖的是会员银行，服务的也是会员银行，呈现出明显的数据割裂和服务割裂的会员制服务特征。

三大模式发展至今尤其以美国市场发展最为成熟和丰富。美国个人征信三大机构 Experian、Equifax 和 TransUnion，企业征信三大机构邓白氏、标普和穆迪与征信评分机构 FICO 一并组成了美国征信业的核心，并以提供征信报告和其他征信产品服务于全美的金融、教育等信用需求部门，与全国超过 400 家的地方区域性、垂直细分行业服务商家交换数据、交换信用信息，构成了全美的征信市场基础，覆盖了美国 90% 的人群（见图 1－3）。

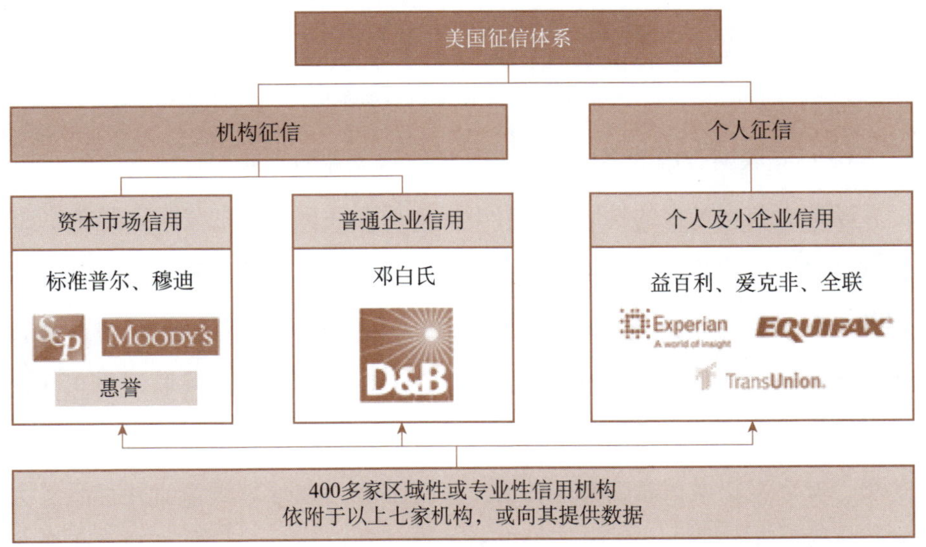

图 1－3　美国征信市场体系

相比之下，中国征信市场的格局更类似于德法的模式，中国企业征信公司有鹏远、华夏、远东等，个人征信市场在 2015 年开放了 8 家试点单位，遗憾的是试运行未通过审查。国家层面有国家金融数据基础库，共同构筑了中国的征信市场的基本架构（见图 1－4）。这个时期的征信产品主要是征信报告、信用等级/评分。

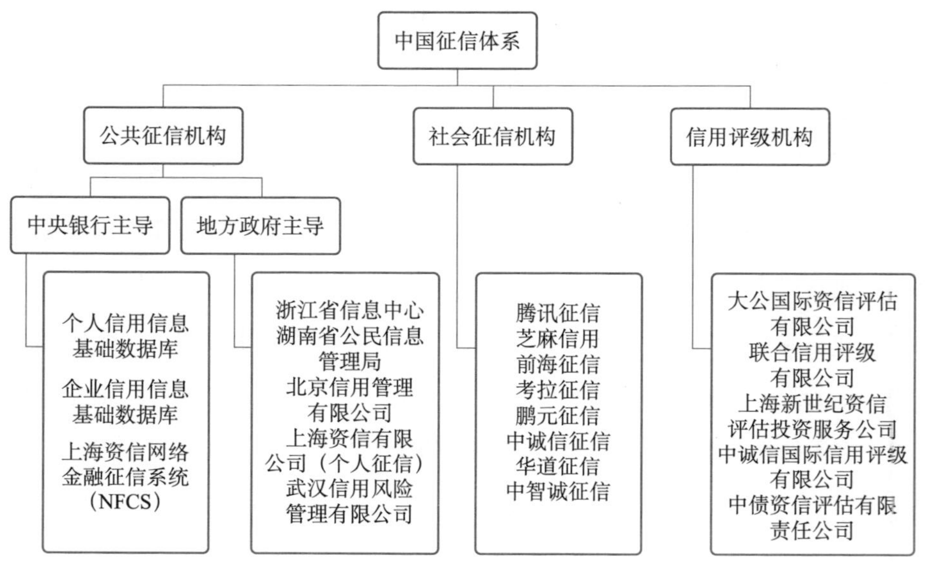

图 1－4　中国征信市场体系

（2）互联网金融的高速发展——大数据风控的兴起

谈起大数据风控的发展，不得不提全球互联网金融的发展。根据《互联网金融》一书中对互联网金融的定义：互联网金融是指通过或依托互联网技术和工具进行资金融通和支付及相关信息服务等金融业务的活动行为。随着我国互联网的飞速发展和网民数量的不断增多，互联网也正在向金融领域快速渗透，因此催生的互联网金融蓬勃发展，甚至有弯道超车的迹象。互联网金融依靠强大的数据搜集沉淀能力和计算需求直接催生了大数据处理技术的发展，也奠定了大数据风控的时代地位：大数据风控成为现代金融业、经济活动的核心。

大数据时代的风控变化与需求见图 1－5。

互联网金融带来的最核心的变化是互联网技术使数据采集变得更方

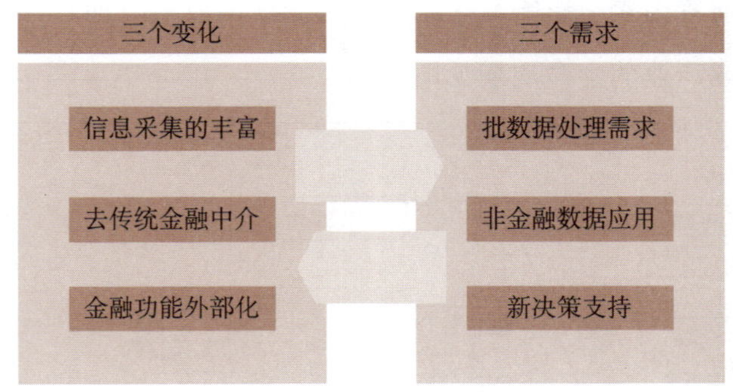

图 1－5　大数据时代的风控变化与需求

便，更丰富、更全面的数据被采集并储存下来，同时秉承互联网开放的文化实现去传统金融中介中心的特征，实际上也是建立新的信用机制和评价体系，使金融机构的信用中介智能弱化，进而实现传统金融机构功能的后台化和外部化，如贷款、支付中介、融资渠道和征信评估等，尤其对风险控制管理冲击最为巨大。我国传统的征信市场不成熟、不完全，使得互联网金融在发展过程中面临诸多挑战和风险，因此迫切需要市场风险管理机构对此进行补充。同时，中国互联网金融无论在模式上还是应用场景上都相比国外有了长足的发展，因此国外的征信体系和方法并不适用于中国市场，由此催生了一大批中国特色的市场征信/大数据风控机构，其中以芝麻信用、京东白条、消费分期等为代表的小额借款、信用贷款和消费贷款最为活跃，进而也催生了具有中国特色的大数据风控管理手段。

基于中国互联网金融的飞速发展，促使风控工作由传统的人工作业和数据处理转变为批数据计算、存储和评价。同时，基于中国阿里和腾讯两大互联网公司积累的中国数亿人电商数据和社交数据，为金融风险控制管理模型的开发提供了新的思路，大量的非金融数据被纳入到金融风险控制的决策中来。此外，由于传统金融市场数据的不完全和不完整，迫使金融业务决策中需要新的解决思路和决策模型。基于前两个方面的作用，中国的大数据风控便成了互联网金融发展必然的产物之一，并成为关键的决定技术和发展前置因素，影响着未来互联网金融的发展方向。

新技术或产业的生命周期见图 1 –6。

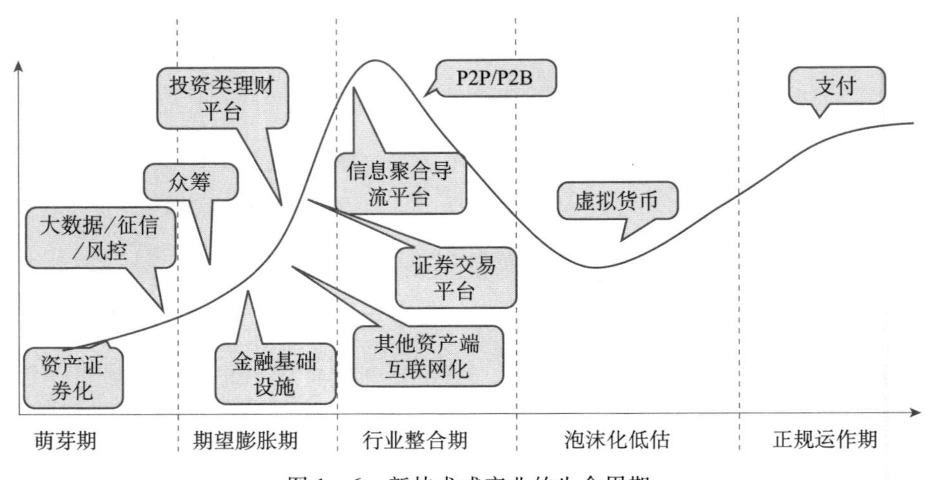

图 1 –6　新技术或产业的生命周期

（3）金融科技的崛起——大数据风控的新时代

2015 年，国内涌现了一大批号称用大数据开展风控活动的公司，如芝麻、腾讯、宜信等，主要来源于中央银行所开放的 8 家个人征信试点企业，同期针对企业信用评估的新技术和新方案也逐渐展开，工商数据、行政数据、股权结构、关联人企业任职等信息也逐渐通过大数据采集方式获取和提供，开启了大数据风控的新时代。

中国个人征信市场发展见图 1 –7。

2017 年 4 月，中国人民银行副行长表示，要加快个人征信牌照的方法。同时，中美《百日计划》也指出，允许外资参与我国个人征信业务，政策环境进一步开放。值得指出的是，近年来人工智能再次成为市场热词，依托大数据、云计算和智能模型等综合智能解决方案成为解决现实问题的利器，人工智能已在自动驾驶、图像识别、生物识别等领域取得突破进展，因此各国纷纷颁布大数据、人工智能等相关发展规划和战略，中国

序号	机构名称
1	芝麻信用
2	腾讯征信
3	前海征信
4	考拉征信
5	华道征信
6	中诚信征信
7	鹏元征信
8	中致诚征信

2015年1月，中国人民银行开放8家个人征信企业试点

2017年4月，中国人民银行表示加快个人征信牌照发放

“百日计划”扫清国外征信巨头入华障碍

2017年颁布《新一代人工智能发展规划》

国家标准化委员会：GB/T 35273-2017
《信息安全技术　个人信息安全规范》

图 1－7　中国个人征信市场发展

也在 2017 年 7 月颁布《新一代人工智能发展规划》，风险控制领域在政策环境与科技进步的双重利好消息下引来了新的契机。截至目前，市场上已活跃了多家典型的大数据智能风控系统或解决方案，如瞬时授信产品、瞬时借贷、大数据反欺诈、大数据征信、大数据催收管理、大数据安全大脑等。

大数据风控融入更多更丰富的数据，依托更丰富和完备的数据为风险控制管理提供了强有力的支撑和改进。

个人征信试点企业及业务开展情况见图 1－8。

征信机构	数据来源
芝麻信用	阿里电商、蚂蚁金服、用户上传、合作互联网平台、金融机构和公共机构
腾讯征信	QQ和微信用户、财付通、用户上传、京东第三方合作平台
前海征信	平安集团综合金融数据、合作机构
考拉征信	拉卡拉集团旗下的金融业务、银联等合作机构和公共机构
华道征信	银之杰金融服务体系、亿美软通移动商务平台等第三方合作机构
中诚信征信	银行、保险公司，合作的中小金融机构和企业平台
鹏元征信	合作的金融机构、各级政府、公共事业单位
中智诚征信	合作的P2P平台和其他第三方机构

图 1－8　个人征信试点企业及业务开展情况

1.3 大数据风控的典型特征

与传统风控相比，大数据风控在管理目标、业务逻辑和建模原理及方法上并无本质差别，但大数据风控依托互联网技术可以采集到更多的、维度更丰富的、主体信息更全面的数据，从而对主体描述将会变得更立体、更精准。同时，新技术和新模型对数据处理过程中所依赖的物理资源、处理能力和分析方法有了较大改进，借助大数据计算平台、高性能计算机和云存储等设备处理更多数据、关联更多逻辑、分析更多交叉影响因素成为可能。通过“数据＋模型”的开发和验证，用互联网工程学和产品学的思维对原有风险控制的作业模式进行改进，完成对信用主体的风险识别、风险控制、风险提示和信用预警及其他处理。由此可以得出大数据风控的三个典型特点：以大数据为依托、资产风险定价范围广、较之传统作业逻辑的改变——数据的因果关系到相关关系（见图1－9）。

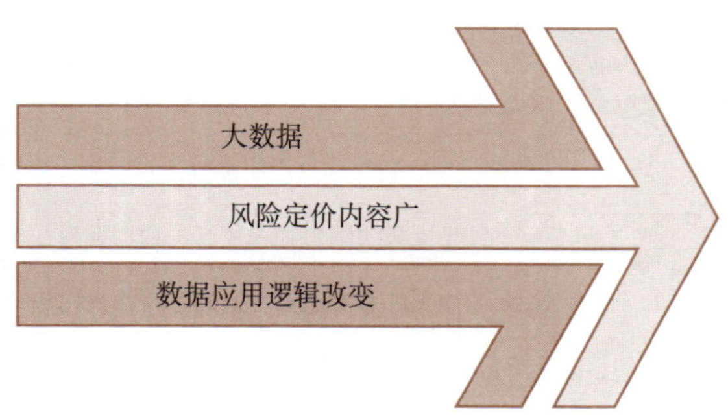

图1－9　大数据风控

1.3.1 以大数据为依托

大数据的意义不仅仅在于数据量大，更在于数据类型的丰富。传统的大数据一般被称为4个“V”：Volume（大量）、Velocity（高速产生）、Variety（类型丰富多样）、Value（数据低价值密度/低信息密度）。大数据风控中所说的“大数据”同样遵循这四个特征，而尤以数据量大和类型丰富最为明显（见图 1－10）。

伴随互联网的发展，数据采集变得越来越容易，数据内容也变得越来越完整，因此数据量成几何速度增长。由于大数据所采集的数据价值密度低，需要用大量的数据进行交叉验证、特征提取和数据整合的元数据量是非常大的，且人们逐渐认识到时间序列数据的价值，对流数据、实时数据的采集也变得越丰富，越来越迫切，这也导致数据量越来越大。

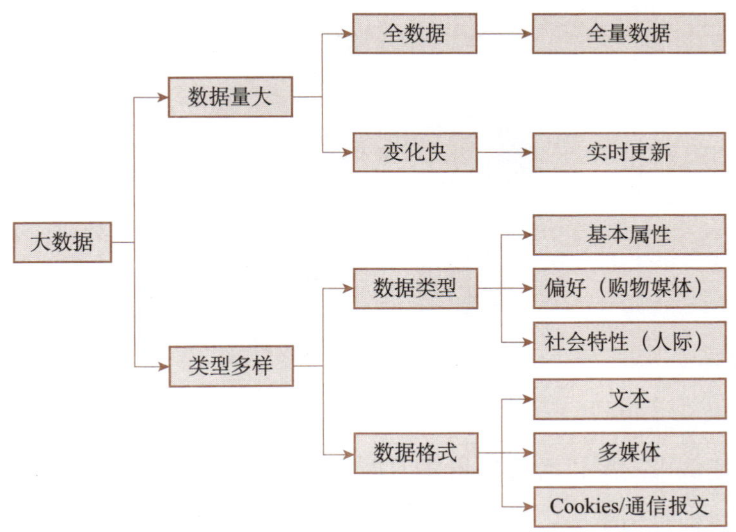

图 1－10 大数据风控的数据特点

如果大数据仅仅是数据量大，那它的魔力将大打折扣。大数据的“大”更多表现在数据类型丰富上。大数据包含了结构化数据、半结构化数据和非结构化数据，涵盖了文本、多媒体和网络通信报文等各种形式。以大数据征信为例，可采集的数据类型将包含样本基础信息、社交偏好、媒体属性、社交网络、金融信用数据、电商交易数据、网络舆情和司法执行/关联信息等，这对于做立体画像、人像识别、活体检测等提供了可能，极大地丰富了大数据风控的应用场景和适用范围。

1.3.2 风险定价内容广泛

如果说风险控制的目标是逾期率、周转率等指标，那对风险定价的对象又是哪些风险呢？经济学将风险解释为不确定性，也就是说，所有有碍于系统正常运行的、对发展具备不确定性隐患的操作或事物均可称之为风险。依据不同的风险特征和管理对象，大概可将其总结为主体信用、行为监控、市场风险、操作风险和机械识别五个方面（见图1－11）。

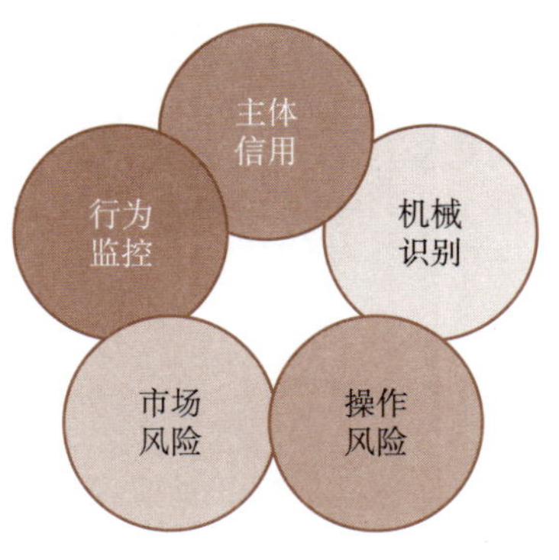

图1－11　信贷市场的主要风险

主体信用主要代表信用主体的静态信用特征，尤其以信用历史等级和身份属性最为重要；行为监控则是从动态视角观察信用主体的信用状况的变化，重点防范身份冒用和信用恶化的状况；市场风险主要是对群体或环境的动态监测和评测，用以辅助风险管理者的决策支持和业务开展；操作风险常常与行为监控有着密不可分的关系，通过信用主体的一系列风险行为来确定信用的变化过程；同样也会依据申请特征、访问特征、借款特征、登录特征等来确定身份是否被冒用，防范撸羊毛和机械攻击的风险。

以现金贷信用放贷为例，可以根据贷前、贷中和贷后的整个放款流程将风险防范归为欺诈识别、信用风险防范、贷中管理和不良催收管理四个主要风险控制点。

由于现金贷用户一般缺乏银行信用信息，并不能从银行获得借款，只能通过各类现金贷产品平台获得资金，满足应急所需。现金贷为了风险控制首先做的就是降低单笔借款的金额，一般为 2 000 ~ 5 000 元，这个时候在识别客户风险时首先考虑的便不再是还款能力而是还款意愿。恶意欺诈用户会在借款前便不准备还款，采取假冒身份进行借款，因此身份识别确认便成了反欺诈的第一道防线。数据显示银行卡四要素（身份证、银行卡、姓名和手机号）一致的群体欺诈概率仅为其他群体的 1/3。大数据风控的第一步便是通过互联网技术将用户的注册信息和注册行为与互联网上的数据库进行匹配，包括但不限于姓名、手机号、银行卡、身份证号、地址、网络实名 ID、社交账号准实名 ID、设备信息等，及时辨别潜在的欺诈嫌疑用户。

传统风控对信用风险的防范重点依旧是在还款能力与还款意愿上。由于单笔金额足够小，用户的还款能力基本都可以覆盖，不需特别重视。同时，大部分用户在申请阶段并非恶意，并不存在主观恶意欺诈的初衷，而真正的逾期或出现信用违约状况则与还款期当时客户所处的环境、行为和事件有很大关系，这存在很大的随机性，因此只能根据动态行为监控加以分析和控制。同样也可以从借款人的历史特征中一探究竟。通过对海量用户的行为数据分析，挖掘其中的群体特征和习惯来预测借款人的风险已成为信用风险管理的核心途径之一。坐商务舱出行或每年四次以上乘坐飞机出行的人往往意味着经济状况较好，违约率会低于其他人群；经常在本地生活、消费方面开支较多的人往往信用水平也较高；经常关注财经媒体、通讯号码在网时长较长的人违约率大概仅为 6‰；暂居在三四线城市，且在游戏、娱乐等领域花费较多的人信用风险则较高。

1.3.3 数据应用逻辑转变

与传统风控相比，大数据风控在建模原理和过程上并没有太大改变，其核心依旧是通过对数据的处理和分析得出关键维度，并进一步识别、判定和确认风险概率。大数据风控的核心侧重于利用更多维的数据，分析更多的互联网痕迹，使得数据量和数据类型都更加丰富和全面，如电商数据（网页浏览、网页停留、商品购买、消费金额）、互联网偏好（APP 分类、数量、媒体偏好）、地理信息数据等。通过纳入一系列看似与客户是否违约无关的数据，却可以真实分析出客户所处的环境和状态，提高对客户履约能力的识别能力（见图 1－12）。同时，由于建模掌握了客户的所有数据和信息，较之传统的统计学不再需要进行抽样和假设分布检验，而是直接使用“大数据”或者所谓的“全数据”进行模型搭建和辅助决策。以统计意义上的相关性而非因果性做为决策依据是大数据风控与传统风控在理念上的最大区别。传统金融机构在数据分析和应用过程中强调因果关系，并且有丰富的先验知识和逻辑支撑，因此在实际的银行信审工作中通过大数据风控模型或者纯数学模型，即便分析得出一些风险信息，但在先验知识和经验逻辑上通不过，依旧很难作为最终信审评定的依据。

		传统金融风控	大数据风控
不同点	数据量	传统数据 强变量	非传统数据 弱变量
	运行逻辑	强因果关系	不讲因果关系
相同点	建模规则		

图 1－12 大数据风控与传统风控对比

由于大数据风控是互联网、计算机产生之后的产物，其工作环境和过程更多依赖于互联网和计算机，这也使得大数据风控在计算能力、计算速度和计算量等方面都显著优于个人，尤其是大数据风控依据数据、模型和机器来进行风险管理时可以 100% 屏蔽掉因个人主观因素影响对结果进行的错误判定或评判标准的不一致。大数据风控的主要特点见图 1－13。

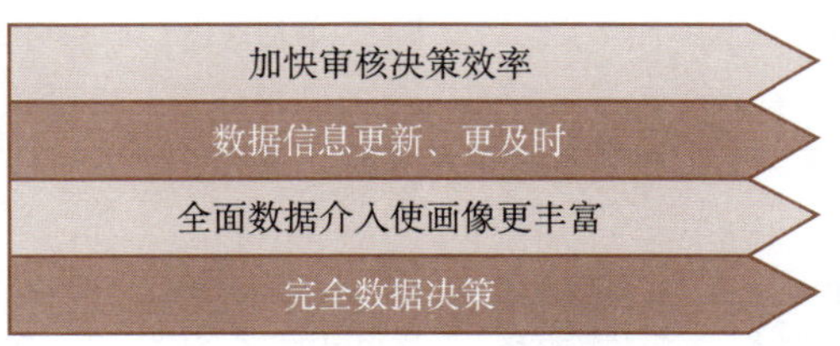

图 1－13　大数据风控的主要特点

1.4　大数据风控的一般流程

金融的本质是将风险偏好不同的资金供给方和风险不同的资金需求方匹配起来。大数据风控主要看两个方面的能力：一个是数据积累；另一个是技术能力。因此，在大数据风控实施的过程中数据的获取与模型搭建能力将是非常关键的。大数据风控实际上就是目标确定和数据确定的数据挖掘工程的实现过程。早在 1999 年欧盟就曾公布了数据挖掘（KDD）的一般模型，即 CRISP-DM 模型。该模型将大数据挖掘的过程分为六个阶段：商业理解、数据理解、数据准备、数据建模、模型评估和部署（见图 1－14）。

按照现行放贷管理过程将业务进行贷前、贷中和贷后三个阶段来区分：事前重点防范申请欺诈，做资格准入；事中监测申请人注册激活等过程操作，确认是否存在机械攻击等恶意行为；事后主要在于贷款发放以后的资金使用情况、借款人行为和回收追偿监控，如借款人在多个平台申请借款、远距离位置变化、通信地址或联系方式终端都需要重点监测并做实施预警。

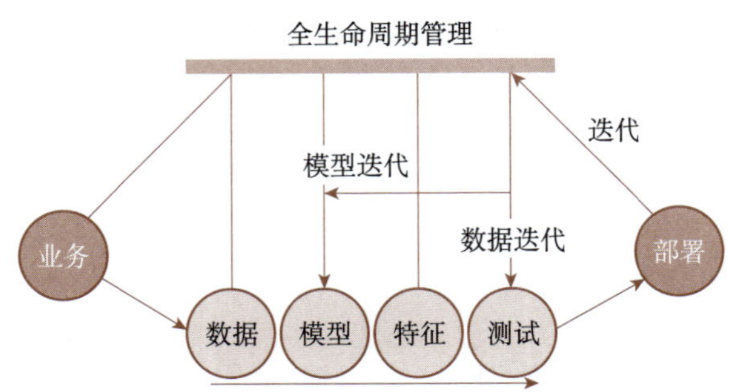

1. 业务理解	2. 数据准备	3. 模型选择	4. 特征工程	5. 测试评估	6. 部署与迭代
➢ 业务背景	➢ 数据源	➢ 建模假设	➢ 数据清洗	➢ 数据分析	➢ 系统集成
➢ 资源评估	➢ 数据类型	➢ 可靠性	➢ 数据派生	➢ 模型训练	➢ 监控维护
➢ 确定目标	➢ 描述统计	➢ 可用性	➢ 等价变换	➢ 参数调试	➢ 数据迭代（高频）
➢ 量化标准	➢ 数据派生	➢ 数据需求	➢ 特征提取	➢ 结果评测	➢ 模型迭代（中频）
➢ 挖掘计划	➢ 数据畅想		➢ 标准化	➢ 模型改进	➢ 项目迭代（低频）

图 1－14　基于 CRISP-DM 模型的数据挖掘过程

受限于企业所具备的数据来源相对稳定和确定，同时商业目标较为明确，一般大数据风控领域可将整个过程分为数据收集、行为建模、构建画像和风险定价四个阶段（见图 1－15）。

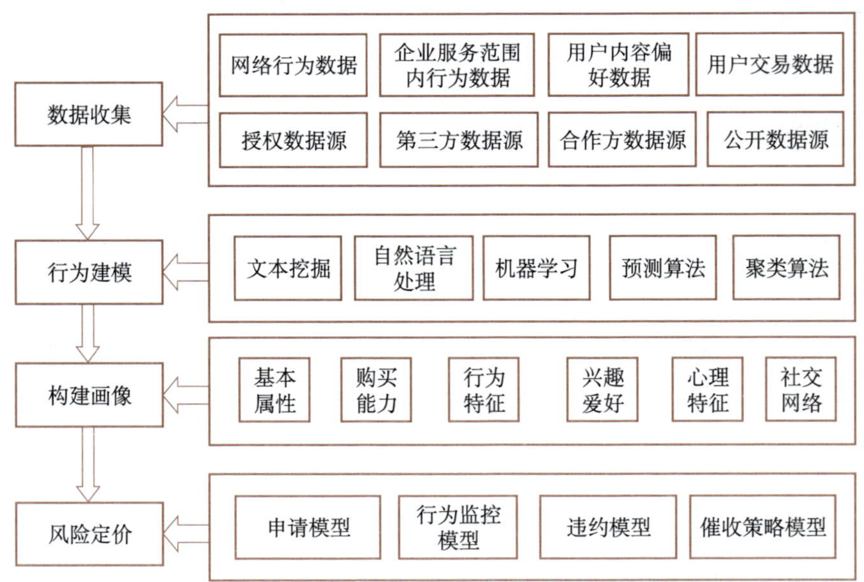

图 1－15　基于业务的数据挖掘过程

1.4.1　数据收集

(1) 收集哪些数据

大数据时代的个人征信参考数据维度见图 1－16。

图 1－16　大数据时代的个人征信参考数据维度

数据是大数据风控的基础原料和核心处理对象。互联网大数据包括用户行为数据（精准广告投放、内容推荐、行为习惯和喜好分析、产品优化等），用户消费数据（精准营销、信用记录分析、活动促销、理财等），用户地理位置数据（O2O 推广，商家推荐，交友推荐等），互联网金融数据（P2P、小额贷款、支付、信用、供应链金融等），用户社交等 UGC 数据（趋势分析、流行元素分析、受欢迎程度分析、舆论监控分析、社会问题分析等）。这些数据涵盖了个人身份属性、电商消费行为、媒体消费行为、收入水平、司法信息与社会职务、社交网络及身份特质等信息，可根据据决策目标具体决定收集哪些数据。

(2) 如何收集

通过何种方法提取到最合适、最丰富、最准确的数据将直接决定风控的成败。结合数据来源和技术特征大概可以将数据搜集分为三种类型：系统日志采集、网络数据采集和数据库接入。

系统日志采集主要指采集设备工作日志文件。系统日志是设备工作的全面数据的记录，因此很多互联网企业都开发了自己的海量数据采集工具，用于系统日志采集，如 Hadoop 的 Chukwa、Cloudera 的 Flume、Facebook 的 Scribe 等，这些工具均采用分布式架构，能满足每秒数百 MB 的日志数据采集和传输需求。系统日志采集以其准确性（信息）、完备性（数据）和稳定性（产生及采集）成为大数据时代数据采集的最重要方法之一。

网络数据采集主要针对非结构化数据的采集，网络数据采集是指通过网络爬虫或网站公开 API 等方式从网站上获取数据信息。该方法可以将非结构化数据从网页中抽取出来，将其存储为统一的本地数据文件，并以结构化的方式存储。它支持图片、音频、视频等文件或附件的采集，附件与正文可以自动关联。除了网络中包含的内容之外，对于网络流量的采集可以使用 DPI 或 DFI 等带宽管理技术进行处理。网络数据采集以其便捷性和内容丰富性备受推崇，甚至诞生了一大批专业的数据采集公司为市场企业提供数据采集和存储服务。

无论是系统日志还是网络数据采集都需要进行数据清洗和加工之后方可使用，大数据时代的一个 V 代表着价值密度低。相对而言，传统企业数据库中的数据（也称为结构化数据）就显得尤为重要了。由于各种原因，对于企业生产经营数据或学科研究数据保密性要求较高，难以被直接获取，往往也是分析决策所需要的数据，可以通过与企业或研究机构合作，使用特定系统接口等相关方式采集数据，结合企业自身数据库（或用户注册申报数据）完成必要信息的采集。

1.4.2 数据建模

（1）数据假设——社会关系与金融业务的关联

在理清基本的数据信息后需要对金融业务或经济社会活动做相关基本

假设，如社会职务将会影响个人行为；个人荣誉、社会等级将影响个人履约水平和企业与个人的法律关系，使其相互之间存在信用一体化风险等。基于此，可以将数据采集过程中得到的数据进行分类和场景化建设。

①个人/公司的基本属性信息，个人资历、个人/公司的信用信息、公司财务指标、家庭结构关系、家庭社会地位关系、个人社交关系、工商注册信息等。

②个人/公司商务信息，包括线上零售交易信息、专利信息、个人/公司资质、土地出让/转让信息、质押抵押信息等。

③个人/公司社会公众信息，包括涉诉信息、专利信息、被执行人信息等。

④个人/公司社会关联方信息，包括自媒体、证券社区、行政监管/许可、行业背景、商标、招中标、行政处罚、抵押担保等。

（2）建模目标

大数据风控是建模目标相对明确的数据挖掘过程，诸如：依据个人基本信息和行为历史决定给申请人授信额度；通过申请数据和申请过程识别欺诈行为；通过社交网络关联挖掘失联人；监测关键指标预警财务运营状况；设置决策函数动态进行资源调度维持等。依据建模目标可以大概将建模任务分为三大类：分类识别、趋势预测和运筹优化。

①分类识别。对主体进行二元判断或多元判断，将样本分为两个或多个分组，理论基础在于相似的两个或多个个体具备相似或相同的特征，根据这些特征可以将对象按照业务目标进行分群，当分群模型足够好，对于新进入个体只需按照关键特征即可分属到相应的群组中去，完成新数据/样本的识别，如欺诈识别、风险人识别、异常值监测、客户分组等。

②趋势预测。一般状况趋势预测是针对时间序列数据的外延性预测，以其通过对历史数据的学习和规律总结预测未来事物的发展变化或状态，

如经营指标预测、客流量预测、逾期率预测等。常用的方法包括回归分析、趋势外推、指数平滑和马尔科夫过程等。在新时期，这些方法不仅用于时间序列的分析，也可同样用于新样本的识别和分类。

③运筹优化。运筹优化属于管理学范畴，与分类识别和趋势预测的核心区别在于运筹优化直面管理的目标，会对资源和方案进行调度而不是简单的数据与模型的结合，如收益率的分析与管理、违约风险的预测与管理、催收业务管理。运筹优化往往在资源条件限制下选择最佳的行动组合或方案，实现利益的最大化（决策目标）。比如：从收益角度来讲，如果顾客出现违约，但正常和持续缴纳罚息，对于放贷企业同样可以接受在同样的资金占用情况下，收益反而高于正常放贷的事实。

（3）建模分类

①回归模型。回归分析是最为常用的分析模型之一，主要用来分析数据库中数据值之间的关系，又可根据参与变量的多少分为一元回归和多元回归。通过分析两个或多个维度数值之间的映射关系，得出数据之间的函数依赖关系，并被广泛应用于预测模式和相关分析中。比如：计量经济学中常常研究 GDP 与居民可支配收入的关系，市场营销学研究可支配收入、区域、消费者属性与某一商品的销量关系等，并可通过这种相关关系去做研究目标维度的预测。

②聚类模型。聚类分析常常与分类分析相比较，两者结果相似但目的不同。聚类分析主要将目标对象分群，依据个体的各个维度之间的相似度和属性异同进行区分，使得同一类别的个体之间相似度高、属性差异小，不同类别的个体之间相似度低、属性差异大。聚类分析一般需要先选定若干靶点，进而扩散形成一个个类别。聚类模型的分类与初始靶点的选择有较大关系，同时聚类的过程和结果并不可控，因此聚类分析一般用于探索性研究分析，如潜客挖掘。

③分类模型。分类分析与聚类模型的结果相似，将目标对象划分为不同的类别，同类之间差距尽可能小，异类之间差距尽可能大，但其操作过程和应用目的与聚类分析有着显著不同。分类模型主要依据先验知识，通过对类别样本的特征进行总结，进而对新进入分类的目标对象进行分析，确定所应划分到的类别中去。分类模型的结果相比聚类增强了确定性和逻辑可解释性，因此应用领域也就变得更加广泛比如用户推荐、风险人群识别等。

④收益函数（决策函数）。收益函数（Payofffunction），也称支付函数、得益函数或者获益函数。收益函数是指项目投资人（组织）参与项目发起、实施，并对风险所选择的应对方法和管理措施，因而产生的财务收益。收益函数包括两部分内容：一部分为项目收益；另一部分为项目风险的潜在损失控制。对项目收益函数的研究将有助于挖掘潜在的利益增长点，并对管控对象和过程有更明确的防线，方便选择最优策略（Optimal-Strategy），实现利润最大化。

⑤关联规则。关联规则主要是挖掘数据项之间的隐藏关系，一般通过同时出现或关联来判断，即某一数据项的出现可以推导出另一数据项产生的概率。关联规则的识别与发现分为两个阶段：第一阶段主要是频繁项集挖掘；第二阶段是挖掘频繁项集间关联关系。第一阶段主要通过设定频繁项发生的阈值来选择，第二阶段主要分析项目间的前置概率和后验概率。关联规则的挖掘多应用于营销推广和推荐系统，最为著名的当属购物篮分析。

（4）常用方法示例

①反欺诈模型一般主要用到社会关系网络、身份证信息、卡四要素、通讯录、黑色名单库等数据进行交叉验证、聚类分析等确定申请人具备良好的还款意愿，并结合身份属性、历史信用记录等分析每笔案件之间的关

系，判断新案件是欺诈申请的可能性和授信额度的高低。

②信用风险主要用到的模型是逻辑回归建立评分卡（也有的用决策树），量化新申请人可能违约的概率，根据评分高低制定不同的授信规则和催收策略，也称“二元好坏模型”，其核心在于风险的定价，即通过对数据信息的评估，综合评判授信额度、贷款期限和利率，实现风险的定价过程，将风险反映到资金成本上来。

③资产包风控模型则是一种典型的“收益函数”决策模型，将企业经营状况和逾期收益作为主要考虑因素，综合逾期/展期收益和企业数据压力，运用收益函数和破产模型，在保证企业正常运转和资金安全的前提下尽可能多地收受罚息和展期利润，实现资产收益的最大化。

1.4.3 数据画像

（1）数据画像的定义

用户画像是业务应用的基石，也是机器学习建模的关键目的所在。无论是进行客户分群、潜客挖掘还是精准营销、风险识别，都需要先通过分析技术和模型算法将对象识别和区分出来。通过对用户数据进行预处理、规整分析，提取特征向量和分类维度，经过聚类、回归、关联等各种模型和算法计算出分类标准和尺度，将目标对象按照需求归类。用户画像可以从整体角度和个体角度来分析。

整体角度便是客户分群/分类，而精准营销的核心操作是针对个人来开展，因此需要从个人角度对用户画像进行重新定义：对于任何一个个体，都需要将负责数据整理归结为结构化数据，而这核心的步骤便是对各个特征提取进行标签标记，如常见的性别、年龄、消费能力、购买渠道，消费频率、家庭结构等。优秀的标签系统可以将用户刻画得更精确，群体描述更清晰，也会使后续数据分析和建模应用更方便、更有效，这不仅会使得对用户刻画变得更丰富、更全面，同时也会极大提升机器学习算法的效果（准确度、收敛速度等）。

（2）数据画像标签体系（以某金融服务体系数据库标签为例）

数据画像标签体系是数据画像结果优劣的关键。简单来说，数据画像标签体系决定了数据画像中特征维度的分类及分类标准，也可以简单理解为“将用户分到多少个维度、维度区分的标准和意义是什么”两个问题上。每个用户可以被划分到多个维度，并在每个维度上都有且仅有一个唯一的数值，维度与维度之间，维度内各标签之间彼此联系又互斥，形成了最终的标签体系。标签体系设计的两大原则是便于检索和合理恰当。一般来说，设计一个标签体系有三种思路：

①结构化标签体系。结构化标签一般具有明确的层级划分和父子结构，可以简单地将其理解为按照一定规律组织形成标签树或森林的机构。结构化标签逻辑清晰、体系简洁、解释性好，因此也最为常用。常见的性别、年龄、区域这类人口属性标签是最典型的结构化体系。

②半结构化标签体系。半结构化标签主要用于效果广告，标签设计灵活性很高。一般来说，半结构化标签体系并没有完整的结构和规整的要求，只要最终效果优异即可（毕竟标签体系只是分析的一个前置数据处理阶段）。在这种指导思想下，用户标签体系的设计往往具有行业性和垂直性，在各行业内部的标签体系都具有一般行业特性和适用的局限性。但无论如何适用于行业的，解决实用问题的就是最好的，但这也对运营和横向分析增加了难度，标签体系太乱的话在标签规模、运营成本等方面都会呈现不可控的增长状态，因此需要根据经验在灵活与规范（结构化）之间找到一种平衡，否则在管理量、存储量和计算量上都是常人所难以接受的，除非纯粹机器处理与决策。

③非结构化标签体系。非结构化标签体系从严格意义上来讲不能将其视之为“标签体系”，因为分结构化标签的各个标签从不同角度反映用户

兴趣，彼此之间没有层级关系，更不是组织成树的体系结构。非结构化标签的典型应用是搜索。

半结构化标签体系已经难以管理和运营，非结构化标签体系更加复杂。但是，由于互联网的普及，搜索广告的市场地位越来越重要，因此对于非结构化数据标签的研究和应用也更加深入和重视，同时围绕关键词和点击词的选择、部署和优化也已经形成了一套成熟的方案。非结构化数据标签不再以刻画用户本身为目的，而是直接为用户服务提供支持，因此非结构化标签体系的确定关键在于深入理解某一垂直领域，深刻了解用户的决策过程进而提供最优化的搜索路径和方案。

1.4.4 风险定价

风险管理的核心是风险定价，大数据风险控制也不例外。根据银行自身的风险偏好来对资产进行定价，高风险资产定价较高，低风险产品定价较低，根据风险高低来制定资产收益，RBP（基于风险定价）已经成为主流。虽然对技术的应用日趋成熟，但现实的情况是，行业的业务模式仍然大量基于人海战术，与二十世纪八九十年代传统金融企业的业务模式类似，在信用评级和风险定价方面过多依赖人的经验。

互联网金融和大数据的诞生催生了大数据风控，并致力于改变这一现状，尤其是在 P2P 风控领域、现金贷和消费贷风控领域，互联网大数据积累已经让风控进入新时代。客户开发、数据采集、运营管理和风险管理均可通过大数据风控技术和方法解决。

（1）多维度的风险定价系统

中国现实的难处是，个人信用数据缺失，央行征信只能覆盖 25% 的人群，同时金融机构风险定价水平不高，导致市场难以发展。目前京东用自己积累的数据推出了“京东白条”，蚂蚁金服开发淘宝购买者数据推出了“花呗”，这些都是只能在指定的服务商消费才可以用，但这也从一定程度上说明利用大数据可以实现业务的功能。目前，已有一些 P2P 平台通过接入多家第三方数据用于风控，并通过对数据的整合、补充、调用、评判等，使风控模型运算结果更加准确。

（2）定制化的风险定价系统

从商务智能的角度出发来看，数据挖掘和分析的所有模型、结构评分和选择策略等都是为具体的业务服务的，脱离了具体的应用场景，无论是多么复杂的模型和精确的评分都是没有意义的，如同无源之水，无本之木。摆脱实际的业务场景去讨论模型的准确性、适用范围和稳健程度都是毫无意义的。不同的业务场景对应不同特征的数据，包含不同的数据规律和模型适用性，体现在不同模型中就是不同的参数和评分。这正是评分模型在建立之初所需要考虑的问题，也是未来模型搭建和发展的方向所在。

第2章　技术基础

2.1　大数据搜集

2.1.1　分布式数据库

分布式数据库是相对于传统的集中式数据库而言的。分布式数据库是将物理上分散的多个数据存储空间通过高速计算机网络连接成逻辑上统一的数据库。分布式数据库的主要思想是避免集中式数据库物理上不限膨胀对于空间的需求，把不同物理位置的数据库通过网络连接组成一个个数据存储节点，实现系统的更大存储容量和更高的并发访问量。

随着互联网、物联网的快速发展，所积累的数据量越来越大，数据量的增长速度越来越快，传统关系型数据库开始暴露出一系列难以克服的技术问题。以 NoSQL 为代表的非关系型数据库依靠其可扩展性、高并发性等优势得到快速普及和发展，传统的关系型数据库、集中式模型逐渐被取代，分布式架构逐渐成为主流，包括分布式数据库、分布式存储和分布式计算。

2.1.2　网络爬虫

网络爬虫（又被称为网页蜘蛛、网络机器人，在 FOAF 社区中间，更经常的称为网页追逐者）是一种按照一定的规则，自动地抓取万维网信息的程序或者脚本。另外一些不常使用的名字还有蚂蚁、自动索引、模拟程序或者蠕虫。

随着网络的迅速发展，万维网成为大量信息的载体，如何有效地提取并利用这些信息成为一个巨大的挑战。传统的通用搜索引擎 AltaVista、Yahoo! 和 Google 等，作为一个辅助人们检索信息的工具成为用户访问万维网的入口和指南。

由于目前大量信息都在 web 产生，同时网络爬虫技术实现并不困难，甚至可以根据业务需求灵活修改，网络爬虫技术几乎成了所有大数据公司的必备技术，也为大数据风控提供了更多、更丰富的信息。

2.1.3　数据接口

数据库接口是与数据库建立连接的技术，为各类软件、程序和平台提供数据访问、读取等服务的基础。目前在市面上最流行的两种数据库接口是 ODBC 和 JDBC。Microsoft 推出的 ODBC 是最早的整合异质数据库的数据库接口，获得极大的成功，现在已成为一种事实上的标准。访问数据库最常用的方法就是通过 ODBC。数据库接口就是业务程序与数据库进行通信的技术。

2.2　大数据处理分析

2.2.1　分布式文件系统

与分布式数据库对应的便是分布式文件系统（Distributed File System），这是指该文件管理系统所管理的物理资源并不存储在单一的本地数据节点上，而是通过高性能计算机网络使不同资源节点相连，最终组成的一个分布式的资源网络。分布式文件系统就是客户机/服务机的模式，实现客户机与服务机的角色互换，一旦某一资源节点开放了文件目录，其他资源节点的用户便可通过计算机进行访问，这个目录对客户机来说就好比在使用本地驱动器一样。

2.2.2 联机处理系统

联机处理系统也称之为在线处理系统（On-line Input System），主要指信息直接从数据产生地输入到分析系统，分析处理后的结果也直接发送到信息需求地的处理方式。联机处理可根据时效性分为实时处理和延迟处理。实时处理指数据输入后直接或紧跟着就会得到处理的反馈结果输出，而延迟处理时效性则相对较弱，需要先将数据存储后再做处理。联机处理按其功能及应用领域可分为查询处理、数据收集和分发处理、信息存储转发处理三类。

2.2.3 算法与模型

（1）信用评分法

信用评分模型是金融领域尤其是信贷审核过程中最为常用的模型方法之一。信用评分卡模型主要是通过对一群自变量 X 的分析和评分，对应一个因变量 y 输出来构成。在传统金融零售业务信用模型中，自变量一般选取客户基本信息，包括个人信息（年龄、性别、学历、职业和婚姻状况），财务状况（收入、月消费金额、借款情况、月信贷水平等），贷款信息（申请金额、申请用途、申请期限、LTV、产品类别、信用记录）及其他信息。针对每个维度指标均需要量化为 0 ~ 1 之间的一个数值，而输出 Y 则同样是一个 0 ~ 1 的输出或简单的 0/1 判定。Y 代表的含义可分为未来 12 个月是否出现欠款 90 天的情况（或概率）和申请贷款具有主观欺诈的可能性等。信用模型的使用一般分为自变量生成、自变量筛选、自变量分档与转化和评分使用四个阶段，而评分使用阶段就是一般业务决策过程，此处不做过多赘述。

①自变量的生成。自变量不仅仅是对客户的准确描述，也是信用来源的主要途径，一般在自变量选取时除了需要考虑直接收集的变量以外，往往还需要业务人员、建模人员基于业务理解和数学模型衍生出相关变量，

同时还需要信用分析人员根据长期的经验和直觉指导并检验数学模型的正确性，并对数学模型的使用场景和改进方法有深入的了解。

②自变量的筛选。并不是所有的自变量都要纳入最终的分析系统，经过直接获得和衍生出来的自变量往往十分丰富，甚至无所不包，但由于多重变量都由相同的元数据构成，或在信用产生过程中租用相同或共线重复，这就需要对有效变量进行筛选，但是对这部分并没有很好的方法或者说很有意义的解释。一般的操作方法就是直观判断变量是否与因变量有直观意义，包括变量的区分能力、变量间相关性（变量聚类）、变量缺失率、稳定性等。

③自变量分档和转换。一般采用的评分卡模型均是决策树模型，这就需要将 0 ~ 1 的连续型变量变为离散的变量，这不仅仅是方便模型分类的需要，也是更好地保持模型的稳定性，比如根据风险不同把年龄分成几档，根据不同的违约概率将收入分为几档等问题，这样针对每个维度的每个指标，每档都需要一个离散的值来代表因变量的输入，这就叫作自变量的分档转换，常见的有 WOE 和 Logit 转换。

（2）多变量信用风险判定模型

多元判别分析法是对研究对象所属类别进行判别的一种统计分析方法。判别分析就是要从若干表明观测对象特征的变量值（财务比率）中筛选出能提供较多信息的变量并建立判别函数，使推导出的判别函数对观测样本分类时的错判率最小。运用此模型预测某种性质的事件发生的可能性，及早发现信用危机信号，使经营者能够在危机出现的萌芽阶段采取有效措施改善企业经营，防范危机，使投资者和债权人可依据这种信号及时转移投资、管理应收账款并做出信贷决策。目前国际上这类模型的应用是最有效的，国际金融业和学术界也将其视为主流方法。概括起来有线性概率模型、Logit 模型、Probit 模型和判别分析模型，其中多元判别分析法最受青睐，Logit 模型次之。

率先应用这一方法的是美国的爱德华·阿尔特曼博士（EdwardI. Altman）。他早在 1968 年就采用了 22 个财务比率经过数理统计筛选建立了著名的 5 变量 Z-score 模型和在此基础上改进的“Zeta”判别分析模型。著名的美林证券也提供 Z 值统计服务。受美国的影响，日本开发银行，德国、法国、英国、澳大利亚、加拿大等许多发达国家的金融机构，以及巴西都纷纷研制了自己的判别模型。大概可以分为四个类别：多元线性判定模型（Z-score 模型）、多元逻辑模型（Logit 模型）、多元概率比回归模型（Probit 回归模型）和联合预测模型。

（3）市场（资产定价）模型或套利模型

市场（资产定价）模型主要包含 CAPM（资产定价模型）和 CCAPM（基于消费的资产定价模型）两种，而套利模型主要是 APT（套利定价模型）。实际上，CCAPM 晚于 CAPM 被使用，但 CAPM 是 CCAPM 的一个特例，CCAPM 的适用空间更大，而 APT 模型虽然称之为市场套利定价模型，但却与市场套利交易毫无关系，而是 CAPM 模型的一个替代理论，适合对所有资产进行定价，因此可以说市场模型和套利模型是从企业投资行为出发，对风险进行定价和直接服务投资决策的参考模型。

（4）异常值识别

异常值识别也被叫作离群点分析、孤立点识别。日常人们对数据进行处理分析时经常会遇到少量数据与其他数据模型不一样，数值、频次等明显过高或过低，称这样的数据为异常数据。异常数据的识别和发现具备重要价值的，不仅可以帮助监控生产运行过程，更对提前做好部署和防范提供了宝贵的信息。在金融领域，对异常数据挖掘可以识别信用卡的欺诈交易、股市的操控行为、会计信息的虚假报价、欺诈贷款等。

对于异常数据的挖掘总体有两种方法，即时间序列和非时间序列。非时间序列主要为发现异常的点集，其中各事件的发生无先后顺序，一般的探测手法为使用距离度量进行聚类、分类等操作，发现事件中的离群点。时间序列各点、各事件的发生需要考虑先后顺序，各点、各事件之间存在一定的递推关系，对单个点进行挖掘分析并无太大的价值，因此挖掘需要考虑各事件之间的先后逻辑关系、递推关系，相对于非时间序列挖掘的难度更大，同时时间的跨度可以达几年、几十年甚至更久。

第3章　应用场景

3.1　市场生态

数据是企业最重要的资产，而且随着数据产业的发展，将会变得更加有价值。封闭的数据环境会阻碍数据价值的实现，对企业应用和研究发现来讲更是如此，因此需要合理的机制在保护数据安全的情况下开放数据，使数据得到充分利用。有效的解决办法之一是请公正的第三方数据分析公司、研究机构作为中间商收集、分析数据，在数据层面打破现实世界的界限，进行多家公司的数据共享而不是一家公司盲人摸象，这才能实现真正意义上的大数据。赋予数据更广阔全面的分析空间，才会对产业结构和数据分析本身产生思维转变和有意义的变革。

可以简单地将大数据风控产业链条分为数据提供商、数据需求方和中间处理机构。中国互联网的发展使大量的数据分布于各大互联网公司，造成一个又一个数据孤岛，不同平台之间的数据尚难以打通，因此诞生了一大批专业的数据采集和处理分析部门，使得业务单元更加细化。一个完整的风控产品或解决方案往往由数据提供者、数据采集者、数据应用中间商、征信评估分析机构、基础服务提供商和综合解决方案提供商共同完成（见图3-1）。

3.1.1　数据提供者

大数据提供者往往在整个数据链条中处于优势地位，虽然部分数据由

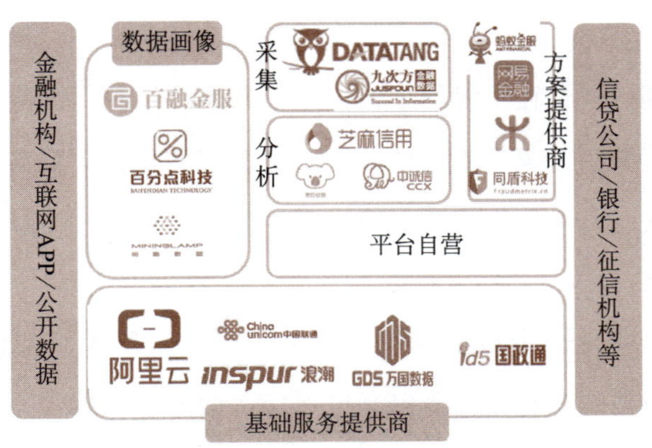

图 3-1　大数据风控产业图谱

小型企业/组织提供，但更多的数据都有垄断部门来提供（注：天然垄断性）。大数据提供者往往处于经济活动的中心，掌握了大量基础消费数据、社交数据或搜索引擎数据，并掌握绝对多的用户和市场垄断地位。

依据公司业务开展的模式可将此类企业分为三类：一是大数据是业务核心，对大数据的重复利用是其发展的原动力，这种公司具有很强大的大数据技术能力，多数时候大数据技术本身主要用于自身的运作，具有第三产业的典型特色；大数据是作为企业提高生产效率、增加业务收入或者创造新的收入的使能器。二是非厂商的主流业务，如运营商、银行等，运营商的主要业务是通过通信设备提供的各种网络语音和数据业务，目前运营商本身并不通过数据的重复利用为主要手段来盈利。三是数据中间商，其本身不具有创造数据的能力，而是从各种地方搜集数据进行整合，然后再提取有用的信息进行利用。

它们的商业模式一般为：面向企业或者公共政府部门提供数据分析结果的服务，面向个人提供基于数据分析结果的服务；或者租售数据/信息模式（数据资产分享和交易平台）把数据/信息作为资产直接进行销售。

代表企业为蚂蚁金服、白骑士、金电联行、陆金所、融 360、天创信用、微众银行。

3.1.2 数据采集者

在互联网行业快速发展的今天，数据采集已经被广泛应用于互联网及分布式领域，数据采集领域已经发生了重要的变化。大数据风控领域的数据采集并非传统意义的生产数据的采集，更不是通过传感器对机床、生产等数据的采集。

互联网金融是一个科技含量密度高、行业跨度大和知识鸿沟广的领域，因此对行业细分和任务分包有更深层次的要求。首先，分布式控制应用场合中的智能数据采集系统在国内外已经取得了长足的发展。其次，总线兼容型数据采集插件的数量不断增大，与个人计算机兼容的数据采集系统的数量也在增加。国内外各种数据采集机先后问世，将数据采集带入了一个全新的时代。

目前通过市场研究总结发现大量的数据采集公司主要集中于应用端的数据搜集、网页采集和第三方数据整合三种类型，但由于金融数据的敏感性和高保密性，更多企业和组织均依赖于第三方核心库数据的提供和网络数据抓取。专业提供数据采集服务的企业并不多，而以提供技术支持和系统开发的企业占大多数。

代表企业为九次方大数据、神策数据、百分点、百融金服、融360、腾云天下、海量大数据。

3.1.3 数据应用中间商

诸多小微金融机构和新型金融机构并不具备大数据风控建设的能力，因此就催生了提供数据决策支持的数据应用中间商。数据应用中间商主要以提供数据验证、数据风险提示、风险控制管理系统、运营管理系统等产品或服务支持企业发展。这部分企业中主要有三类：以互联网信息、技术服务为主导的传统互联网巨头；以搭建行业数据库、关键名单库形成一定数据积累的数据服务提供商；新型金融科技公司，为目标企业提供技术服务和数据采购等服务。当然还有部分技术咨询公司和企业自身开展大数据风控相关研究和实践，共同构成第三方技术或服务提供方。

代表企业为百分点、百融金服、冰鉴科技、金电联行、棱镜征信、品钛、数库、数联铭品、算话征信、天创信用、天云大数据、同盾科技。

3.1.4　征信评估分析机构

自 2015 年 1 月 5 日，中国人民银行印发《关于做好个人征信业务准备工作的通知》以来，包括芝麻信用、腾讯征信、前海征信、鹏元征信、中诚信征信、中智诚征信、拉卡拉信用管理和华道征信在内的八家机构和市场多家机构纷纷尝试构建自主的“FICO 大数据评分”体系，依靠各自在所属领域的数据资源优势，开展个人征信评分的尝试。在此之前，企业征信市场由于开放较早，早已形成了晚上的市场产业链条，各种评级、评分业务充斥市场。

与数据应用中间商相比，征信评估分析机构从产品思维为商户决策提供了直观参考。数据应用中间商通过提供技术和其他服务帮助客户打造自身大数据风控系统，而征信评估机构则直接对商户针对个人或企业提供风险提示、风险报告和量化的风险度量，方便商户进行决策。由于数据不完全、数据质量不确定和评级机构自身信誉等其他原因，征信评分并不被大家所普遍接受或作为决策的依据，仅作为辅助参考。

代表企业为天眼查、冰鉴科技、芝麻信用、棱镜征信、算话征信、考拉征信。

3.1.5　基础服务提供商

基础服务提供商为市场提供最基础的通信、互联网、数据存储、云计算等基础服务，又可分为互联网服务提供商（ISP）、互联网内容提供商（ICP）和其他服务。ISP（Internet Service Provider）是向广大用户综合提供互联网接入业务、信息业务和增值业务的电信运营商。ICP（Internet

Content Provider）是向广大用户综合提供互联网信息业务和增值业务的电信运营商。在互联网应用服务产业链“设备供应商——基础网络运营商——内容收集者和生产者——业务提供者——用户”中，ISP/ICP处于内容收集者、生产者以及业务提供者的位置。

随着技术的发展和进步，越来越多的互联网物理结构服务被搬上云端，在大数据风控领域同样需要通信运营商、数据服务商、云存储机构等为整个服务链条提供基础服务。

代表企业为百度金融、阿里云、亚马逊、浪潮、国政通、太一云、小蚁区块链。

3.1.6 综合解决方案提供商

在金融科技领域，综合解决方案提供商为企业提供一体化综合解决方案，并配合系统开发、实施和落地运营，因此也对提供商有了更高的要求。目前，类似企业多数集中在某一特殊领域，如大数据风控、供应链金融等，也有部分企业通过多年积累和技术沉淀业务的开展尚可覆盖全流程、全行业。

综合解决方案提供商为金融科技企业或准备开展金融科技业务的企业提供了一把钥匙，从方案设计、系统搭建、开发实施、数据管理和应用及运营，提供了综合、一体解决方案，让更多企业得以享受科技带给金融的巨大便利，体验到大数据风控对业务带来的提升和改进。

代表企业为安心de利、百度金融、百分点、百融金服、金电联行、同盾科技、品钛集团、数库、腾云天下、明略数据。

3.2 典型应用场景

随着大数据技术发展，企业希望通过数据寻找业务规律，对客户需求进行挖掘，进而为业务优化、客户关系管理和营销推广等工作带来价值，让数据更好地支持业务、支持运营，给业务带来更直接的价值，帮助业务进行优化和提升，所以数据成了企业的一项宝贵资产，掌握数据量最大的信息技术部门也逐渐成为企业的利润中心。

金融机构长期以来处于产业层次的顶层，掌握更加全面和有价值的客户信息、金融数据和其他数据，因此对数据驱动商业、分析挖掘其价值显得尤为迫切。从战略方向上讲，依托大数据进行风险管理将避免决策人员根据经验主观判断进行决策和信息不对称所导致的风险，同时也可以在数据量和数据分析需求日益增加的挑战下，依托大数据、云计算和高性能计算机等技术建立一套“数据驱动型”业务模式和数据运营中心。

3.2.1 主体信用风险评估

芝麻信用是蚂蚁金服旗下独立的第三方征信机构，通过云计算、机器学习等技术客观呈现个人的信用状况，已经在信用卡、消费金融、融资租赁、酒店、租房、出行、婚恋、分类信息、学生服务、公共事业服务等上百个场景为用户、商户提供信用服务。

芝麻信用评分是对一个人的信用状况进行综合评估的产品，评分范围从350到950，分值越高代表信用越好。每个用户的芝麻信用评分计算需获得用户的授权。芝麻信用评分主要解决信贷、租赁、交易等场景中用户的违约风险识别问题。如在银行的信贷或发卡场景中，芝麻信用评分对用户的信用风险有很强的区分能力，可作为做出通过/拒绝决策的参考（见图3－2）。

产品输入输出	
输入	客户证件
输出	用户芝麻分
输出结果示例	
输入	客户证件：330101107710101234
输出	用户芝麻分：668

图3－2 个人信用评分类产品

3.2.2 反欺诈识别

白骑士申请欺诈识别是针对线上申请业务风险，帮助商户直观量化其信息真实性和可信度，对用户申请信息的欺诈风险进行量化评分，基于用户的基本信息和历史行为，运用数据挖掘技术构建计量模型，给出量化的欺诈风险大小。随着互联网金融的蓬勃发展，很多金融机构开通了网上申请业务的服务通道，尤其是以现金贷业务为主的放贷机构，由于这些业务仅需申请人在网上填写个人信息进行申请，业务机构往往通过电话、第三方来验证这些信息是否真实，需要耗费大量的人力、财力（见图 3－3）。

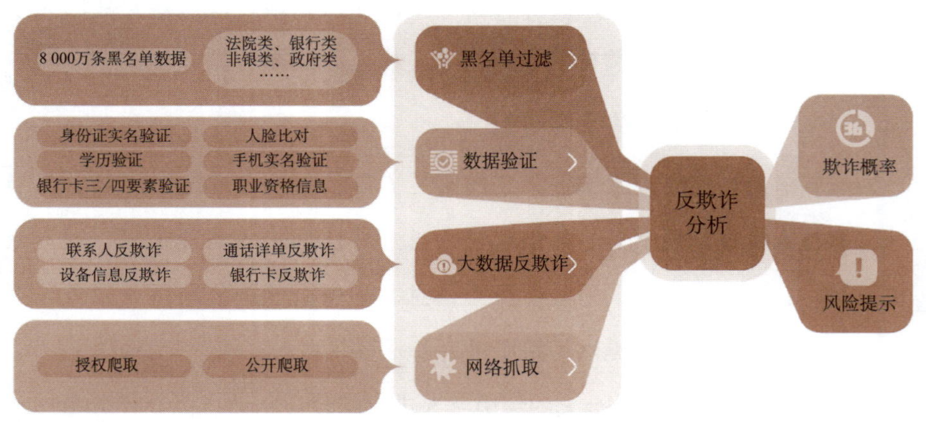

图 3－3　金融反欺诈类产品模式

由于这部分人群并没有足够的征信记录，同时贷款额度均在 200～5 000 元之间，很少有超过 20 000 元的额度，在还款能力上基本可以保证，因此申请审核的关键在于帮助商户识别虚假申请风险，屏蔽还款意愿差，防止欺诈行为，最大限度地降低损失，有效减少其业务核查成本，提高处理效率。商户可以基于用户提供的信息（至少输入姓名、身份证号码两项信息），通过申请欺诈评分的后台评分模型，量化用户信息的风险程度（见图 3－4）。

产品输入输出	
输入	身份证号、姓名、手机号码、银行卡号、E-mail、地址、IP、MAC、WIFI-MAC、IMEI（其中身份证号、姓名必填，其他参数选填）
输出	0～100 分，其中 0 分表示无法识别，分数越高，风险越小
输出结果示例	
输入	张三、330100123456780000、13700000000、浙江省杭州市××区××路××号（姓名、身份证号、电话、地址）
输出	80

图 3－4　金融反欺诈类产品

3.2.3　失联人信息补全

当贷款人逾期后往往会面临催收问题，而催收中最常见的困难就是客户失联问题。据统计，在逾期 3 个月以上的客户中，失联客户至少占到 70%以上，而一旦找到失联人，则催收成功的概率就提高了 50%。失联的发生主要是因为债务人恶意欺诈骗贷或者不堪催收压力，也有可能是催收管理不当造成信息丢失。无论哪种情况发生，都意味着商户面临款项坏账或催收成本上升的问题。传统的失联人信息修复主要依靠拨打 114 查找、互联网信息搜集、黄页、联系人沟通、社交平台、社保、征信报告等公开信息，这种方法不但工作量大，而且收效不明显，因为一旦失联人信息丢失就会造成之前登记信息、互联网痕迹等失效。

依托大数据风控手段可以通过分析联系人关键节点准确判断出是否同一个人（虽然会有多个号码，类似于对数据拉通进行唯一识别），通过设备的地理位置数据、网络浏览痕迹抓取失联人新联系信息，进行信息修复和催收工作（见图 3－5）。

3.2.4　经营风险预警

企业活动作为集合经济、技术、管理、组织等各方面的综合性社会活动，在各个方面都存在着不确定性。企业风险预警系统就是通过建立风险评估体系，进而进行风险预控，化解风险的发生，并将风险造成的损失降

图 3－5　失联人信息补全类产品

至最低程度的有效手段。开展企业活动的风险分析与管理，预防和化解风险的发生，将风险造成的损失控制在最低限度，已成为保证企业经营活动并创造最大效益的重要措施之一。

经营风险预警实际上就是根据所研究对象的特点，通过收集相关的资料信息，监控风险因素的变动趋势，设定系列经营指标阈值体系，并评价各种风险状态偏离预警线的强弱程度，一旦在评价指标升级触发临界值表便向决策层发出预警信号并提前采取预控对策的体系。因此，要构建预警系统，必须首先构建评价指标体系，并对指标类别加以分析处理；其次，依据预警模型，对评价指标体系进行综合评判；最后，依据评判结果设置预警区间，并采取相应对策。

企业风险预警系统主要包括三个子系统，即风险识别子系统、风险评价子系统和风险预警子系统。风险识别子系统的关键是要树立风险识别分析的系统观。通常采用的方法有核查表、WBS、因果分析图、流程图。风险评价子系统就是对识别出的风险因素进行量化和重要性评价，进而通过预警子系统来判断是否应当发出警报以及发出警报的级别。下面主要介绍风险评价子系统和风险预警子系统。

3.3 银行业务应用实例——信用评分卡

信用评分卡是目前银行信贷、消费金融公司贷款、现金贷等各种金融贷款机构所普遍采用的一种客户审核和放款额度确定的方法。通过对客户的基本属性、社会身份和行为特征进行打分，以期对客户有一个优质与否的评判。在实际操作过程中，信用评分卡又可分为申请评分卡（俗称 A 卡，Application scorecard）、行为评分卡（俗称 B 卡，Behavior scorecard）和催收评分卡（俗称 C 卡，Collection scorecard）。

三种评分机制的主要区别为以下三点：①使用的时间不同。分别侧重贷前、贷中、贷后；②数据要求不同。A 卡一般可做贷款 0 ~ 1 年的信用分析；B 卡则是在申请人有了一定行为后，对所产生的较大数据进行的分析，一般为 3 ~ 5 年；C 卡则对数据要求更大，需加入催收后客户反应等属性数据。③每种评分卡的模型会不一样。在 A 卡中常用的有逻辑回归、AHP 等，而在后面两种卡中，常使用多因素逻辑回归，精度等方面更好。

信用评分模型的类型还有很多，但一般都是在客户获取期，建立信用风险评分，预测客户带来违约风险的概率大小；在客户申请处理期，建立申请风险评分模型，预测客户开户后一定时期内违约拖欠的风险概率，有效排除了信用不良客户和非目标客户的申请；在账户管理期，建立催收评分模型，对逾期账户预测催收策略反应的概率，从而采取相应的催收措施。

信用评分则是通过评分卡模型对客户所做出的评分，具体指根据银行/消费贷/现金贷等客户的各种历史信用资料，利用一定的信用评分模型，得到不同等级的信用分数，根据客户的信用分数，授信者可以分析客户按时还款的可能性，据此决定是否给予授信以及授信的额度和利率。

3.3.1 实施信用评分卡的意义

①由于零售信贷业务具有笔数多、单笔金额小、数据丰富的特征，决定了需要对其进行智能化、概率化的管理模式。信用评分模型运用现代的数理统计模型技术，通过对借款人信用历史记录和业务活动记录的深度数据挖掘、分析和提炼，发现蕴藏在纷繁复杂数据中、反映消费者风险特征和预期信贷表现的知识和规律，并通过评分的方式总结出来，作为管理决策的科学依据。

②信用评分卡具有客观性和一致性，它是根据从大量数据中提炼出来的预测信息和行为模式制定的，反映了借款人信用表现的普遍性规律，在实施过程中不会因审批人员的职业经验、主观感受、个人偏见、个人好恶和情绪等改变，减少了审批员过去单凭人工经验进行审批的随意性和不确定性，实现所有申贷人员的公平性，保证所有信审人员结果的一致性。

③较之传统申贷过程，信审人员对申请人所提交申请资料真实性的认定基本依赖于受理申请资料的信贷业务员的职业操守和业务素质，审批人员对申请人资料的核实手段基本依赖于电话核查，对申请核准与否基本依赖于自己的信审业务经验，这种情况难以保证授贷质量，难以保证授信过程的准确和严肃。

④目前国内大多数银行信用卡部门采取人工审批作业形式，审批效率还有较大提升空间，授信审查成本高、效率低而又面临很大的欺诈风险，这种状况很难应对年末所谓的“行业旺季”中大规模集中的小额贷款业务需要，运用信用评分卡可以极大地提高审批效率。由于信用评分卡是在申请处理系统中自动实施，只要输入相关信息，就可以在几秒钟内自动评估新客户的信用风险程度，给出推荐意见，帮助审批部门更好地管理申请表的批核工作，对于业务批量巨大、单笔业务金额较小的产品特别适合。

⑤由于信用评分卡是依据大数原理，运用统计技术科学地发展出来

的，预测了客户各方面表现的概率，使银行能比较准确地衡量风险、收益等各方面的交换关系，找出适合自己的风险和收益的最佳平衡点。同时，由于一切都是通过分级、量化或数字来进行决策，对量化风险级别、风险分级管理、提高风险控制的能力及灵活度都有很大帮助，便于在风险与市场之间寻求合适的平衡点。

3.3.2　信用评分卡的开发

信用评分模型开发流程包括模型的设计与规划、样本的选择、预测变量的选择和确定、模型的制定、模型效果的评估和检验、模型的实施、模型表现的跟踪和监控等。

（1）建立开发目标、方法及业务问题的定义

①开发目标。确保决策的一致性，减少人工干预，提高信贷政策的执行力；准确反映并量化客户的风险级别，用科学的方法管理风险以控制和减少信贷损失；提高市场竞争能力，在控制可接受的风险水平的同时争取更多优质客户，有效地提高市场占有率；实现审批流程自动化，减少运营成本。

②模型建立方法。建立模型可采用的方法很多，业内通常使用逻辑回归方法建立贷款申请评分模型。

③好、坏客户定义。好、坏客户的定义必须与银行总体政策、管理目标一致，综合考虑风控策略、催收策略、业务历史、样本数量的需要，如定义曾经有 90 天以上逾期不良记录的客户为坏客户；定义满 12 个月，未出现 90 天以上逾期记录的客户为好客户。

（2）确定数据源，选取样本

①数据来源。内部信用卡核心系统数据库和其他相关业务系统。

②样本总数量。选取某地区近两年的所有申请人，总数 N 人（包括好、坏客户及拒绝的申请客户）。

（3）数据抽取、清理和整理，建立数据集

这一步是开发申请评分模型中最重要、最耗时的步骤之一。数据质量好坏是决定开发的模型成功的关键因素。在确定数据来源后，由于需要采集的数据资料来源不一，数据量大，抽取时耗时较多，就需要在原始数据的基础上，根据业务需求、数据性质、结构及内在逻辑，对数据进行归类、合并、分组，最终建立数据集（或数据仓库）。

（4）数据分析、变量选择及转换

数据经过整理后进一步进行数据资料的分析，找出其内在关联性，并经过对样本变量的分组、合并和转换，选择符合建模条件，具有较强预测能力的变量。

如果是连续变量，就是要寻找合适的切割点把变量分为几个区间段以使其具有最强的预测能力。例如，客户年龄就是连续变量，在这一步就是要研究分成几组，每组切割点在哪里预测能力是最强的。这是评分模型非常重要也最耗费时间的步骤。如果是离散变量，每个变量值都有一定的预测能力，但是考虑到可能几个变量值有相近的预测能力，因此分组就是不可避免而且十分必要的。

通过对变量的分割、分组和合并转换，最终剔除掉预测能力较弱的变量，筛选出符合小额贷款实际业务需求，且具有较强预测能力的变量，使建立的模型更加有效。

（5）创建评分模型

利用上面分组后形成的最新数据集进行逻辑回归运算得到初始回归模型。在回归模型的基础上，通过概率与分数之间的转换算法把概率转换成分数进而得到初始评分卡。下一步要将初始评分卡经过拒绝推论。所谓拒绝推论，即申请被拒绝的客户数据未纳入评分系统，导致样本选取的非随机性，整体信用情况因此被扭曲，信用评分模型的有效性降低。

因为申请风险评分模型是用来评估未来所有借款申请人的信用，其样本必须代表所有的借款申请群体，而不仅代表信用质量较好、被批准的那部分客户的信用状况，所以样本必须包括历史上申请被拒绝的申请人，否则样本空间本身就会出现系统性偏差。如果仅仅依靠被批准申请人群体的样本开发评分模型，并将其运用到整个申请人群体中去，那么这种以被批准群体代表被拒绝群体的做法将必然在很大程度上弱化模型的预测精度。

进行拒绝推论时，由于这部分被拒绝申请人的好坏表现是不可知的，必须通过一定的统计手段来推测。推测的方法有很多，可以利用初始评分卡对这部分被拒绝客户进行评分，从而得出每个被拒绝客户被审批成为好客户的概率和坏客户的概率，再按其权重放入模型样本中，这样会尽量减少样本的偏差，同时兼顾拒绝样本的不确定性。利用拒绝推论后形成的样本（包括核准和拒绝的）重新对每个变量进行分组，其原理和方法与初始分组相同；然后，对第二次分组形成的数据集建立逻辑回归模型；最后在第二次回归模型的基础上，通过概率与分数之间的转换算法把概率转换成分数，进而得到最终评分卡。

（6）模型检验

模型建立后，需要对模型的预测能力、稳定性进行检验后才能运用到实际业务中去。申请评分模型的检验方法和标准通常有交换曲线、K－S 指标、Gini 数、AR 值等。一般来说，如果模型的 K－S 值达到 30%，则该模型是有效的，超过 30% 则模型区分度越高。本例中，模型的 K－S 值达到 40% 以上，已经可以上线使用。

（7）建立 MIS 报表，模型的实施、监控及调整

模型实施后，要建立多种报表对模型的有效性、稳定性进行监测，如稳定性监控报表，比较新申请客户与开发样本客户的分值分布，监控模型的有效性；特征分析报表，比较当前和开发期间的每个记分卡特征的分

布，监控模型有效性；不良贷款分析报表，评估不同分数段的不良贷款，并且与开发时的预测进行比较，监控客户信贷质量；最后分值分析报表，分析不同分数段的申请人、批准/拒绝以及分数调整的客户分布，监控政策执行情况等。

另外，随着时间的推移，申请评分卡的预测力会减弱，因为经济环境、市场状况和申请者、持卡者的构成在不断变化，同时，银行整体策略和信贷政策的变化也要求评分模型适时调整，所以申请评分卡在建立后需要持续监控，在应用一段时间（一般 2 ~ 3 年）后必须适当重新调整或重建。

3.3.3 运用信用评分卡需要注意的问题

（1）开展贷款业务的历史要长

评分卡的发展必须以历史数据为依据，如果公司开展小贷业务的历史太短，数据不充分，则不具备开发评分卡的条件。

（2）发展信用评分卡需要大量的数据，而且数据的质量要好

如果数据很少，不具有代表性或数据质量很差，有很多错误，那么基于该数据的评分卡就不会准确，申请评分卡的发展就会受到制约。

（3）数据的保存要完整

小贷公司必须把历史上各个时期申请贷款的客户申请表信息、当时的信用报告记录等数据保存起来，不仅所有被批准的客户的数据要保存，被拒绝的申请者数据也应该保存，以进行模型的表现推测。此外对于保存的数据，不仅要从中提炼出各种预测变量，还要能够辨别其表现（好、坏等）。

（4）信用评分卡只是提供了决策依据，不是决策本身

信用评分卡并不能告诉审批人员某个客户一定是好的或坏的，它只是体现一定的概率，因此，对于有些客户的申请审批决定必须综合信用报告等其他信息作出判断。

（5）一张申请评分卡很难满足整个人群，需要针对不同人群建立单独的评分卡

如果在外地其他省份还有好几家分公司，存在着较大的地域差别，各地区经济发展也存在较大差别，客户消费习惯有较大差异，使用一张申请评分卡就会造成信用评分的不真实。

（6）卡模型的持续更新与迭代

时间久了，信用评分卡的有效性会越低，因为经济环境、市场状况和申请者、借款人的构成、业务的来源渠道在不断变化，使得样本人群的特质和属性发生改变，特别是在经济高速发展的阶段（或是股市大牛市阶段），人群的生活方式、消费习惯、经济状况等变化很快，申请评分模型在应用一段时间后通常会与初期模型产生偏移，所以需要对其进行适当重新调整，必要时还要重新开发，以保证信用评分卡的有效性。

第4章 大数据风控应用的潜在问题

4.1 技术问题

4.1.1 数学模型

数学模型就是运用数学符号和公式将现实客观事物抽象化描述并总结其发展规律和本质特征的过程，是对现实活动的符号化和数字化表示。数学模型是数学思维对现实世界描述的精华所在，它通过设定一定的前提假设对客观对象进行数学表述，将实际问题抽象和简化，并通过数学原理和计算刻画事物本质并辅助决策，也因此使得数学模型永远无法真实、全面地描述问题和解决问题。具体可将数学模型问题分为两类：数据分布假设、模型泛化能力。

数据分布假设问题：对个人违约风险概率分布是未知的，同时对于纳入模型的某一维度上的数据分布也是未知的，而数据模型对数据是有假设的，譬如probit模型需要数据服从正态分布的，logit模型需要数据符合逻辑斯蒂分布，因此对数据模型的选择有了更高要求，同时也无法判定监督学习模型的训练样本和需要预测的样本是独立同分布的，因此也无法判定数据模型的有效性。

模型泛化能力问题：数据模型的目标在于提供新数据、预测新状况，而不是对已有数据进行重复训练和识别，因此希望训练的模型能够更加准确地预测未来，在提供新输入的时候能得出正确的输出结果，训练得出的模型能够在多大程度上对新预测提供正确输出称之为“泛化”，大数据模型所纳入数据量大、数据类型丰富、数据维度多等特点使得其很难在过拟合和鲁棒性上找到平衡，也就使得数据模型的泛化能力（通用性）成为关注的焦点。

4.1.2　数据不平衡

随着近年来机器学习和数据挖掘的快速发展，依靠数据模型辅助决策逐渐显现出其独特的优势，逐渐为世界带来实际价值，但也面临诸多挑战和难以克服的困难，其中数据不平衡问题是最重要的问题之一。数据不平衡问题并不是金融大数据领域或消费信贷领域独有的问题，而是影响数据模型产生经济价值、工业化、产业化的重大课题。

以消费信贷为例，数据不平衡问题主要源于两个方面：一是自然违约率低。据统计，目前普遍的违约比例在5%以下，即使对所有申请者放款，其准确率也在99.5%以上。在样本足够大、放款量足够多的时候只需要设置利息收益率高于自然违约率即可实现毛利，因此也就有了“大数法则”的风控方法。二是如果自然违约率低，可以丰富违约样本来训练数学模型，使模型尽可能全面地、完备地容纳违约风险特征，但这在实际业务中是很难实现的。信贷往往意味着资金的贷出，信贷机构常会依靠经验知识和人工筛选，直接将一些潜在风险者规避掉，也就使违约风险人群被前置隔离出去，使信贷数据、信贷样本并不具备全部人群特征。

数据不平衡问题不仅会使得决策模型难以掌握风险对象的全部特征，还会对模型维度/特征进行强化，使得“强者恒强，弱者恒弱”，进一步削弱模型的使用能力，而目前并没有合适的方法去解决这个问题，典型的处理方法就是采样、数据合成、加权或分类。

4.1.3 数据粒度选择

数据模型使用的基础是所有数据量化、数字化。数据粒度是指数据在处理过程中的细化和综合程度。根据数据粒度细化标准：细化程度越高，粒度越小；细化程度越低，粒度越大。数据粒度在一定程度上也预示着信息丢失情况：数据粒度越大，信息丢失越严重；数据粒度越小，信息保留越完整。数据分析和建模使用过程前需要针对业务需求和实际需要合理选择数据粒度，在保证决策准确的情况下尽可能降低数据计算量和计算难度。

在实际操作过程中如何定义逾期，多长时间算作坏账，消费等级、媒体偏好等如何划分等级等都成为需要考虑的问题。传统的分类方法或许有迹可循，但是否科学严谨，是否符合所选择的模型，是否会影响特征提取和分析，这些都不得而知。同时，大数据中有相当多的时间序列数据和同源数据（如上网记录、在网记录和设备地理位置等），不能简单将一串时间序列数据或同一设备产生的信息作为唯一个体所产生的数据来处理，这就需要在时间和空间维度对数据进行切割，选择的时间间隔和空间间隔将不仅影响模型的使用能力，更直接影响了数据质量。

4.1.4 多源数据拉通

大数据模型的精要在于可以利用更多类型的数据、更丰富的信息使用户画像和模型更立体、更全面、更有效。这就意味着对于同一个用户或同一个主体需要将不同来源的不同数据进行关联和匹配，来完善同一主体的信息。

在多元数据的拉通问题上并不是那么容易实现，对于同一个身份证号码所产生的支付数据、消费数据、司法信息和注册信息等进行整合相对比较容易，而且每年往往需要通过网络爬虫和设备 cookie 数据进行数据补充和画像，因此很难直接通过手机号码、身份证信息等进行直接连接，如同在结构化数据中就很难找到各个表单（Table）的主键和外键使不同数据进行关联。

4.2 应用风险

4.2.1 个人隐私保护

目前，中国已经成为世界上产生和积累数据体量最大、类型最丰富的国家之一，在智慧物流、移动支付等垂直领域全球领跑，但数据监管和治理相对落后：登录电商网站，推荐商品多是依据浏览痕迹；打开微博微信，广告投放定向植入；打开理财客户端，首页也因人而异。在中国，对个人信息的各种商业利用已远远走在了隐私保护前面，这无疑潜藏着巨大的风险。如果任由信息流像脱缰的野马一样，迟早会对公民个人生活产生破坏性影响。在这方面的社会治理水平倘若跟不上商业开拓的步伐，时间一长就会造成四面漏风的状况，到时候想保护也得付出比现在大得多的努力和代价。

大数据算法在商业应用中一骑绝尘，说明在个人和商家的博弈框架内无力解决好隐私保护问题。因为个人选择空间很小，你要么选择让渡自己的信息，要么远离其他人已经拥有的便捷生活。只有公共管理部门的介入，才能在某种程度上平衡这一对矛盾。

4.2.2 数据质量安全

有媒体爆出，在淘宝、咸鱼等公共平台，一些商家提供了可以为芝麻信用“刷分”的服务。芝麻信用是支付宝对个人的信用评价，芝麻信用数据涵盖了许多领域，达到一定的芝麻信用分数，便可以获得一些优惠便利。这虽然最终被爆出是假新闻，但淘宝搜索不难发现，五花八门的刷分、刷信用服务只有你想不到，没有别人做不到的，只需要提供个人的相关注册或验证信息，利用验证码登录支付宝等其他工具进行相关操作，便可在短期内快速提升个人信用分数和影响力，类似的事情还有新媒体阅读量、粉丝量、商店信用评级等。商业化、产业化的服务链条严重扭曲了市场真实场景，使得数据的可利用价值大打折扣。

大数据时代，数据产生的价值越来越大，基于数据的相关技术、应用形式也在快速发展，然而对数据愈加依赖则对数据质量的要求也就越高。当前各大厂商、用户都在探索与数据相关的开发技术、应用场景和商业模式，最终目的就是挖掘数据价值，推动业务发展，实现盈利。目前数据应用项目非常多，但真正取得预期效果的项目少之又少，而且开发过程困难重重，其中的一个重要原因就是数据质量问题导致许多预期需求无法实现。如果没有数据治理，再多的业务和技术投入都是徒劳的。数据治理是保证数据质量的必需手段，从全球范围来看，加强数据治理，提升数据质量已成为全社会、全行业需要解决的重要任务。

4.2.3 平台技术风险

技术风险是指平台企业信息技术系统发生技术故障，导致服务中断、交易停滞、通信不畅，或在容量、运作等方面不能保障交易业务正常、有序、高效、顺利地进行的风险。随着对技术的依赖越来越高，可以人工干预的作业就越来越少，需要承受的技术风险也就越来越大。

4.2.4 数据价值不确定性

完全依靠大数据进行的决策显然还不能够让人信服，尤其是机器学习模型的可解释性差等问题，造成对大数据风控的价值褒贬不一，其根本原因在于大数据风控这一新鲜事物所采用的逻辑和方法还没有足够的数据让人们相信这对于此前的决策更有效，还没有办法识别数据的价值到底有多高。相反，大数据风控的发展要避免场景、行业、授信人群的集中化。

企业做大数据风控，往往会选择一个场景、垂直行业或细分人群进行切入，这样可以将一个场景做深做透，深度分析、利用该领域的数据，但从金融的规律看，信贷过于集中于某个领域可能带来风险。零售信贷行业中很多风险事件是因为行业对某一个群体的过度授信，导致风险延伸到整个经济中。如果集中在某个场景或者某一类人群，风险可能越来越大，最终对行业市场有一个很大的冲击。

正如工业矿渣一样，很难判断经过处理后的数据是否会成为其他经济生产的原料。在物理世界中，将石油、煤炭的矿渣提炼出硫、乙烯、石墨等新材料，产生新价值。同样，是否可以通过批量的数据结果研究分析和预测区域或种群的发展，这极大地刺激了政府管理者和国家安全部门的神经，因此在处理数据“矿渣”的时候同样面临极大的不确定性。

4.2.5　模型套利

目前，包括 FICO 在内的成熟的市场评分模型中，可参考变量均不超过 50，也就是说大数据所宣称的数百万个维度、数千万个维度的指标分析多半是没有意义的，这不是重点，重点在于完全的技术依赖不仅仅带来的是平台技术风险，也同样预示着对数据质量有更高的要求。在一个不超过 50 个指标维度的模型下，很容易通过数据分析和学习得出相应参量甚至权重，所以“刷信用”“刷钻”等行为也就不足为奇了。这将极大刺激大数据风控的发展，并对大数据风控的公平性造成挑战。

第5章　大数据信息服务行业分析

5.1　行业概览

2013年以来，一方面以网络借贷信息服务平台（P2P）为先导的互联网金融行业迅速发展，线上信用交易越来越频繁，另一方面各类生活、服务线上化也成为主流趋势，这使得国内市场经济几乎同时汇集了信用经济和互联网经济特征，大家在享受便利的同时面临着诸多问题，在这里面由于“信息不对称”产生的各类欺诈行为显得格外突出。有需求就有市场，如何解决“信息不对称”的问题催生了国内大数据信息服务行业的发展，在“数据为王”的初级阶段，该行业产业链如图5－1所示，箭头代表信息数据流向。

现阶段，国内大数据信息服务行业已经形成产业闭环，数据维度和数据量都在不断增长，主要盈利模式可归纳为输出数据和输出技术两大类：输出数据为通过各种有效手段获取数据，辅以数据的整理、保存、加工、流通等过程所需的支撑技术，采用多种方式向客户提供信息，数据的使用方法由客户根据自己的应用场景而定，此类模式以征信公司为代表；输出技术是指对外输出数据采集、整理、保存、加工的技术能力，帮助客户挖掘内外部数据价值，提供金融风控、反欺诈、精准营销等一站式解决方案或系统功能模块，此类模式以金融科技公司为代表。

图5－2为大数据信息服务行业典型企业。

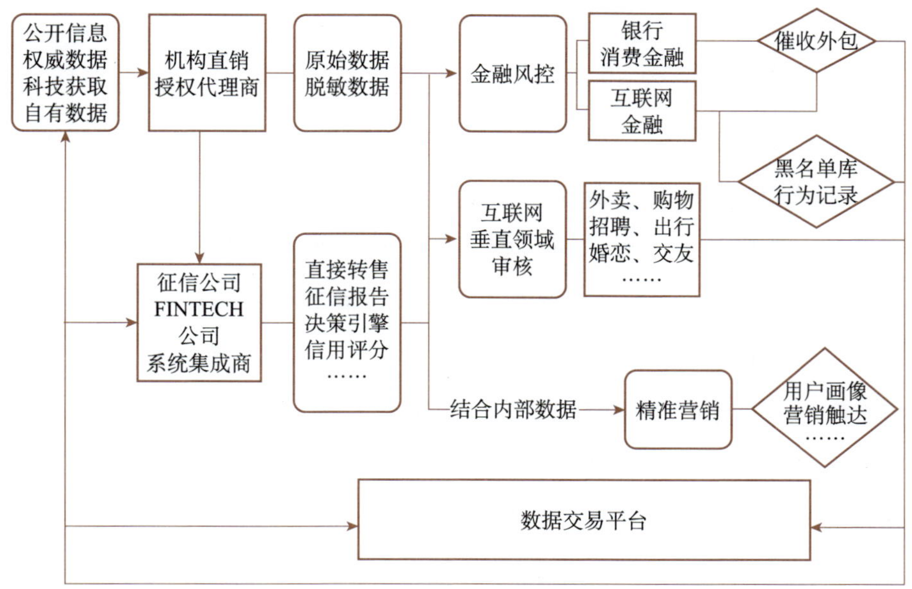

图 5－1　大数据信息服务产业链

图 5－2　大数据信息服务行业典型企业

5.2　主要行业模式

现阶段，大数据信息服务行业主要参与者有征信公司、金融科技公司、大数据交易平台三大类，现分别对其进行分析。

5.2.1 征信公司

中国的征信行业长期由中国人民银行征信中心一家独揽，截至2016年9月，中国人民银行个人征信系统共有2 927家接入机构，收录自然人数8.99亿人，其中4.12亿人有信贷记录。根据2010年我国第六次人口普查，我国有13.28亿人口，尚有4.3亿人没有被中国人民银行收录，有9.16亿人没有任何信贷记录，中国人民银行征信系统主要采集金融机构的信贷信息。正是由于中国人民银行征信覆盖人群和采集维度的局限，给了民营征信公司发展空间。2013年3月15日，中国人民银行颁发《征信业管理条例》，开始受理个人征信机构审批和企业征信机构备案工作。

目前，国内注册带“征信”字样公司超过万家，而获得国务院征信业监管部门（中国人民银行及派出机构）认可的征信公司只有8家个人征信公司（筹）和130家左右企业征信公司。

（1）个人征信公司

2015年1月5日，中国人民银行批准八家机构作为试点准备开展个人征信业务（见表5－1）。

表5－1　中国人民银行批准的八家开展个人征信业务试点机构

名称	股东背景	产品及服务	数据来源
芝麻信用管理有限公司	蚂蚁金服	芝麻认证、芝麻信用评分、行业关注名单、申请欺诈评分、欺诈信息验证、欺诈关注清单、“信用＋联盟”、企业征信类（信息查询）	内部数据（支付宝、淘宝等电商平台、蚂蚁花呗、网商银行等）、商家共享数据、外部第三方数据（实现与最高法失信被执行人库直连）
腾讯征信有限公司	腾讯集团	腾讯信用评分	内部数据（QQ、微信的社交数据，微信支付数据，购物数据等），外部第三方数据

续表

名称	股东背景	产品及服务	数据来源
深圳前海征信中心股份有限公司	中国平安保险（集团）股份有限公司旗下全资子公司	反欺诈产品、信用风险产品、数据开放平台、综合报告，企业征信（查询、预警、关联关系）	内部数据（基于平安 9 000 万的线下客户和 2 亿人的线上客户的集成数据，包括产险、寿险、银行、信托、证券、互联网金融公司等）、外部第三方数据
拉卡拉信用管理有限公司	拉卡拉、蓝色光标、拓尔思、旋极信息、梅泰诺（四家上市公司），广联达、北京润安信息顾问有限公司等	考拉个人信用分、考拉商户信用分、考拉个人职业信用分、考拉企业信用分	内部数据（拉卡拉自身积累的便民、电商√金融及近亿级个人用户和百万线下商户日常经营的相关数据），股东共享数据（蓝色光标：营销数据；拓尔思：舆情数据；旋极信息：中国两家营改增服务商之一，拥有全国企业税务数据；梅泰诺：运营商类数据）、外部第三方数据
鹏元征信有限公司	2002 年，作为试点，深圳市个人信用征信系统开始投入试运行，向各商业银行提供个人信用报告查询服务；2005 年，鹏元征信有限公司注册成立，深圳市个人信用征信系统正式移交给鹏元征信有限公司经营	身份认证、反欺诈分析、贷中风险监控、失联修复、用户画像、企业推送、天下信用数据交易平台	外部第三方数据、深圳市政府合作数据、深圳市征信中心合作查询渠道
中诚信征信有限公司	前身为中国诚信（简称“中诚信”）集团的征信与商账管理事业部	信用报告、信用评分、信用监控、反欺诈、企业征信、万象信用数据交易平台、信用体系建设	外部第三方数据、内部积累企业信用评级相关数据
中智诚征信有限公司	创始人及团队主要成员多为在金融风控领域、征信领域从业多年的资深专家。董事长：盛希泰（盛希泰具有二十年金融行业实践管理经验，曾任华泰联合证券有限责任公司董事长，先后培育了中联重科、大族激光、蓝色光标等数十家行业领先的上市公司，在金融业	个人征信评分服务、申请反欺诈服务、全国公民身份信息认证服务	外部第三方数据

续表

名称	股东背景	产品及服务	数据来源
中智诚征信有限公司	界享有良好声誉）；CEO：李萱博士（参与了中国人民银行个人征信系统和企业征信系统的设计和开发工作，曾作为大中华区技术及运营总监负责益百利在中国的创始组建、业务拓展和战略并购工作；执行副总裁：谭砢（曾任全国公民身份证号码查询服务中心主任助理、三级警督，分管查询中心的金融机构服务业务和对各部委的战略合作）	个人征信评分服务、申请反欺诈服务、全国公民身份信息认证服务	外部第三方数据
北京华道征信有限公司	股东：清控三联创业投资（北京）有限公司、深圳市银之杰科技股份有限公司、新奥资本管理有限公司、北京创恒鼎盛科技有限公司	消费信贷信息共享平台、细分行业风控指标、个人信用报告	外部第三方数据

可以说，八家获批筹建个人征信业务的机构均背景深厚，资源丰富，现从数据来源、产品服务、市场应用情况三个方面对其进行分析。

①数据来源。八家个人征信公司均引入外部第三方数据渠道，包括公安类、教育类、通信类、银行卡类、共享黑名单类等，差别在于自有数据。从自有数据来看，前海征信依托平安集团及子公司（包括产险、寿险、银行、信托、证券、互联网金融公司等）在金融数据方面具有优势；芝麻信用依托电商平台、支付宝等，拥有消费类数据优势；腾讯信用依托微信、QQ，社交数据优势明显，微信支付也产生大量的客户行为数据；拉卡拉与各股东整合了拉卡拉支付相关、企业税务、舆情、通信、工商等数据，但是各类数据行业覆盖范围比较局限；其余四家机构没有稳定的自产数据来源。

②产品服务。八家个人征信机构同时均拥有企业征信业务备案资质，所以也提供企业征信类产品（企业征信类产品在后面章节介绍）。个人征信类产品主要分为反欺诈类、信用报告类、信用评分类、黑名单共享类。

a. 反欺诈。简单来说就是通过内外部数据核验，判断被核验方提供信息是否正确，例如，身份证信息是否真实，手机号是否与身份信息匹配等，同时衍生出活体人脸识别认证等较高端服务，比如阿里已通过收购旷世科技（face + +）进行布局，该服务多以接口方式提供给机构用户，是现阶段市场主流的产品形态。

b. 信用报告。信用报告类产品多指查询类产品（可以是单条信息的查询，也可以是多条查询后整合为报告形式，类似于查询中央银行征信报告），通过输入姓名、身份证号等，获取被查询人学历、职业、住址、消费行为等内容或脱敏处理后的整合报告。个人信用报告类产品比较敏感，芝麻信用、腾讯信用、中智诚暂无该类服务，前海、鹏元、考拉、中诚信多以接口形式提供 B 端服务，其中鹏元征信作为教育部学信网指定的两家授权查询单位之一，在学历学籍类产品查询中处于优势地位；华道征信利用外部数据提供多项综合报告服务，曾因为对外提供学历学籍敏感信息，进入学信黑名单，被暂停接口，导致多家校园贷平台客户业务受到影响。

c. 信用评分。八家机构除鹏元征信、华道征信外均推出信用评分产品。芝麻信用主要考量用户信用历史、行为偏好、履约能力、身份特质、人脉关系五个维度；腾讯信用分考量履约、安全、财富、消费、社交五个维度；前海征信好信度包含身份特征、履约能力、失信风险、消费偏好、行为特征、社交信用、成长潜力；考拉信用分关注用户信用记录、履约能力、身份属性、社交关系、交易行为五个维度。可以看出，各家征信机构信用分主要是根据国际通用的 5C 信用分析法，结合内外部数据特点打造的初级产品，现阶段信用分主要用在各家机构合作商家资质审核、优惠享受等活动中（如租车、租房、旅游、婚恋、签证等，推广最好的为芝麻信用），并未在对外使用中（金融风控领域等）得到实质性推动。芝麻信用评分与生活服务见表5－2。

表5－2　　芝麻信用评分与生活服务

芝麻信用分	有机会做的事				
高于600分且无不良记录	免押金租用永安城市自行车	阿里旅行多间酒店享受信用住	阿里旅行深圳华侨城先旅游后付费	相寓租房减免押金	享受花呗额度
高于650分且无不良记录	优拜单车免押金用车，神州租车、一嗨租车免押金租车	来分期申请线上极速贷款			
高于700分且无不良记录	方便申请新加坡签证	可以使用支付宝App扫一扫小蓝单车上的二维码，即可下载免押金骑行			

d. 黑名单共享。该类产品服务主要有芝麻信用“信用＋联盟”和华道征信的消费信贷信息共享平台，芝麻信用通过信用分等产品的推广使用逐步获得合作机构的共享数据回流，比如加入“信用＋联盟”，可一年内免费使用芝麻信用等相关服务。

芝麻评分所接入风险信息数据库见图5－3。

图5－3　芝麻评分所接入风险信息数据库

③市场应用分析。虽然自 2015 年中国人民银行批准筹备以来，八家个人征信机构各显其能，推出各类产品，但从市场需求来说，还是数据核验类服务比较有市场，也就是外部引入的第三方数据比较热卖。个人征信机构依托牌照优势，整合外部数据和自有数据，为银行、保险、互联网金融、垂直领域线上审核等提供风控支撑、数据标签等服务，其中以鹏元征信和前海征信表现突出。鹏元征信得益于起步较早且拥有学信网关于教育类信息查询的授权，在深圳市征信市场也拥有独特资源，目前服务客户 1 000 家左右，年提供报告超过 2 亿份，场景主要包括小贷、P2P、第三方支付、担保、投融资公司、管理顾问等公司，其中以小贷和 P2P 为主。前海征信发展快速与其强大的金融资源、品牌效应以及产品策略有关。前海征信将先期工作重点放在优质数据的引入和简单数据产品的转售，抓住市场初期的主要需求，目前也已服务近千家客户，其中银行类客户 100 家左右。芝麻信用和腾讯信用都将信用评分作为主打产品，而且主要服务于内部应用（蚂蚁花呗、腾讯微粒贷等）和合作商户，并未大量拓展外部金融、互联网客户。考拉信用专注于研究职业征信，效果并不理想。其信用分推广缓慢。华道、中诚信、中智诚三家公司个人征信业务开展效果差强人意。

总体来说，除了芝麻信用分、腾讯信用分可以借助自身庞大的业态去推广，其余六家主要还是通过向客户提供简单的数据核验服务获利，各家机构都在努力贴合自有资源寻找更好的业务场景。

（2）企业征信机构

截至 2017 年 11 月底，国内获得人民银行备案的企业征信机构为 133 个左右，主要分布在北京（38 家）、上海（35 家），多家企业征信机构股东背景也非常有实力（见图 5 –4）。

征信机构	来源背景	征信机构	来源背景
万达征信	万达集团	百融金服	红杉资本
天翼征信	中国电信	企乐汇	积木盒子
百誉信	百度	维氏盾	京北投资
天创信用	易宝集团	渤海征信	海航集团
独角兽	中创国投	宝镜征信	均瑶集团
中数智汇	龙信数据	信联征信	新国都
网信征信	先锋金融	国石天韵	北亚时代
建科企信	上海建科	凭安征信	360
东方企信	东方网	水滴信用	证通股份
星富征信	复星集团	金电联行	三联虹普
苏宁征信	苏宁集团	金蝶征信	金蝶软件
苏州企信	苏州国发	华龙强渝	华龙网
金农股份	江苏小贷	恒先君展	京东
联合信用	天津泰达	邦银汇通	安邦集团
云狐天下	搜狐	芝麻信用	蚂蚁金服

图 5－4　中国企业征信主要机构

虽然有 130 家左右已备案企业征信机构，且不乏集团背景，但企业征信机构业务开展情况不容乐观，大部分机构处于不盈利状态（95%），主要原因可以归纳为：一是数据采集渠道有限。虽然国家大数据发展战略和社会信用体系建设等相关文件多次强调加速公开政务信息，加强政府公共信息平台与征信机构信息系统的共享互联，但实际上从操作层面来看，各地方各部门的平台建设工作非常缓慢，更不用提信息的清理、整合、归集了，另外很多数据被各部门视为垄断资源，也未积极向征信机构开放。二是缺乏数据应用场景。征信市场的长期缺失令国内市场主体征信意识淡薄，对征信服务也不理解，要么是提出很多隐私信息的查询要求，要么认为工商信息、司法信息、知识产权信息等公开信息的整合无价值，自己也能查得到。同时，政府提出的充分发挥带头作用，在行政管理事项中（政府采购、招投标、资格审查、市场准入）率先使用第三方信用服务机构提供的信用报告产品一直没有强制落地，企业征信难以找到更好的市场切入点。

虽然存在上述困难，但随着国家政策的逐步推进以及部分机构的长期宣传和引导，市场需求也被逐步开发，国内比较活跃的企业征信公司主要有北京中数智汇科技股份有限公司（以下简称“中数智汇”）、深圳微众税银信息服务有限公司（以下简称“微众税银”）、杭州有数金服有限公司（以下简称“有数金服”）、企查查、启信宝等（后两个未获得备案）。

综上所述，一是企业征信市场需求还处在初始阶段，主要还是面向金融风控领域。大型银行等传统金融机构率先尝试引入企业类数据弥补自身数据维度，所以拥有权威数据资源的公司，特别像微众税银、爱信诺能获得税务数据的公司更容易推广市场。二是随着征信产品的丰富和推广，关联关系、监测预警等服务逐步被市场接受，市场需要培育和引导。三是互联网金融类企业根据自身应用场景，比如商户审核、供应链金融等需求，更倾向于使用企业征信类产品，但由于面向人群主要为自然人，一般企业征信服务需求规模不大。四是受数据源开放稀缺的影响，企业征信产品服务同质化非常严重，大都以工商信息为基础的查询、关联关系挖掘、预警监测为主，质量和价格差别也较大。五是企业征信业务的发展需要各机构深入挖掘出价值数据源，并进行应用场景的推广，如同银税互动领域取得的成功一样，在地方政府或大型企业也存在对特定场景有价值的数据。

国内征信行业虽然处于起步阶段，但发展迅速，特别是随着互联网金融、消费金融场景的普及，各类需求场景越来越多，各机构发展的关键在于利用当前的数据资源和技术手段，推出满足市场需求的产品和服务，而国外征信公司的成功经验，值得学习。美国当前征信市场规模约合 600 亿元，基本被几大巨头垄断，而其中从市场占有率和信息来源的广泛性来说，益博睿都是最大机构。益博睿成立于 20 世纪之前，经过多年的发展成为全球最大的个人征信机构（横跨 39 个国家的全球信息服务集团），目前有 17 000 名员工，公司总部在爱尔兰，运营总部分布在英国、美国、巴西和哥斯达黎加，并于 2007 年在中国入股新华信，重组成立新华信国际信息咨询（北京）有限公司。

①商业模式。益博睿基本业务近 10 年没有变化，主要四条业务线为信用服务、决策分析服务、市场营销服务和个人消费者服务。

a. 信用服务。信用服务是益博睿最基本和最传统的业务，包括个人消费者和小微企业的基本信用服务。益博睿拥有消费者和小微企业申请、偿还信用贷款的历史信息，运用自己的数据搜索、匹配和分析技术，加工出基本的征信产品（如信用报告等），帮助放贷者快速判断消费者和企业的还贷能力和意愿。发展初期，信用服务是益博睿的全部收入来源，目前在整个业务收入中仍占比最大，近 50%。

b. 决策分析服务。益博睿整合数据资源（自有数据和来自客户及第三方的数据结合）、分析能力和软件平台，发掘数据中潜在的价值，通过决策分析服务给机构客户提供辨别力，以便它们理解数据，做出快捷、有效的决策，提高商业执行力。益博睿的决策分析产品和服务包括信用评分、反欺诈工具、反洗钱和身份鉴定等。益博睿在该业务板块的一部分业务收入靠决策分析服务，信用评分和监测判断都是基于交易活动本身；另一部分收入来源于益博睿提供的决策分析软件和系统的销售。决策分析服务占集团收入的 12%，是业务线条中贡献最少的部分。

c. 市场营销服务。益博睿利用自身在数据管理和分析方面的优势，从许多数据源中获取数据（包括客户自身数据），生成“消费者画像”，帮助企业客户辨识出最好的顾客并更好理解顾客的主要兴趣和动机。另外，益博睿可以帮助企业机构联系到其顾客，帮助其提高顾客保留率，挖掘新的相似客户等。市场营销服务对整个益博睿的贡献率为 18%。

d. 个人消费服务。益博睿在美国和英国给消费者提供互联网查询信用报告、信用评分、信用监测、信用专家等服务，使他们能够理解和提高自己的金融状态，帮助他们保护自己免受欺诈和身份盗窃。个人消费者服务约占益博睿业务的 21%。

②核心竞争力和优势。益博睿作为世界最大的征信机构，其主要优势体现在数据资源和分析能力方面。数据资源方面，益博睿拥有合规使用来源广泛的数据资产，并有许多独特的数据源（包括消费者和商用信用数据、公共数据、保险数据、租用数据、医疗缴费和汽车数据等）。益博睿拥有全球 8.9 亿消费者和 1.03 亿企业（主要是小微企业）的数据，且在新数据源上不断投资，以提高数据的深度、广度和质量。

分析能力方面，益博睿目前每天做出 50 万个决策过程。分析技术、软件和分析平台服务整合了多个数据源，并进行处理、定义和解释，可以自动化生成每日的客户决策。

③成功经验。从益博睿的成功经验结合国内征信发展情况可以看出，征信的主要应用场景还是两个方面，一是进行风险管理，帮助机构客户和消费者本身防范欺诈，减少损失，这对降低成本和价格至关重要。二是加强客户关系，帮助机构客户获得新客户和市场机会，维护好老客户，增加盈利。征信业的发展有以下特点：

a. 征信的完善需要时间积累。如果追溯益博睿的起源可以上溯到 200 年前，而作为一家要长远发展的征信公司一定要尽可能地扩展数据渠道，积累优势。

b. 征信的发展需要市场环境。消费金融活跃、市场广阔的美国经济环境是益博睿成为全球规模最大的征信机构的重要原因。当下中国，正是消费金融、互联网金融发展的黄金时期，一定会衍生出更多的征信需求，征信机构一定要从解决问题的角度出发。

c. 征信需要配套的商业和技术环境。益博睿在很早的时候（1986 年）就尝试给个人消费者直接提供征信服务，但当时的技术环境不成熟，互联网没有发展起来，缺乏与消费者联系的有效渠道，而近 10 年，随着互联网的发展，面向个人消费者的征信服务才蓬勃发展起来。所以国内征信行业虽然可以借鉴很多国外的好经验，也有许多成功的模式，但在发展初期，征信机构一定要根据自身条件和环境，找到最适合的商业模式，然后跟随政策、市场、技术的变化保持与时俱进的能力。

5.2.2 金融科技公司

（1）概况

近两年，随着互联网金融的发展，金融科技成为更大的热点，相比“互联网金融”“金融科技”更聚焦于以大数据、云计算、移动互联网等代表的新一轮信息技术的应用与普及，并强调对于提升金融效率和优化金融服务的重要作用。

金融科技（Fintech）是指一群通过科技让金融服务更高效的企业构成的一个经济产业。金融科技公司通常是一些尝试绕过现存金融体系，而直接接触用户的初创企业，它们挑战着那些较少依赖于软件的传统机构（定义来源“维基百科”）。清华大学五道口金融学院院长吴晓灵表示：互联网金融和金融科技的本质都是信息技术在金融领域的应用。金融科技的范围比较宽泛，从各大银行到蚂蚁金服、京东金融、众安保险、宜信等互联网金融巨头，再到一些致力于为金融领域提供科技应用的初创公司都在朝这个方向努力。这其中就有一些公司专注于向金融及相关机构提供大数据处理、大数据风控、精准营销等技术和解决方案，该部分主要分析的就是在大数据信息服务行业的此类机构（像各大银行、蚂蚁金服、京东金融等重新定义为金融科技公司的金融机构不在此范畴）。

在互联网金融大发展的冲击下，并不是简单地将线下的金融作业流程线上化，而是对整个传统金融（以银行、保险为典型）的经营模式提出新的要求，导致从获客、导流、产品设定、审批流程、业务管理、内控制度等各个方面都需要做大的调整，无论思路上还是操作上。现在分钟级别的操作就可以通过手机获得几千至几万元的授信额度或对所买产品进行分期，这是互联网金融机构对普惠业务的贡献，而这些业务的背后重点支撑是基于数据技术的金融科技手段。现在各大银行纷纷明确向互联网金融、普惠金融的战略转移，虽然经历了看不上、看不清、看不懂、看着眼红等几个阶段，但使用大数据，发展金融科技是大势所趋。这都为以百融、同盾为代表的致力于提供第三方大数据信息服务的金融科技类公司提供了机会。另外，作为行业的先行者，这些机构也面临着巨大挑战。

（2）面临的机遇

①市场巨大：不论是大型银行转型需求、中小银行生存压力都需要引入外部金融科技的合作，互联网金融的繁荣需要金融科技的支持。

②云计算、大数据、人工智能、区块链等技术进步给金融科技提供了重要工具，国家对科技创新的鼓励给了政策支持。

③大量的应用场景有待开发，金融机构需求只是放开了冰山一角，各级政府服务层面的大数据应用存在挖掘潜力。

（3）面临的挑战

①现阶段，第三方金融科技公司主要产品是基于外部数据或通过技术定向获取数据后的加工整合，缺乏自有数据支撑，需要不断增强数据获取能力。

②大型金融机构具有较强的风控能力和信息化技术开发能力，难以信服外部的决策分析工具；中小金融机构比较保守，创新性不够需要教育、辅导和引导，销售周期较长。比如某家城商行希望拓展消费金融业务，需要先完成底层基础系统搭建，再去考虑具体业务条线功能实现，金融科技

何时进入，争取哪些工作都要控制好“度”。

③时刻关注技术革新带来的挑战，比如同盾科技核心的设备指纹产品，主要通过 JS、SDK 等软件植入技术判断设备使用者情况，在很多场景下替代传统 U 盾识别，但 JS、SDK 技术一样面临着新技术的挑战。

④金融科技产品的迭代升级需要更深入地参与到客户的应用场景中，但是大部分客户（特别是银行）对外部合作商获取数据、模型规则等限制非常严格，所以这个过程需要循序渐进。

⑤作为新兴行业，没有太多的公开经验和专属人才，第三方金融科技公司需要以数据为基础，以金融应用为落脚点，以科技为工具，开发适用产品，寻找突破口。

5.2.3 大数据交易平台

虽然国内大数据应用市场还在稳步探索，但大数据交易平台已经发展得如火如荼，多地政府、企业巨头、创业公司都参与其中。截至目前，大数据交易平台可以分为政府和民营两大类。

政府类平台包括贵阳大数据交易所、中关村数海大数据交易平台、上海市政府数据网、长江大数据交易中心、武汉东湖大数据交易中心、江苏省大数据交易中心、华中数据交易所、哈尔滨数据交易中心、钱塘江大数据集交易中心、海南大数据交易中心等。这其中知名度最高的当属贵阳大数据交易所（全称“贵阳大数据交易所有限公司”），下面对其进行简要介绍。

（1）背景介绍

贵阳大数据交易所是在贵州省、贵阳市政府的支持下，于 2014 年 12 月 31 日注册成立，2015 年 4 月 14 日正式挂牌运营，号称我国乃至全球第一家大数据交易所，国家大数据（贵州）综合试验区首批重点企业。2015 年 5 月 8 日，国务院总理李克强亲自批示贵阳大数据交易所：希望“利用

‘大数据×’，形成‘互联网+’的战略支撑。”

主要股东包括贵州阳光产权交易所、九次方大数据公司、北京亚信数据有限公司、郑州市迅捷贸易有限公司和贵阳移动金融发展有限公司。从公司发展历程来看，得到了各级政府参观支持，会员机构包括中国联通、阿里巴巴、京东、中国人寿、华为、软通动力等国内知名企业。

（2）主要产品及服务

交易所交易规则见图 5－5；交易所交易产品见图 5－6。

交易规则

交易内容	交易的不是底层数据，而是数据清洗、建模、分析的结果
交易资格	实现会员交易制，必须审核通过成为会员，才有数据买卖资格
交易时间	实现了365天、7×24小时不休市的大数据交易市场
交易品种	交易品种30余类近4 000种，比如金融大数据、医疗大数据等
交易价格	数据定价分为三种模式：协议定价、固定定价、集合定价
交易格式	交易的数据分为三种格式：API数据接口、数据终端、在线
交易融合	买方在交易所购买的数据是融合了众多数据卖方的数据源
交易确权	数据买卖双方要保证数据所有权，合法、可信、不被滥用

图 5－5　交易所交易规则

图 5－6　交易所交易产品

贵阳交易所致力于推行会员机构按照统一的规则进行交易，并收取服务费用。

（3）主要客户

2015 年 4 月 14 日，贵阳大数据交易所正式挂牌运营并完成首批大数据交易。首批数据交易卖方为深圳市腾讯计算机系统有限公司、广东省数字广东研究院，买方为京东云平台、中金数据系统有限公司。在交易所平台基础上，大数据领域的相关专家、学者、企业等多方共同组建大数据交易商（贵阳）联盟，首期对接的企业包括阿里巴巴、苏宁易购、国美在线等 100 多家企业。截至 2017 年 5 月，交易所交易额累计突破 1 亿元，交易框架协议近 3 亿元，发展会员超 1 000 家，可交易数据产品近 4 000 个，可交易的数据总量超 150PB。

（4）案例分析

2016 年 3 月 1 日，国家大数据（贵阳）综合试验区获批，贵阳大数据交易所是其重要支撑平台，也是一个形象工程。大数据的非实物性特征和政府信息化建设的滞后，给交易所提供了讲故事的平台和资源。贵阳大数据交易所官网上多篇内容报道各级政府的参观考察，从县市级到省部级均有描述，但对自有技术优势和核心服务鲜有介绍，网站访问不流畅，包含阿里、京东、华为等大型客户 1 000 家，数据交易额 1 亿元，并不具有说服力，据知贵阳大数据交易所的股东单位多依靠平台资源承接地方政府大数据、智慧城市、社会新信用体系建设等项目，但由于大数据项目的实质性落地需要核心的技术支撑，所以一些合作项目处于停滞或转包状态。

①无论是政府类大数据交易平台还是市场类大数据交易平台，都缺乏对上线数据的审核机制，容易触碰法律底线，变相为灰黑数据提供市场，所以发展前景并不乐观。

②大数据交易平台的数据产品质量、覆盖量都存在局限性，难以形成

商业应用。

③大数据交易平台的买方多为对数据有需求的小白或初级客户，难以产生交易。

④交易平台自身缺乏核心数据，也难以吸引有价值的数据源，并未显示出平台不可替代的竞争力，可持续经营能力较差。

5.3 数据源

大数据信息服务的前提在于数据的获得，数据的获取来源主要分为外部数据和内部数据，内部数据是指机构日常业务中积累的数据，外部数据主要通过向大数据供应商购买获得，抛开政府公开信息，大数据供应商的数据可以分为政务公开数据、权威数据授权、科技手段获取类、内部沉淀数据四大类（见图 5－7）。

图 5－7 主要数据来源

5.3.1 权威数据类

权威数据是指国家机关、事业单位或相关企业依照法律、行政法规和国务院的规定，为履行职责进行的企业和个人信息的采集、整理、保存、加工的数据。此类数据拥有覆盖度高、准确性强、实时性好等特点，是现阶段市场需求最多的数据（见表 5－3）。

表 5-3 权威数据

信息类别	产品名称	数据源	授权机构或合作单位
身份认证	身份信息比对、户籍地址、身份证网纹照片（衍生人像比对产品）等	公安部查询中心	国政通、证通、爰金
教育信息	学历学籍比对、就业潜力指数等	学信网	国政通、鹏元
	职业资格认证	人力资源与社会保障部	北京普天合力通信技术有限公司
通信信息	手机三要素、在网时长、手机号状态等普通信息；个别提供位置信息、通信消费类、通信行为类等深度信息	移动、联通、电信	中移在线、号百、联通宽带、试金石信用、天翼征信、联动优势等，通信类授权十分混乱，特别是移动各省公司都拥有自有数据
	固话地址核验	联通、电信	号百
银行卡	银行卡四要素鉴权	银联	银联智慧、银联智策、联动优势
	银行卡使用明细	短信分发	联动优势
航旅信息	航空出行信息	订票系统	中航信、净众科技
负面信息	互联网黑名单、多方审贷	平台共享、催收	91 征信、大黄蜂征信、同盾、百融
	公安负面	公安系统	国政通
工商信息	照面信息、股权信息、对外投资信息、高管任职、变更记录、执行人、失信被执行人、股权出质、行政处罚	工商总局	中数智汇、元素征信、华源润通
税务信息	纳税登记信息、纳税信用等级、申报征收信息、发票信息、财务信息、稽查、违规、欠税信息等	国税系统	微众税银、爱信诺征信、百旺金赋
司法信息	执行信息、失信信息、法院公告、裁判文书	最高人民法院	诚成嘉和

上述信息是数据源对外提供的较成熟服务，但也只是这些机构掌握信息的一部分，如何通过合规手段向社会提供更丰富的信息是数据源与其合作单位不断思考的问题。除此之外，一些地方政府机构或其他单位也通过特定渠道提供市场需求强烈的数据，如车辆信息、社保、公积金信息、税务信息等，多为私下操作，合规风险较高，且数据覆盖性比较差。以上表格信息基本涵盖了目前市面上主流的权威数据，多数金融机构就是通过这些数据与中国人民银行征信报告相结合，制定相应的风控策略、审核流程等。

5.3.2 科技手段获取类

与权威数据源存在集中数据库不同，信息主体的很多数据散落在互联网的各个应用端的存储器终端，比如政府公开网站、个人的邮箱、通讯软件、手机支付账号、电商账号等，而通过科技手段则可以快速搜集相关信息。目前，市场普遍存在的科技获取方式有网络获取和短信截取。

（1）网络获取

①网络爬虫。网络爬虫技术分为授权类爬虫和公开类爬虫，公开类爬虫只能爬取各个网站公开发布的数据，比如企查查、启信宝等公司的信息基本来源于各工商网站。授权类爬虫需要申请者的账号与密码，如聚信立提供的核心服务即是典型的授权爬虫类服务。

通过用户授权跳转到目标应用页面，快速搜集用户信息并将结构化数据返还给服务银行，进行风控决策。虽然爬虫技术已被普遍应用，但是爬虫程序的质量存在较大差别，体现在对目标信息的采集速度、准确度、去重等多个方面。

②SDK 技术。SDK 是一种嵌入某种代码的软件开发工具，嵌入网页或 APP 成功后，用户注册登录，默认授权，所有的行为数据都能记录，会在没有觉察的情况下爬取用户的手机通讯录、通讯详单、聊天记录、银行账号密码、位置信息等，同盾科技的反欺诈服务即是通过 SDK 植入方式获得用户信息进而比对风险。SDK 比网络爬虫读取数据更加全面，但造成的结果往往是数据被滥采滥用。

（2）短信截取

网络爬取是否侵犯隐私的关键在于是否被用户授权，而现在的授权方式是否合规值得商榷，与之相比，通过短信截取方式获得客户信息的手段更显得出格。三大运营商旗下的短信群发代理服务商（联动优势、亿美软通）可通过对金融机构通知短信内容进行截取，获得大量的客户信息，包括个人名下银行卡张数、信用卡卡龄、出入账总额、当前余额、网贷申请信息、逾期信息、各种互联网标签等。

5.3.3 内部沉淀数据

目前大多机构都非常重视客户数据的留存工作，而大数据、云储存等也为数据留存提供了更方便的条件，用户的大量信息被记录在日常所用APP或网页端。例如滴滴、摩拜的出行信息，美团、百度外卖的订餐信息，微信、支付宝的支付信息，社交网络信息，电商消费信息等，这些信息都可从某个方面展示用户的特性，虽然各机构都声明留存客户数据是为了更好地为客户服务，但数据是否被作他用难以判断，特别是在国家关于个人隐私保护法规不健全，多家机构信息安全防范措施和内控制度有待完善的情况下，如何保护沉淀数据是值得重视的。另一方面，各机构的数据留存工作不断为数据服务市场提供新鲜血液，在保护信息主体合法权益的前提下，如何用好这些数据资源需要认真思考。现阶段很多机构已经将自有沉淀数据用来为用户提供一些金融服务，比如阿里根据芝麻信用分进行放贷，这是大数据落地金融场景的典型案例，但是如果阿里将数据对外提供可能就是一种违法行为。

5.4 客户应用

需求决定发展，现阶段大数据信息服务的主要应用还是以金融为代表的风控管理与精准营销，其中又以风控管理为主，而服务的主要客群分为互联网金融机构和传统金融机构。

5.4.1 风控管理中的应用

（1）互联网金融机构

前面已经提到，大数据信息服务的兴起，源于互联网金融的快速发展。正是通过大数据信息服务的支撑，互联网金融得以向人行征信缺失，各大银行不覆盖人群提供普惠金融服务，获得了错位发展的机会。截至目前，互联网金融仍然是使用大数据信息服务最活跃的机构，而大数据服务已经贯穿到互联网金融客户的全生命周期，同盾科技所提供的信贷全流程服务见图5-8。

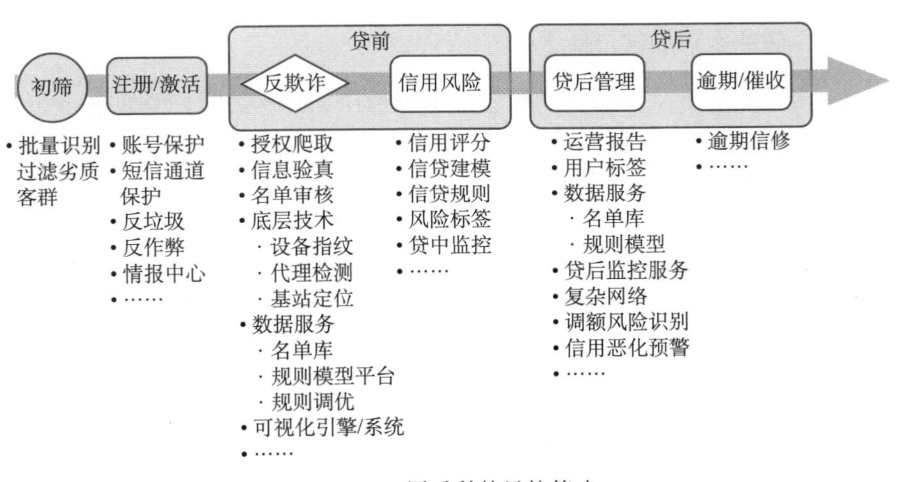

图5-8 同盾科技风控策略

大量的网络借贷、消费分期、支付公司、网络众筹根据自己的业务场景、风控能力、风险偏好等选择不同的数据核验、反欺诈、风险审核、决策引擎、信用评估、信用评分、失联修复、催收管理、共享黑名单等数据服务，实用性和成本是这些机构重点考虑的问题。

（2）传统金融机构

互联网金融的迅猛发展以及经济环境的变化，倒逼传统金融机构转型，而首当其冲的当属银行机构，因为作为信息化建设基础较好的银行从条件上拥有发展大数据有先天的优势。首先，金融的大数据资源是很丰富的；其次，多年的信息化积累，使得银行机构（主要指大型银行）拥有较好的技术实力和人才储备。但是，根据自身条件的差异，大型银行与中小银行对于大数据服务应用的需求也有所不同。

①大型银行。大型银行大数据应用主要在以下四个方面：

a. 信用风险。通过大数据技术建立健全对企业及个人的断面的信用评估，改变以往的信贷模式，降低信贷成本，降低系统风险，并进一步打开小微信贷与消费信贷市场。

b. 客户服务。基于大数据技术对用户的画像，实现对客户的智能管理，为不同的客户提供个性化服务，深入细分市场。

c. 智能运营。对金融企业运营数据进行全面分析，从而帮助企业进行运营决策，同时改善企业运营方式，降低运营成本。

d. 产品创新。使用大数据技术进行新产品设计或原有产品改进，结合用户数据、交易数据、外部数据等，产生创新产品，如市场预测产品、交易风控产品等。

可以看出，大型银行的数据应用首先是解决内部海量数据的清理、归集、修复等问题，虽然会在某些环节引入外部数据作为补充，但要求比较严格，现阶段大型银行使用外部数据也主要是在信用卡发卡核验、二类户开卡等环节，虽然单一，但数据调用量比较大，外部数据也逐步扩展至零售各业务条线。

图 5－9 为招商银行信用卡中在发卡审核中使用的外部数据。

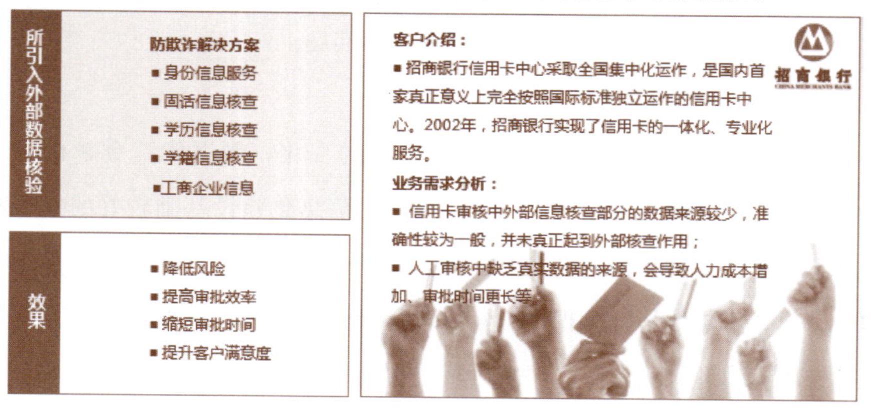

图 5－9　招商银行案例

大型银行对合作机构的要求较高，即使意识到需要进一步加深与外部大数据、金融科技公司的合作，也只会寻找行业巨头，比如前段时间的四大行分别与互联网巨头 BATJ 牵手，其重点内容很大一部分是数据合作。

②中小银行机构。与大型银行机构不同，中小银行大数据相关技术实力和人才储备不够强大，而且业务受互联网金融冲击影响更大，内外原因促使其更有发展互联网金融、消费金融的动力。政策上的相对灵活性，使得布局较快的此类银行会选择与大数据公司、金融科技公司紧密合作（哈尔滨银行与佰仟金融），完全采用互联网金融的方式开展业务，这给了大数据信息服务机构很好的切入点，而相对落后的小型城商行、农商行、信用社等金融机构更是值得各服务机构深度挖掘的客户。

图 5－10 是恒丰银行与卡盟钱包的战略合作，内容包含数据导流、获客、二类户开卡、支付通道、风控数据、审贷流程等诸多环节。

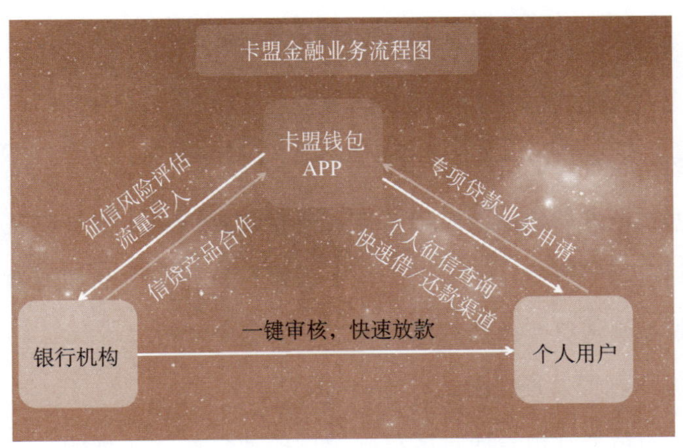

图 5－10　卡盟服务模式

③保险公司。随着互联网和大数据的发展，保险公司也正在谋求转型，在业务模式、定价和风控手段、理赔机制、产品服务创新等方面寻求与大数据的结合。图 5－11 是某保险公司使用外部数据的框架图，现阶段国内一些大数据信息服务机构开始尝试在互联网保险的营销、认证审核、

信用保证险和理赔反欺诈等方面寻找切入点。

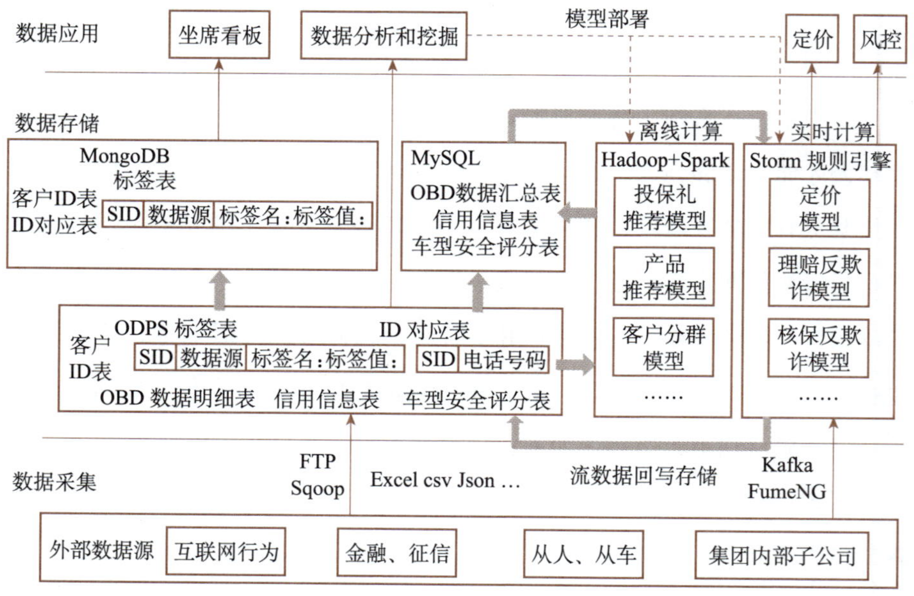

图 5－11　保险公司服务案例

5.4.2　精准营销中的应用

（1）统计分析

大数据在精准营销中的应用是通过海量数据分析出统计特征，划定营销范围，制定营销策略。图 5－12 是中国银行杭州分行利用有数金服提供的大数据服务筛选符合条件的优质客户，做定向营销。

（2）客户画像及通信触达

更直接的精准营销是通过客户画像后的通信触达实现的。客户画像是指通过内部沉淀数据与外部数据相结合，分析出客户的人口属性、社会交往、行为偏好等主要信息，将用户所有的标签进行综合考量，勾勒出该用户的整体特征和轮廓，然后进行营销投放。

简单来讲，客户画像就是对线上客户贴标签，首先通过权威数据、设备指纹等技术确认信息主体的基本属性，比如手机三要素是否匹配，性

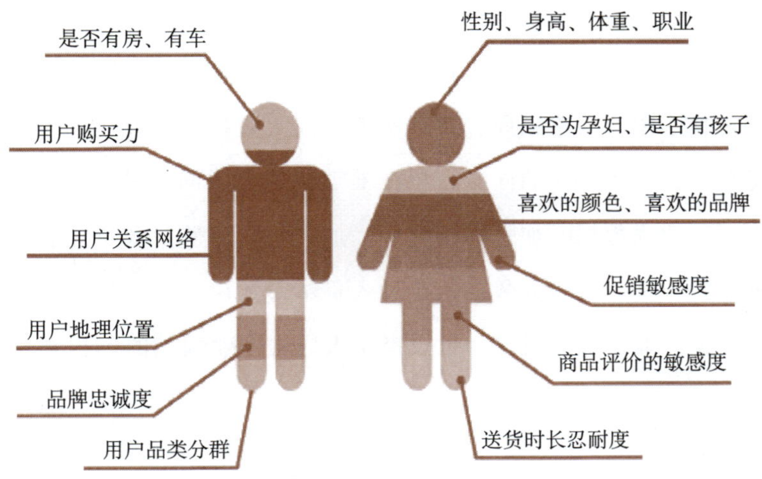

图 5－12 用户画像

别、学历等，然后通过多维度的数据进行填充，主要数据及来源如下：

①通过电信运营商及 DNS 设备商、Wifi 覆盖商等获取通话记录、上网行为、位置信息等获取数据。

②通过传统 SP（面向行业的短信网关服务商）与新型 SP（面向电商门店短信网关＋CRM）获得电商交易数据、物流配送信息等获取数据。

③通过银联商务 18 亿张卡的用户刷卡支付数据获取数据。

④通过基本属性＋上网＋交易＋支付等行为信息预测客户的消费爱好，进而做到“千人千面”的营销效果，而对于无客户联系方式的请求，可以通过脱敏外呼、短信/彩信等方式快速触达。

5.5 政策环境

现阶段，大数据信息服务行业面临着国家政策推动的利好和信息主体权益保护的挑战。

5.5.1 政策推动方面

自2015年国务院发布《促进大数据发展行动纲要》以来，在将大数据发展定位于国家战略层面，要求不断加强大数据基础设施建设、加速政府政务信息公开等工作的同时，积极推动包括互联网金融、数据服务为代表的新兴产业大数据，加强财政支持，加大对政府部门和企业合作开发大数据的支持力度，鼓励大数据企业进入资本市场融资，引导创业投资基金投向大数据产业，鼓励设立一批投资于大数据产业领域的创投基金等（见图5－13）。

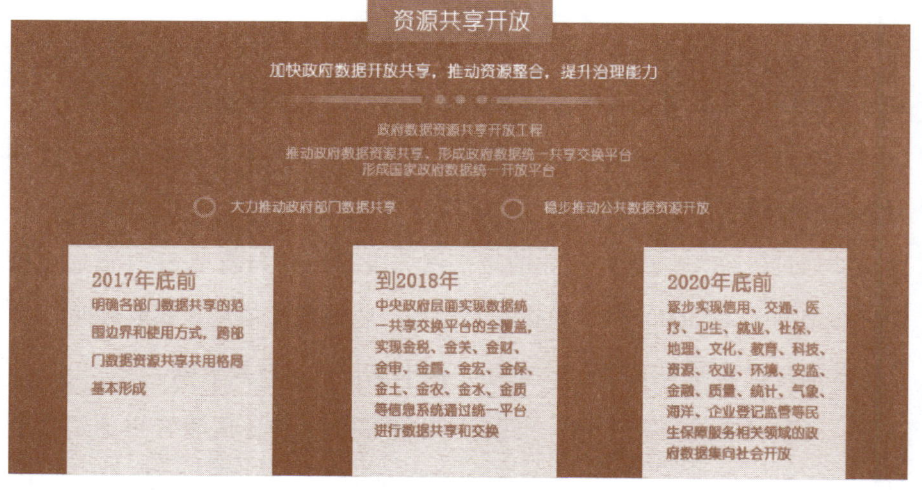

图5－13　信息主体权益保护立法

为加速推动大数据发展，工信部于2017年1月发布《大数据产业发展规划（2016～2020年）》，同时各地政府也在积极落实推动发展大数据相关政策，成立产业基金，建设产业园，加强自身大数据平台建设、信息共享互通的同时，鼓励和扶植从事大数据相关企业发展。

5.5.2 信息主体权益保护

可以说，国家引导和市场需求促进了大数据信息服务行业的发展，然而发展大数据并不是数据的滥采滥用，应该通过各项法规、措施、技术保护个人隐私信息，但目前国内相关制度滞后严重。《征信业管理条例》虽然对征信信息的采集、整理、保存、加工做了相关要求，但也仅仅是局限于征信行业的法规条款，大数据行业在信息主体权益保护方面长期处于真空地带，可以说已经肆无忌惮，导致在大数据时代没有个人隐私，出现人人都在“裸奔”的乱象。

也许是由于2016年电信精准诈骗“徐玉玉案”引起的社会强烈不满，也许是各类信息泄露事件的频发，2017年国家同时出台《网络安全法》和《最高人民法院、最高人民检察院关于办理侵犯公民个人信息刑事案件适用法律若干问题的解释》（以下简称“两高”司法解释），对《刑法修正案（九）》（以下简称“刑九”）第253条做出解释。《网络安全法》规范了网络信息使用的要求，包括明确披露信息用途、适用范围、时效等，而“两高”司法解释更是明晰了侵犯公民个人信息行为的定罪量刑标准，大幅降低入罪门槛，并明确犯罪行为责任主体，不仅仅是公司，公司高管及直接业务负责人也要承担相应责任。需要注意的是，司法解释中指出并不只是直接侵犯个人隐私信息的行为，以下情况也将被纳入量刑范围：

①不经信息主体同意，提供合法搜集的信息属于违法，但是经过处理无法识别特定个人且不能复原的除外。

②在合法应用场景，使用不合规的信息属于违法。

③向特定人提供公民个人信息，以及通过信息网络或者其他途径发布公民个人信息的。司法解释的发布令大数据信息服务市场风声鹤唳，先期15家大数据公司被列入公安部门调查名单，包括数据堂，其因涉嫌对理财公司提供大量隐私用户隐私数据被调查，也包括亚信数据这样的大公司以及聚合数据等，后来公安部又成立专项治理方案，将调查名单扩大至30多家。可以说，“两高”司法解释给处于发展初期的大数据信

息服务行业以警示，加强规范市场，肃清违规行为，有利于去除乱象，保证行业健康持续发展。可以说，严格按照“两高”司法解释的要求，国内无一家数据公司完全合规，但是此次行动主要打击黑客盗取或直接倒卖个人信息的行为，以及与其关系密切的各数据交易平台，而对于大数据信息服务行业提供各种验证类服务并无影响。此次市场清理体现出权威数据源合规采集和终端用户使用授权的重要性，不仅提供服务的各家机构开始自查自纠自有数据服务的合规性，而且金融机构等使用方也提高了警惕，他们不再是只考虑价格低廉的产品，不再对数据维度提出太苛刻的要求，合规是前提，倒卖数据库、违规爬取信息、低品质数据交易平台等模式逐步被淘汰。

5.6 总结

5.6.1 市场前景广阔

现阶段，大数据信息服务行业的市场需求主要是金融风控和营销服务，其中以金融风控为主。

①大数据信息服务在金融风控的应用已经成为互联网金融（包括网络小贷、消费金融、三方支付、P2P、众筹、各种普惠业务等）机构的必备，只不过各机构根据应用场景的不同选择的服务不同。随着业务场景的不断深化会不断产生新型的模式，互联网金融也会有更多的加入者。

②大型银行零售、小微业务急需转型做普惠业务，对大数据信息服务存在需求，但准入门槛较高，大型银行的转型更加速推进互联网金融市场的发展，并带动中小银行、其他金融机构的迫切需求，规模效益巨大。

③随着互联网保险、信用保证保险以及各种与互联网金融相关险种的推出，保险公司也需要通过外部数据服务提高风控、分析能力。

④大数据营销服务的需求越来越普遍。

5.6.2　混合模式占优势

初期阶段，信息服务（征信业务模式）将是主要的营销手段，因为数据是行业基础，信息决策服务（金融科技模式）存在市场需求，但是需要循序渐进，两者必须有效结合才能形成核心竞争力。

5.6.3　数据能力是基础

大数据市场充斥着各类数据提供商，数据渠道繁多混杂，无论从监管要求还是产品质量要求都需要通过各种手段加强与各类合规数据供应商的合作关系，努力挖掘有潜力的价值数据，体现整合能力，借助数据上游比较忌讳宣传、共享或加工服务的机会快速发展客户。

5.6.4　技术门槛不断提高

虽然并不需要高端的大数据技术，但技术能力要足以为客户提供高效信息服务，包括客户体验、系统稳定性、响应速度。随着数据积累及客户服务量的增多，系统需要不断升级。

第2部分

智能投顾

第6章 智能投顾概况

6.1 何谓智能投顾

被称为“全球资产配置之父”的加里·布林森曾说过，“做投资决策，最重要的是要着眼于市场，确定好投资类别。从长远来看，投资收益的大约90%都是来自于成功的资产配置。”在现代社会，越来越多的人将资产委托于投资顾问进行资产配置，旨在获得长期稳定的收益。

6.1.1 何谓投资顾问

在美国金融市场中，投资顾问通过组合不同种类的金融产品为客户提供投资方案，制定差异化 IPS（Investment Policy Standard），并遵循客户理财目标进行资产配置（见图6－1）。

（1）金融产品

金融产品是一种有形流动资产，持有者可根据合约对相应标的进行相应索偿。与土地、商品等其他有形资产不同，金融产品不是实物资产，因此其不一定具有实物价值。金融产品可从种类上细分为债券类（如国家债券、企业债券）、权益类（如股票基金、指数基金等）、衍生品（如期权、期货等）、另类投资（如 REITs，风险投资等）等；从期限上可划分为一年以内的短期金融产品（如货币基金等）和一年以上的中长期金融产品。

（2）投资顾问

投资顾问通过收取资产管理费或收取佣金的方式，为客户提供差异化

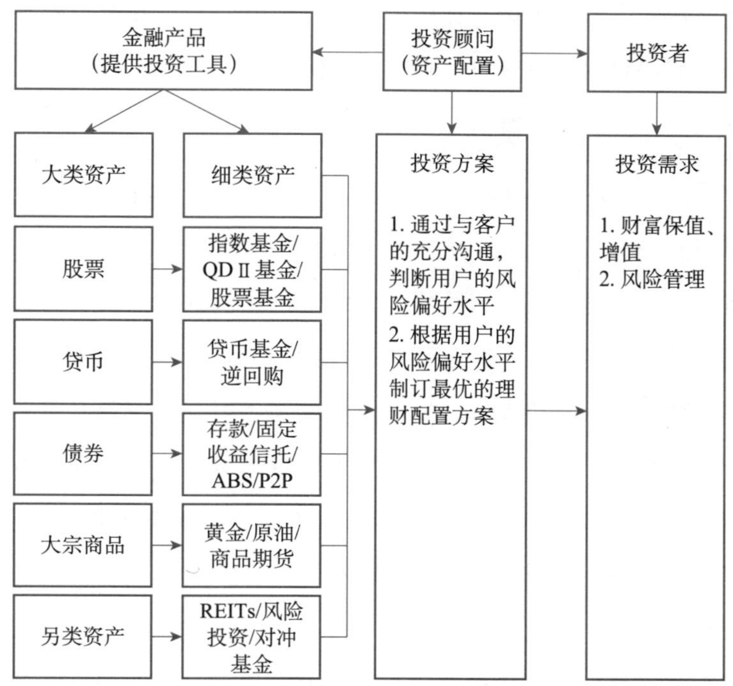

图 6－1　投资理财领域金融产品和投资顾问的分工

投资理财推荐及资产配置服务。投资顾问通过问卷调查及访谈等方式，对客户的投资风格、风险偏好、投资目标、投资期限等进行综合考量，为客户提供对应收益的投资品种。

业余投资者对其资产的保值增值需求与其缺乏足够时间及专业能力自行进行资产配置的矛盾催生了对投资顾问人才的需求。投资顾问通过准确判断客户风险偏好及期望收益水平，为客户量身定制投资组合方案，通过分散化投资方式为客户进行资产配置，从而降低组合风险，保障客户收益。

投资顾问是连接投资人与金融产品的重要纽带。投资顾问在为客户进行资产配置的时候，首先要准确把握客户的真实风险偏好与风险承受能力。如果将金融行业比作餐饮业的话，那么金融产品就好比是种类丰富的食材，生猛海鲜、鲜蔬果肉，样样俱全。投资顾问则是厨子，根据客户需求，选择上好的食材，烹饪出令客户满意的料理。

6.1.2 何谓智能投顾

智能投顾（Robo-Advisor），又称机器人投顾，是一种将现代投资组合理论（MPT）与大数据、人工智能、云计算等新兴技术相结合的在线投资顾问服务模式。智能投顾基于算法、传统金融领域的估值及交易模型搭建量化交易决策模型，减少人工干预。智能投顾通过线上问卷及方式，结合投资者的投资目标、风险偏好、风险承受能力、财务状况等变量，通过算法为客户自动生成个性化、智能化的资产配置方案。智能投顾为客户提供股票配置、股票期权操作、债券配置、房地产资产配置等资源配置组合，并提供资产再平衡、房贷偿还、交易执行等服务，旨在风险可控的情况下为客户提供长期稳定收益。

智能投顾能够优化穿透投资顾问的方面有以下三点：一是降低了沟通成本，从而提高了投资者实际收益；二是智能投顾基于线上问卷及大数据建模的方式，通过用户的收入、性别、年龄、心理特征等多维度构建客户画像；三是智能投顾通过算法识别用户的风险偏好并为客户提供差异化投资方案，有效解决了传统投资顾问领域的高沟通成本问题。

6.2 智能投顾核心特征

6.2.1 一种以自动化和科技为核心的数字化商业模式

智能投顾通过先进的电子技术为投资者提供金融投资建议。在智能投顾的发展历程中，其最开始通过移动互联网进行网上营销，通过电子问卷的方式对客户的投资需求进行调查，并根据客户的投资需求提供投资建议。随着大数据及人工智能不断发展，智能投顾能够为客户提供投资组合自动再平衡策略及自动生成投资报告等服务，在此基础上，还能为客户提供线上理财培训及金融资讯交流等额外服务。因此，智能投顾为客户提供全方位的数字化、系统化服务，实现了随叫随到的“7 × 24”小时服务，客户可以通过任意移动互联网终端体验智能投顾的多样化功能，也可更有效地追踪自身的资产账户。

智能投顾受益于日常生活的自动化。它们通过将投资过程自动化排除了人的介入，从而降低了人力成本，同时也降低了服务门槛。根据 Capgemini 咨询公司的统计数据显示，在全球范围内，40 岁以下高净值人群中，82.5% 的投资者希望能够通过数字化渠道进行财富管理；40 岁以上高净值人群中，此比例达到 54.01% 。65% 的富裕人群表示在选择资产管理公司时，数字化、多样化、便利化的资产管理服务是继投资回报率后的一个重要考量指标。

根据全美金融服务数字化调查数据显示，42% 的受访者表示便利性是其选择数字化金融服务的重要原因之一。较传统投资顾问公司而言，数字化金融服务已成为智能投资顾问公司的优势之一。随着数字化流程的推进，智能投顾行业将更受投资者的青睐。

6.2.2　分散配置 ETF，被动投资的逻辑

所谓被动投资，是指按照某个市场指数（例如上证指数、美元指数、道琼斯指数、恒生指数等）构建投资组合，并长期持有的投资策略。被动投资管理是一种在更广泛的市场指数、板块以及区域层面寻求收益的投资形式。当被动投资模式追踪基准指数，或者某一完好规范的子集时，主动投资策略试图依据某种规律、情感或者投资经理的个人观点，通过买入和卖空某些股票来获得高于市场平均水平的收益回报，即被动投资追求的是获取贝塔收益，而主动投资追求的是赢得阿尔法收益。

智能投顾通过大数据及机器学习等方式为客户提供数字化资产配置服务。智能投顾运用被动投资策略进行价值投资，以不同类型的 ETF 作为主

要投资标的，并通过对各类型 ETF 实施动态配置的方式增加投资组合分散性，使投资组合非系统风险得以有效降低。

ETF（Exchanged Traded Funds）又称交易型开放式指数基金或交易所交易基金，是一种在场内交易且基金份额可变的开放式基金。指数基金是以特定指数为标的指数（如 S&P500 指数），并以该指数的成分股为投资对象，通过购买该指数的全部或部分成分股构建投资组合，以追踪标的指数表现的基金产品。

智能投顾使用 ETF 构建长期避税投资组合，以达到以下目的：①将收费价码降到最低，沉重打击传统金融顾问市场；②将投资组合自动管理和再平衡商品化；③简化业绩汇报机制；④通过投资更优效率的金融产品，降低合规检查、风险控制和数据购买的成本；⑤将投资者的目光投向市场大势而非个人，使得投资决策过程更加具有承受能力，更透明，也更理性。

智能投顾通过构建投资组合的方式，分散客户非系统性风险，旨在获得稳定的市场 β 收益部分。与主动型投资策略不同的是，智能投顾的投资目标并非获得超额市场收益。同时，智能投顾遵循的被动投资策略不会对市场产生正向反馈，从而有助于减少市场投机行为，增加市场的有效性，起到稳定金融市场的作用。

从美国等成熟资本市场来看，随着市场信息透明度的提高以及法律监管日趋完善，投资人已很难通过非公开信息进行交易从而获得超额收益。从基金行业发展历程来看，基金行业先后经历了封闭式基金、主动型基金、多元创新型基金（指数型基金、货币型基金、免税型基金、另类策略型基金等）等发展阶段。自 2000 年以来，基金业再次面临重大转型，以 ETF、FOF（Fund of Funds）等为代表的被动型基金产品迅速崛起。

金融文学作品和学术研究都曾在将主动型基金和被动型基金进行比较时公开批评主动型基金。罗伯特·阿诺德、安德鲁·贝尔金和叶嘉在 2000

年发表的论文《投资管理反映》（*Invest Management Reflections*）中指出，在 20 年的时间跨度内，主动型基金的税前收入平均每年要比先锋标准普尔 500 指数低 2.1%。主动型基金的失败是由一系列因素造成的。第一，主动型基金向应纳税的投资者收取高昂的费用，因而占据了投资者一部分的净收益。第二，主动型基金对小盘股无法抑制，其安全性也因此受损。第三，主动交易或许会带来更多的资本收益，但同时会带来更多的缴税额，进而影响投资者的税后收益。因此，智能投顾平台采取被动型投资策略，通过持有资产相关性较弱的 ETF 一篮子基金，以及降低资产管理成本及服务佣金的方式，获得投资者的青睐，并跑赢市场。

以美国最大的智能投资公司 Betterment 为例，其投资逻辑有如下几点：①因为市场短期波动无法预测，但市场长期会向上发展，所以投资应以长期价值投资为主；②被动投资优于主动投资，因为只有少数基金经理能够跑赢指数，所以基金经理不如机器人或指数可靠；③在面临市场波动时机器操作可有效避免基金经理可能采取的非理性措施，而通过长期持有弥补短期损失；④投资顾问应当结合客户长期理财目标（如退休计划）考量客户全部资产，进行具有针对性的资产配置服务。

6.2.3　投资组合自动再平衡策略

智能投顾会根据设定的投资配置比例要求，在投资组合内资产价格随市场变化从而导致资产组合偏离投资配置比例时，通过买入和卖出相应资产的方式自动调仓，使投资配置比例重新达到目标水平。智能投顾通过自动化调仓策略，能够确保投资组合遵循其制定的长期投资目标，避免投资者非理性操作。在本质上，投资组合的再平衡是一项风险管理技巧，使得资产的配置回归到长期均衡上，而市场常常将投资组合脱离轨道。智能投顾试图通过其最典型的以长期和自动再平衡为特征的投资策略帮助用户战胜市场周期，因为它们相信一个假设，即长期投资回报取决于资产配置比例。

6.2.4 个性化的决策、目标与行为

智能投顾的目标并不是为用户带来超额收益，而是通过差异化的资产配置，使得投资组合与用户的风险承受力、风险偏好相匹配，从而规避因投资经理或客户情绪导致的错误操作，稳定投资收益。智能投顾所赋予的跨越个人目标和性格的投资经历的个性化是最引人注目，同时也是最具有挑战性的特色，也正是这个特色吸引着激进的技术创新公司以及行业内的成熟企业投入巨资对其进行研发。在投资者和科技公司之间创造真正具有颠覆性又富有情感的对话是金融业智能化的临界点。

传统的财富管理经理主要采用纸质的调查问卷来记录每个投资者的投资轨迹，智能投顾则是采用电子技术重塑登记流程，并提升用户体验。绝大多数的市场配置都是建立在如下假设之上的：投资者是理性的，也是风险厌恶型的，只有更高的预期收入才能让他们承担更高的风险。因此，传统的财富管理经理与智能投顾之间的本质区别不是他们对于风险假设有着不同的理解，而是智能投顾将风险偏好程度鉴定的过程变得更吸引人，并以此提升投资者在决策过程中的参与感。投资者关于投资组合模型的自我评估结果与其说是第三方在综合考虑年龄、风险承受能力和预期回报之后的建议，不如说是投资者自己的理性选择。对于财富管理经理和智能投顾而言，最需要优先解决的事项就是，只有持续透明的投资者目标及恐惧诱导机制才是自动化投资后续流程稳健性和适应性的保证，只有全面而又翔实的风险评估过程才能顺利引导个人金融的其他领域。

6.3 智能投顾理论基础

6.3.1 马科维茨现代投资组合理论

智能投顾的金融学理论基础为诺贝尔经济学奖得主马科维茨（Harry-

Markowitz）在 1952 年提出的 MPT（Modern Portfolio Theory），即现代投资组合理论。现代投资组合理论是所有资产配置模型的理论基础，后来通过威廉·夏普（WilliamF. Sharpe）等人对此理论的延伸发展，形成了一套完整的理论体系。如今以现代投资组合理论为基础的投资组合理论普遍被各个金融专业机构、私人银行、主权财富基金和养老基金使用。

马科维茨投资组合理论的基本假设如表 6－1 所示。

表 6－1　　马科维茨投资组合理论基本假设

基本假设	具体内容
所有投资都是完全可分的，每个投资者都可以根据自己的投资意愿和支出能力选择尽可能多的或尽可能少的投资	
一个投资者愿意仅在收益率的期望值和方差（或标准差）这两个测度指标的基础上选择投资组合	
投资者事先知道投资收益率的概率分布，并且收益率满足正态分布的条件	
一个投资者如何在不同的投资组合中选择遵循以下原则：	①如果两个投资组合具有相同的收益的标准差和不同的预期收益，则应选取较大预期收益的组合
	②如果两个投资组合具有相同的预期收益和不同的收益的标准差，则应选择较小标准差的投资组合
	③如果一个组合与另外一个组合相比，具有较小的收益的标准差和较高的预期收益，则应选择该组合

（1）单一证券的收益和风险

对于单一证券而言，在持有期的收益为此期间内的资本利得（证券价格变化）加上收到的股权红利，因此该证券在持有期内的收益率为：

$$r = \frac{\text{价格变化} + \text{现金流(如果有)}}{\text{持有期开始时的价格}} = \frac{P_t - P_{t-1} + CF}{P_{t-1}}$$

假设投资者在投资某证券产品时已经对在该投资期限内的证券收益率的概率分布有了预判，并将投资收益当作随机变量看待。

任何资产组合的预期收益率均可用投资组合内单个证券预期收益发生

的概率 p 进行加权，得到收益率的加权平均数。

$$E(r) = \sum_{i=1}^{n} p_i r_i = p_1 r_1 + p_2 r_2 + \cdots + p_n r_n$$

p_i 为第 i 个资产收益率的概率，$r_1, r_2, \cdots, r_n$ 为 n 个资产可能的收益率。

单一资产风险用此资产预期收益率的方差和标准差来进行计算。

风险类型主要有市场风险、流动性风险、利息率风险、信用风险、购买力风险、管理风险、保证金风险、可转换风险、可赎回风险、国内政治风险、行业风险等。

（2）投资组合

一个投资组合由 n 种证券构成。每种证券均对未来决策有不同程度的影响。每种证券决策的整体组合在一起构成一个投资组合。

（3）投资组合的收益和风险

①投资组合的收益率。以每种证券在投资组合中的比例作为收益率权重。

w_t 为在 t 时间内投资于 n 种证券的权重向量，$w_t = (w_1, w_2, \cdots, w_n)^T$。$w_i$ 是投资组合中第 i 种证券的市场价值在投资组合中的占比，即投资在第 i 种资产上的财富的份额，且 $w_1 + w_2 + \cdots + w_n = 1$ 。

②马科维茨组合收益率集。设 r_1，r_2，…，r_n 为 n 种证券的预期收益率，R_1 为投资组合预期收益率。

$$R_1 = \left\{ r = w_1 r_1 + w_2 r_2 + \cdots + w_n r_n \mid \sum_{i=1}^{n} w_i = 1, i = 1, 2, \cdots, n \right\}$$

③资产组合的风险度量。投资组合的方差包括各资产的方差，以及投资组合内不同资产之间的协方差。证券收益率之间的关系可以用相关系数、协方差或决定系数来衡量。证券风险可用收益率的方差或标准差来计算。

如果 $V_{ij} = Cov[r_i, r_j]$ 是 r_i 和 r_j 之间的协方差：

$$V=\begin{vmatrix} Var(r_1) & Cov(r_1,r_2) & \cdots & Cov(r_1,r_n) \\ Cov(r_2,r_1) & Var(r_2) & \cdots & Cov(r_2,r_n) \\ \cdots & \cdots & \cdots & \cdots \\ Cov(r_n,r_1) & Cov(r_n,r_2) & \cdots & Var(r_n) \end{vmatrix}$$

$$=\begin{vmatrix} \sigma_{11} & \sigma_{12} & \cdots & \sigma_{1n} \\ \sigma_{21} & \sigma_{22} & \cdots & \sigma_{1n} \\ \cdots & \cdots & \cdots & \cdots \\ \sigma_{n1} & \sigma_{n2} & \cdots & \sigma_{nn} \end{vmatrix}$$

那么投资组合的标准差应该满足下列公式：

$$\sigma_p^2 = E[(\sum_{i=1}^{n} w_i r_i - \sum_{i=1}^{n} w_i E[r_i])^2]$$

$$= \sum_{i,j=1}^{n} w_i w_j E[(r_i - E[r_i])(r_j - E[r_j])]$$

$$= \sum_{i,j=1}^{n} V_{i,j} w_i w_j$$

马科维茨构建模型时主要考虑如何在投资组合收益率一定的情况下，将风险最小化。马科维茨模型使用下列矩阵表示：

$$w = (w_1, w_2, \cdots, w_n)^T, e = (1,1,\cdots,1)^T$$

$$\mu = (\mu_1, \mu_2, \cdots, \mu_n)^T, \mu_i = E(r_i), i = 1,2,\cdots,n$$

$$V = (V_{ij})_{i,j=1,2,\cdots,n} = (Cov[r_i, r_j])_{i,j=1,2,\cdots,n}$$

w 为组合；$\mu_w = w^T\mu$ 为投资组合的收益；$\sigma_w = (w^T V w)^{1/2}$ 为投资组合的风险。$\min \sigma_w{}^2 = w^T V w = \sum_{i=1}^{n} V_{ij} w_i w_j$

$$s.t.\ w^T e = w_1 + w_2 + \cdots + w_n = 1$$

$$\mu_w = w^T\mu = w_1\mu_1 + w_2\mu_2 + \cdots + w_n\mu_n = \bar{\mu}$$

方程解 $\bar{w}$ 称为对应收益 $\bar{\mu}$ 的最小风险组合。

在数学层面，这是一个二次规划问题，即如何求解在两个线性等式约束条件下的二次函数最小值，对于任何 n 维 w，它必然有 $\sigma_w^{\ 2} = w^T V w \geq 0$。

写成二次函数的形式：$\sigma_P^2 = \sum_{i=1}^{n}\sum_{i=1}^{n}\omega_i\omega_j\rho_{ij}\sigma_i\sigma_j = \sum_{i=1}^{n}\sum_{j=1}^{n}\omega_i\omega_j Cov(r_i, r_j)$

投资组合内各证券的投资比例、各证券的方差或标准差，以及证券收益率之间的相关系数决定了整个投资组合的标准差。

投资组合预期收益的标准差与构成组合的证券的预期收益标准差之间存在相关性。

投资组合的风险分散功能为构成投资组合的证券预期收益率之间的相关性越低，投资组合的整体风险越小。

（4）无差异曲线

投资者喜欢 E_p、不喜欢 σ_p 的偏好程度通常由一簇无差异曲线表示。无差异曲线描述了投资者对预期收益和风险的偏好特征。

投资者风险态度主要分为风险厌恶、风险中性、风险偏好三种情况。任何一种证券均能够被 E_p、σ_p 可行集上的一个点所描述，任何一个组合也是如此。

证券组合可行集可用图 6－2 来表示。

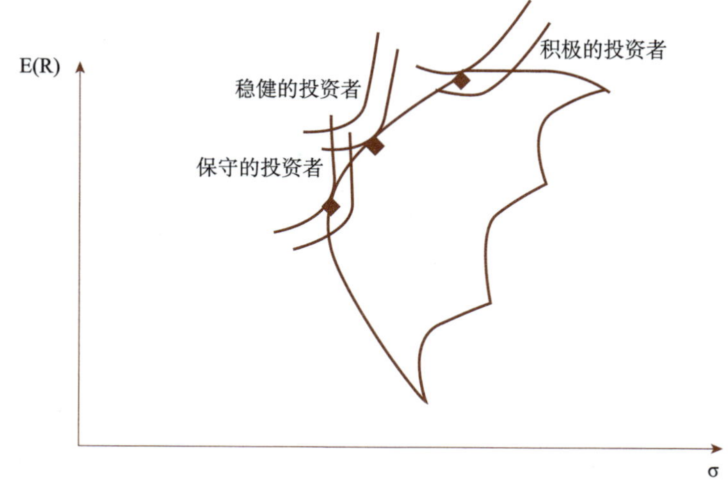

图 6－2　证券组合可行集

可得的 E_p 和 σ_p 结合的区域上边界被称为有效边界或有效前沿。E_p 和 σ_p 的值位于有效边界上的组合构成有效组合集。

有效集显示了针对一个投资组合，其风险和收益的最佳组合关系。其具有以下四个特征：

①有效集是一条斜向上倾斜的曲线，其表明风险会随着收益的上升而上升。

②有效集是一条向左上方凸起的曲线。

③有效集曲线光滑平稳，曲线上无凹陷处。

④投资组合内的证券间相关性越小，有效前沿凸性越大，表明投资组合越分散，其风险系数越小。

最优投资组合同时考虑了投资者的风险偏好（利用无差异曲线来衡量）和有效集。有效集和无差异曲线的曲线形状决定了每条无差异曲线只能够和有效集有一个切点，此切点便为最佳投资组合点。就某一投资者而言，其风险及收益偏好决定了其个人无差异曲线，而有效集是客观存在的，因此不同的投资者会有具有差异化的最佳投资组合。

（5）MPT 理论在智能投顾领域的应用

该理论可用图 6－3 来表示。

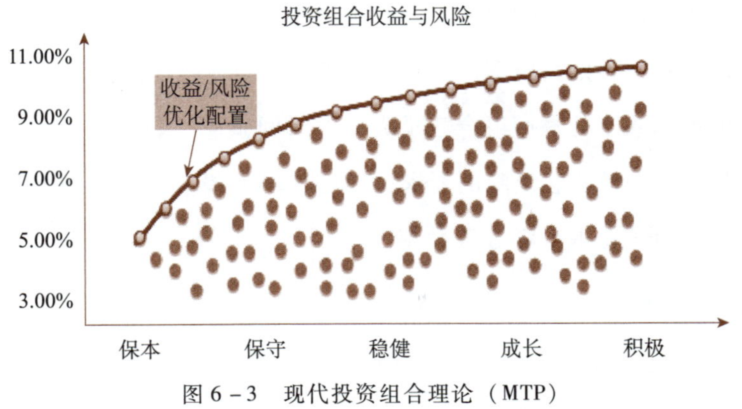

图 6－3 现代投资组合理论（MTP）

图6－3的每个点都代表一种可能的资产配置组合。市场上证券产品种类繁多，不同产品具有不同的风险和预期收益特征。资产配置的目的就是如何将资产分散到多样化的证券产品中去。此处使用证券预期收益率的方差来描述证券风险。

所有由风险—收益构成的投资组合均为一个点，其中最外围的点组成一条曲线，称其为有效前沿曲线。最优资产配置点落在有效前沿曲线上。从纵向来看，其为在风险确定的情况下，投资者可获得的最大投资收益组合。从横向来看，其为在确定预期收益水平的情况下，投资者可获得的最小投资风险组合。“智能投顾”的投资目标就是通过分散投资的方式，帮助投资者配置投资组合，使投资者可以在风险可控的情况下获得最大投资组合收益。

重仓投资单一资产会承受巨大风险，因此常说“不能把所有鸡蛋放到一个篮子里”。比如，如果投资者将所有资金都投资到单一股票中，那么当此只股票出现暴涨暴跌时，投资者需要承受的风险就很大。如果投资者将所有资金按比例投资到不同的股票型基金、债券、货币型基金中，其整个投资组合的收益率受单一市场的波动影响就会大大降低。因此，通过合理的资产配置组合，科学地将资金投资到不同的证券中，能满足投资者风险承受能力与收益预期的要求。不同种类的证券在风险和收益率上存在此消彼长的关系，长期投资资产组合可使投资者获得长期的投资收益。

智能投顾基于其资产组合容量大，对时间敏感性较低等原因，可以满足小额投资人分散资金风险的要求，能够使小额投资人也通过资产配置的方式分散风险，获得市场β收益率。

6.3.2 Black－Litterman 模型

Black－Litterman 模型也称为均值方差模型，或者倾斜优化模型，是由费舍尔·布莱克（Fisher Black）和罗伯特·利特曼（Robert－Litterman）

于 1992 年首次提出的，是基于金融行业对马科维茨模型数十年的研究和应用的基础所进行的优化。Black – Litterman 模型在马科维茨的均方差优化理论的基础上进行了进一步发展，其将市场收益及投资者个人的观点纳入模型考察范围内，重新对预期收益率进行了计算。Black – Litterman 模型将计算得到的预期收益率代入均值方差模型，便可得到优化后的最优资产配置方案。

6.4　智能投顾商业模式

6.4.1　智能投顾的服务链

智能投顾通过人工智能算法及用户画像评估的方式为客户提供差异化的投资服务。美国金融监管局在 2016 年 3 月对智能投顾作业流程做出了指示，其表明智能投顾基本流程包括用户行为分析、大类资产配置、投资组合选择、投资交易执行、投资组合再平衡策略、税收规划、投资组合分析等七种服务，其中投资组合分析仅向专业用户提供服务。图 6 – 4 为智能投顾服务链。

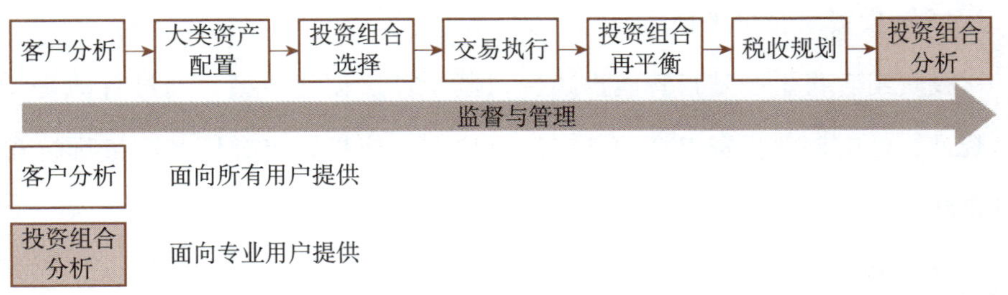

图 6 – 4　智能投顾服务链

（1）客户分析

投资顾问公司在为客户提供投资服务时，第一步是了解客户的投资需求、风险偏好及其预期收益率。由于投资人需求及市场行情不断变化，传统投资顾问公司会设定具体时间对客户的风险偏好及投资需求进行再沟通。传统投资顾问公司同客户再沟通会产生很大的沟通成本。智能投顾已经将客户风险偏好评估作为其业务的一个重要研究方向，旨在通过建立动态的、覆盖多影响因子的评价模型来科学测量客户真实风险偏好。

（2）大类资产配置

智能投顾的理论基础是马科维茨的现代投资组合理论，即认为在确定性投资收益的情况下存在最优投资组合。智能投顾基于 MPT，通过建立投资组合分散风险。根据投资期限可分为长期投资和短期投资，根据投资地域可分为境内投资和境外投资。

（3）投资组合选择

投资组合是将客户分析得出的客户风险偏好评估和资产配置行程的不同风险偏好的风险组合进行匹配，完成双方的一一对应。投资人可根据风险等级或者投资风格的不同选择不同的投资组合。

（4）交易执行

目前市场上大多数智能投顾公司本质上都是同券商合作，为客户提供流畅的交易执行服务，同时进行金融工具创新。

（5）投资组合再平衡

投资组合再平衡是指智能投顾公司基于算法创建模型，通过自动化买卖资产，动态调整投资组合的资产配置比例，使投资组合资产配置维持在稳定状态。

（6）税收规划

税收规划是针对美国市场税收政策的一种增值型服务，在我国适用范围较小。由于美国税法规定对于短期和中长期证券的资本利得以不同税率征税，美国智能投顾公司为客户提供税收特征及结构分析、优化资产配置等服务，以合理降低客户须支付的资本利得税，使客户税后投资收益最大化。

（7）投资组合分析

智能投顾为投资者提供投资组合业绩展示、投资组合业绩归因、投资组合风险因子分析、投资组合统计分析、资产配置回测及模拟等服务。在投资分析方面，智能投顾较传统投资工具的优点是其包含了传统投资工具不覆盖的风险因子分析。

智能投顾服务流程如图 6－5 所示，分为三个步骤。

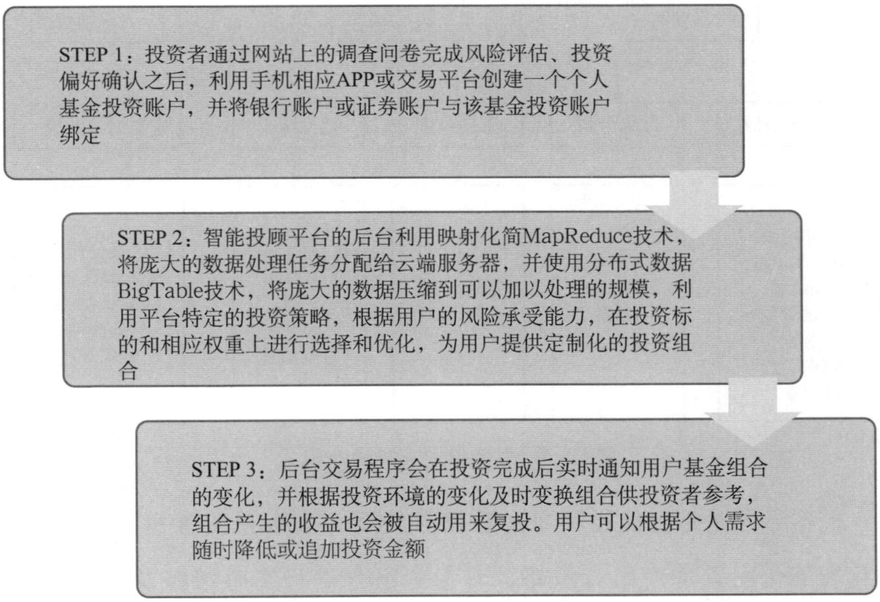

STEP 1：投资者通过网站上的调查问卷完成风险评估、投资偏好确认之后，利用手机相应APP或交易平台创建一个个人基金投资账户，并将银行账户或证券账户与该基金投资账户绑定

STEP 2：智能投顾平台的后台利用映射化简MapReduce技术，将庞大的数据处理任务分配给云端服务器，并使用分布式数据BigTable技术，将庞大的数据压缩到可以加以处理的规模，利用平台特定的投资策略，根据用户的风险承受能力，在投资标的和相应权重上进行选择和优化，为用户提供定制化的投资组合

STEP 3：后台交易程序会在投资完成后实时通知用户基金组合的变化，并根据投资环境的变化及时变换组合供投资者参考，组合产生的收益也会被自动用来复投。用户可以根据个人需求随时降低或追加投资金额

图 6－5　智能投顾服务流程

6.4.2　智能投顾五种商业模式

智能投顾较传统投资顾问公司最显著的差别为智能投顾采用全程无人工、人机交互、量化投资的投资实现手段，但鉴于科技发展的渐进性，以及人工投资顾问在亲和度、灵活度等方面的优势，当前智能投顾从广义上而言，也包括投资智能化数据分析、社交分享策略组合等。智能投顾根据

人工参与程度不同又可分为以机器导向为主的智能投顾、以人为主的智能投顾、人机结合的智能投顾三种。在商业模式层面，机器导向又可分为大类资产配置和数据分析，以人为主又可分为主题投资和社交跟投，人机结合主要为线上引流至线下（见图6－6）。

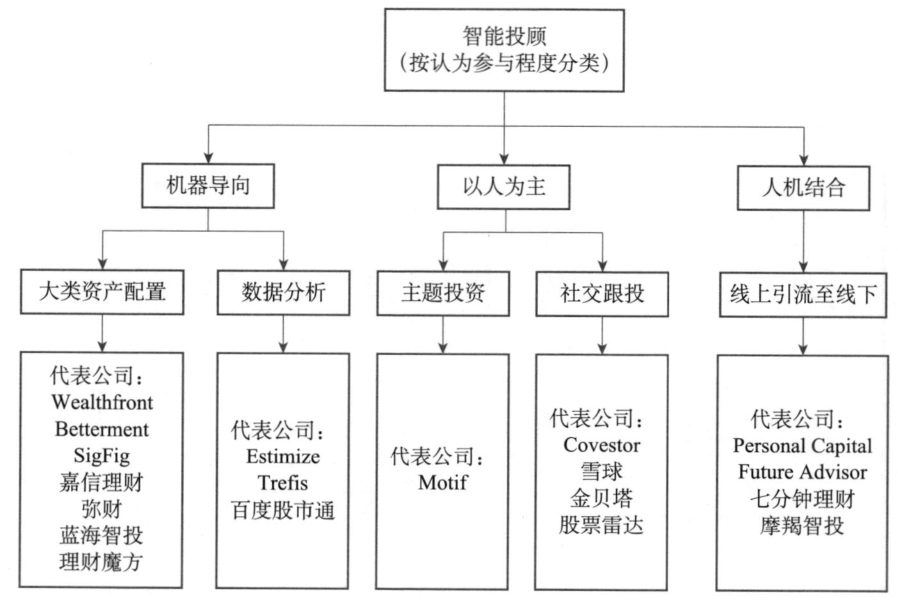

图6－6　智能投顾五种商业模式

机器导向是指智能投顾通过数据分析或大类资产配置模式，全程自动化智能化配置资产组合策略，对资产组合进行实时跟踪及动态调整。智能投顾会根据客户要求综合投资及税收自动进行红利及资本利得的收割，投资者无须进行管理。以人为主是指由投资者创建资产配置组合，由智能投顾提供创建资产配置组合的工具以及分享的平台。人机结合是指将智能投顾及传统投资顾问的优势结合起来为投资者提供服务，由智能投顾为客户提供资产配置建模及投资服务，由传统投资顾问为投资者提供建议。

五种主流的商业模式具体概况见表6－2。

表 6－2　　智能投顾商业模式

分类	商业模式	模式介绍	代表公司
机器导向	大类资产配置	基于现代投资组合理论，根据不同承受风险，配置最优的各类资产大类品种，如美国股票类、公司债券类、房地产类、防通胀证券类、自然资源等。该模式的关键在于被动投资，不以追求主动收益为主，而以风险最小化追求长期稳定收益为主	Wealthfront、Bettement、SigFig、嘉信理财、弥财、蓝海智投、理财魔方等
	数据分析	通过利用机器学习算法分析公司财报、宏观数据、网络舆情等在内的各类海量数据，提供各种垂直化金融服务，如预测上市公司收入、基于突发事件给予投资指导、提供股票策略等	Estimize、Trefis、百度股市通等
以人为本	主题投资	根据不同的投资主题和理念创建不同的投资组合，让用户不追随基金也有主题投资组合，如 3D 打印、高股息、在线游戏、现代战争等主题	Motif Investing
	社交跟投	将职业或业余投资高手的投资业绩和持仓情况分享出来，供投资者参考，让普通投资者享用投资咨询服务	Motif Investing、Covestor、雪球、金贝塔、股票雷达
人机结合	线上引流至线下	通过线上免费的金融工具吸引大量客户，而后二次挖掘出合适的客户引流至线下，并提供一对一的有偿投资服务，为其未来业务模式的拓展和服务变现提供良好的基础	Personal Capital、Future Advisor、七分钟理财、摩羯智投等

创业类智能投顾公司与传统金融机构在智能投顾模式选择上差异较大。创业类智能投顾公司偏向于机器导向模式，而传统金融机构则更偏向于人机结合模式。创业类智能投顾公司普遍具有较高的技术优势及轻资产运营方式，因此其拥有较强的创新意愿及较低的试错成本。但由于其缺乏金融市场运作经验及客户沉淀，创业类智能投顾公司更倾向于机器导向模式，快速获取客户从而抢占下一代财富管理市场。传统金融机构偏向于采用人工和机器混合模式开展业务。鉴于传统金融机构有较强的客户基础，在销售渠道及金融市场运作层面均有较多经验，其可通过自身旗下的金融产品来进行智能投顾的业务拓展。传统金融企业通过开展人机结合的智能投顾服务方式，可以有效转换存量客户，并通过智能化的手段进行新客户拓展。

6.4.3 智能投顾的盈利模式

智能投顾较传统投顾而言收费较低，从而提高了投资人实际收益率。以美国为例，传统投资顾问公司收费项目种类繁多且透明度较低，通常会收取咨询费、交易费、隐藏费用、充值提现费、投资组合调整费等近十类费用，总费率高达1%以上，甚至可达3%。智能投顾除0.15%～0.35%的咨询管理费之外不再收取其他费用，收费方式透明简单，但投资者需承担在交易过程中产生的持有费及交易费等中间费用。同时，鉴于目前智能投顾投资标的以费率较低的ETF产品为主（ETF管理费约为0.03%～0.55%），且其避免了线下获客及销售、人工投资咨询等人力成本较高的环节，因此智能投顾只向客户收取较传统投顾而言很低的管理费用，从而提升产业链效率及行业竞争实力。图6－7为智能投顾的盈利模式拆解。

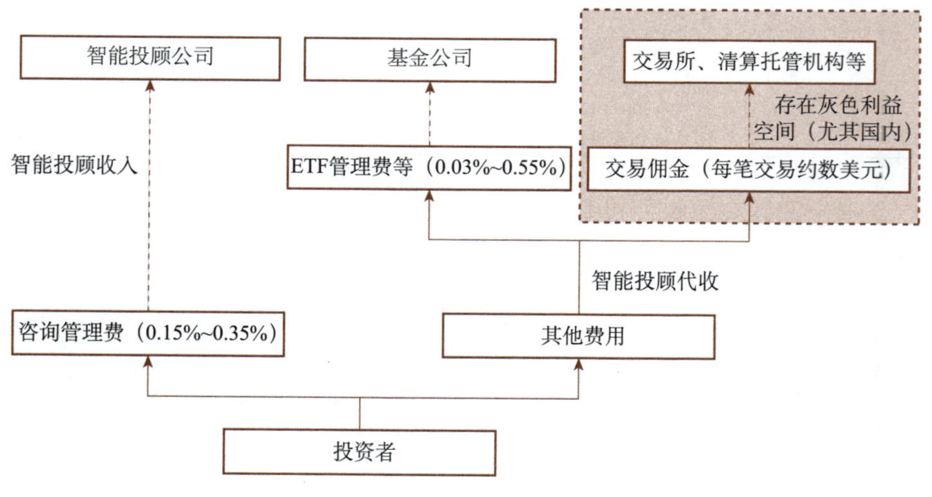

图6－7 智能投顾盈利模式拆解

第 7 章　智能投顾发展缘由

7.1　传统财富管理行业的理财痛点

传统财富管理行业的理财投资主要依赖于理财经理与客户的直接面对面交流来了解客户的投资偏好及风险承受能力。虽然理财经理也遵循基本的资产配置理论进行资产组合配置来分散投资组合风险，但是由于现有的私人银行部和理财公司大多还是以产品销售为主导，目的是将更多的理财产品推销出去，提升自己的销售业绩，为自己赚取更多的收入，并不能完美地匹配客户的风险偏好，满足客户的投资需求。具体而言，传统财富管理行业的理财痛点主要表现在以下四个方面：

（1）传统理财顾问的收费标准高且不清晰

传统财富管理行业需要具有丰富投资经验的理财顾问，消耗大量的时间和精力与客户面对面地直接沟通，以便充分了解客户的收入状况、投资偏好、风险承受能力及期望收益，伴随大量的时间与精力而来的是高额的财富管理费，传统理财顾问通常以管理客户资产规模的 1% 作为管理费，但传统投顾也会在客户资产规模扩大时通过适当降低管理费率来吸引客户。根据贝莱德统计数据显示，有 25% 曾经使用财富管理服务的用户因为费用昂贵而停止使用相关财富管理服务。

此外，传统理财顾问的收费标准通常不对外公开，其收费模式复杂且多样，客户只是单纯承担 1% 左右的管理费，并不清楚管理费的具体构成，也不清楚管理费的收费标准如何衡量。这种模糊、不透明的收费模式大大降低了用户的服务体验，也得不到用户百分之百的信任。

（2）传统财富管理的流程繁琐，耗费大量时间与精力，而且时效性较差

传统的理财顾问在市场营销、客户资料收集、风险评估、资产配置、配置再平衡、教育培训、客户账户报告等流程中更多依赖人工操作，通常需要理财经理花费大量的时间和精力与客户面对面沟通，无论是标准化的流程还是非标准化的流程，都需要理财顾问与客户不断地沟通、交流、确认才可以实现，客户同样需要腾出大量的时间与精力来配合理财顾问的工作。复杂而繁琐的流程不仅消耗了双方的时间与精力，还限制了理财顾问在有限时间内服务客户的数量与质量。

（3）传统财富管理对于投资门槛要求高，服务对象限于高净值人群

在传统金融行业，不同的财富管理公司对市场细分十分明确，传统金融机构在高净值人群中市场竞争激烈。私人银行、信托公司及大型资管公司主要服务于高净值客户，指派专业注册投资顾问为客户提供综合专业的投资管理服务，而这部分客户的市场份额约为5.7万亿美元。鉴于高净值客群人员较少，个人资产规模较大等原因，投资管理公司会随着客户投入资产管理的资产增加而降低管理费用。

传统财富管理的高门槛导致大部分普通大众享受不到专业的理财服务。普通大众群体往往缺乏理财经验与能力，恰恰是最需要投资顾问服务的群体，他们的理财需求无法得到满足。统计显示，全美仅有28%的人群拥有专业理财顾问为其进行资产管理服务，而对于大众富裕阶层或大众阶层而言，由于其资产总额较低（普遍在100万美元以下），很难达到传统投资顾问公司的投资门槛，此部分人群获得的投资理财服务也相对有限。这类人群可自行进行资产配置。由于美国金融市场产品众多、投资策略极其复杂，无论他们选择主动投资股票还是债券被动投资ETF基金，都需要

花费大量时间进行市场研究及产品分析，而大多数人都没有足够时间及专业技能对金融产品进行有效筛选。

(4) 传统财富管理缺乏充分分散的全量资产

传统财富管理中投资顾问的时间和精力有限，而且大多数流程是依赖投资顾问与用户一对一的面对面交流来实现，人工参与度较高。传统投资顾问的人工化导致投资顾问无法长时间跟踪和监测超过 8 只投资标的的动态变化规律，因此投资顾问虽然根据投资者的风险偏好水平来分散配置资产，但是传统投资顾问所配置的投资组合远远不能覆盖全量资产，因此传统的投资组合配置并不能较好地分散风险。

7.2　智能投顾相对于传统投顾的优势

随着金融市场的发展，金融产品日趋复杂化及专业化，交易策略衍变日新月异。普通投资者学习自我理财的成本越来越高，已经难以跟上金融市场快速变化的步伐，普通投资者所拥有的投资知识也难以实现自己的理财需求，因此普通投资者对于专业投资顾问服务的需求日益凸显，而近几年新兴的智能投顾正好提供了一种低费用、透明、高效、便捷的解决方案。表 7－1 总结了智能投顾与传统投顾的差异。表 7－2 将就各差异方面展开讲解。

表 7－1　智能投顾与传统投顾

	传统投顾	智能投顾
投资门槛	高，国内外平均在 100 万美元及以上	极低，甚至可实现零门槛
覆盖范围	仅针对高净值人群提供服务	覆盖高、中、低净值的大多数人群
管理费率	高，平均费率在 1%～3%	低，平均费率在 0.25%～0.5%
服务透明度	低	高
时效性	弱，无法实现全程实时监控	高，7×24 监控市场变化并及时响应
资产配置	配置范围有限	配置范围广，可实现分散投资
风险控制	一般，存在道德风险	高，严格遵守现代投资组合理论
客观性	一般，易受主观情绪影响	高，完全基于大数据与人工智能输出投资决策
用户体验	一般，流程繁琐，沟通不便	较佳，服务流畅，沟通充分

在产品及服务层面，较传统投顾而言，智能投顾具有管理费率低、收费透明度高、投资门槛低、用户覆盖广，以及服务流程简便等优势。

表 7－2　　智能投顾与传统投顾对比

	传统投顾	智能投顾
管理费	1. 依靠投资顾问个人的专业知识及时间精力的消耗，成本较大，收费较高，典型值约为资产管理规模的1%，部分可达3% 2. 收费项目繁多，收费标准透明度较高	1. 通过机器处理，平均管理费率仅为0.15%～0.55% 2. 用户可选择产品范围、投资风险、费用交割方式，信息透明度高
投资门槛及用户覆盖率	1. 私人银行理财多以一对一的私人投资顾问形式呈现 2. 投资起点多为600万元以上，部分私人银行投资门槛高达1 000万元 3. 投资门槛较高且主要针对高净值客户	1. 投资门槛在1万～10万元，部分智能投顾甚至实现了零门槛 2. 具有显著的互联网特征。其边际成本随用户数量增加而逐渐趋近于零。算法模型的可复制性使得智能投顾可为大量客户同时服务
服务流程	1. 面对面了解客户需求、制定及实施理财方案、定期进行后续投资方案跟踪调整 2. 整个服务流程对投资顾问及投资者均有较大的消耗	1. 依托互联网，通过电子问卷、主动建议、自助咨询等服务从前、中、后台最大程度保障整个服务流程的流畅性 2. 快速评估投资者风险偏好，花费时间仅需几分钟，有效节省用户的时间与精力

表 7－3 为传统金融机构私人银行部与智能投顾公司的最低投资限额对比。

表 7－3　　传统金融机构私人银行部与智能投顾公司的最低投资限额对比

传统投顾机构	国外银行	美林集团	100 万美元
		花旗银行	300 万美元
		摩根大通	500 万美元
		渣打银行	500 万美元
		高盛集团	500 万美元
		汇丰银行	200 万美元
	国内银行	中国银行	800 万人民币
		招商银行	1 000 万人民币
		工商银行	800 万人民币
		建设银行	1 000 万人民币

续表

新型投顾公司	Wealthfront	500 美元
	Betterment	0 美元
	嘉信理财智能投资	5 000 美元
	Motif	250 美元
	Convestor	10 000 美元
	Personal Capital	10 万美元

智能投顾为客户提供 7×24 小时全天候不间断的投资咨询及管理服务（见图 7－1）。

投资咨询及投后管理服务皆由系统依靠智能算法独立完成

用户可以在任何时间段注册自己的专属账户、评测风险水平、建立投资计划，以及在投资策略执行后的任何时间段登录账户了解自己账户资产的浮动盈亏水平，甚至调整自己的策略组合

平台实时监控全球资本市场以及风险事件，当遭遇影响力较大的系统性风险时，会自动调整组合中相应资产的权重以达到降低组合的风险敞口

图 7－1　智能投顾的智能化管理内容

智能投顾通过分散投资可有效控制风险。传统投资顾问过度依赖于投资顾问的个人能力，而投资顾问水平参差不齐，直接影响其管理的投资组合收益。同时，人工投资顾问可能会通过增加杠杆或过度投资于单一资产的方式追求其个人收益，从而将投资者的资产置于风险中。与此相反，智能投顾基于大数据分析、市场数据及用户行为分析，运用金融模型及算法分析得出理性客观的投资建议。智能投顾资产配置覆盖较传统投顾更为分散，在严格控制风险的同时满足了投资者的差异化及多样化需求。

智能投顾能够进行理性而客观的投资，最大程度上减少情绪干扰。传统投资顾问在市场异常波动时容易受情绪干扰而做出非理性判断，且容易由于个人贪婪等原因而进行违规操作。智能投顾完全通过系统分析及操作，当投资组合达到系统设置的止盈或止损点位时自动提醒用户进行操作，从而将人工主观情绪干扰因素降至最低，同时能够弥补人工投顾由于经验不足而导致的投资损失。

智能投顾的专业化程度和策略执行力均优于传统投顾。资产管理涉及投资标的种类的选择、风险资产配置比例的划分，以及风险事件的处理等。智能投顾使用的金融模型均经过了长期市场考验，具备较强的专业性。以美国智能投顾公司 Wealthfront 为例，其为客户提供的服务主要分为三步（见图 7－2）。

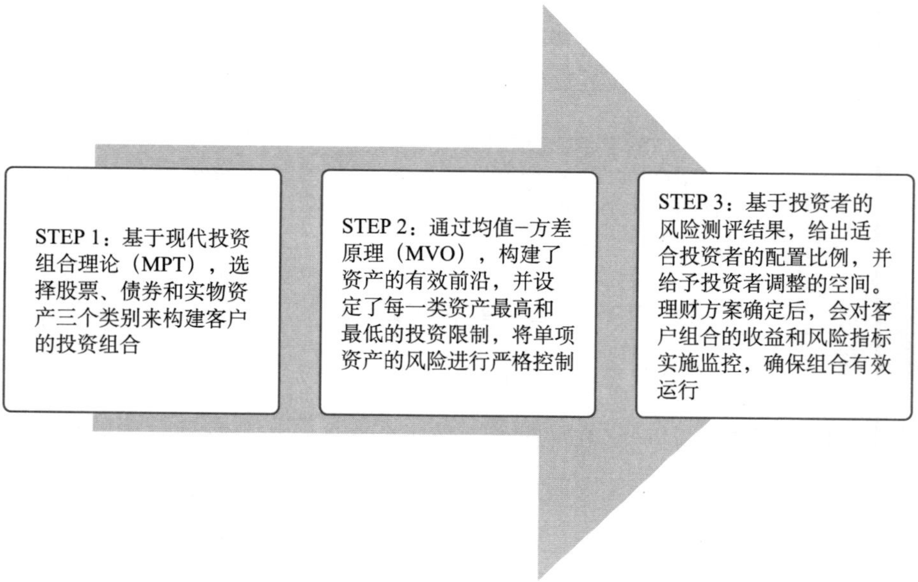

图 7－2　智能投顾服务步骤

多数智能投顾公司在市场行情波动，投资者投资组合资产配置偏离目标配置时会采用再平衡策略。当投资组合中的某种资产的配置比例超过阈值时，系统会通过自动买入、卖出的方式调整资产配置比例，从而使得投资组合中的各项资产配置比例维持在较为稳定的水平。相似的投后管理技术，系统大多会在事先预设的条件下自动进行交易。智能投顾通过这种方式有效避免了人工投资顾问或投资者因市场行情变动而产生情绪波动，影响策略的有效运行。

智能投顾基于丰富的定制化场景。根据招商银行《2013 年中国城市居民财富管理与资产配置调查报告》报告显示，七大经济区的受访者在理财目标层面体现出了一定的共性。其理财目标主要包括财富保值增值、退休养老规划、购房购车、子女教育、突发事件的预防、子女婚嫁等。日趋多样化的理财目标需要资产管理公司不断创新，为客户提供多样化、智能化的服务。智能投顾基于场景的多样化资产配置方案，能够颠覆传统投资顾问单一的资产管理方式，为客户提供差异化的服务。

7.3 智能投顾行业发展的核心驱动因素

伴随着居民财富规模持续增长、资本市场持续深化广化、人工智能技术日趋发展，智能投顾行业有望迎来壮阔的发展前景。智能投顾行业快速发展的核心驱动因素主要有以下四个方面。

7.3.1 理财用户对全量资产的需求

智能投顾的理论基础是马科维茨的现代资产组合理论（MPT）。基于该理论，任何一个理财用户都希望能够找到与自己的风险偏好最为匹配的资产，在期望的收益水平下能够拥有最小的风险。全量资产能够完全覆盖所有可能的资产，因此能够充分分散投资风险。智能投顾基于大数据及算法为客户提供风险分散、收益稳定的投资理财产品。因为智能投顾的投资标的多分散在一系列产品中，将股票、基金、债权、固定收益类产品均纳入一篮子投资组合中，所以备受投资者的青睐。智能投顾公司目前提供的投资标的主要为数量众多、产品多样的 ETF 基金。部分平台也会通过购买国内主动型公募基金来实现资产配置目的。

7.3.2 理财用户对个性化与自动化的不懈追求

每个投资者的年龄不同、收入不同、未来支出计划不同，其对应的风险厌恶程度和风险承受能力也不同，从而不同风险偏好所对应的最优投资组合也不一样。例如，年轻人以及近期支出较少的人，可以较多地配置股票、商品等市场波动较大、风险较高的资产；老年人和支出计划较高的人应该更多地配置债券、货币型基金等市场波动较小、风险较低的资产，其收益相对而言较为稳定。从投资者的角度出发，每个投资者都希望理财顾问能够综合考虑自身这些鲜明的个性化特征和投资目标，为其提供最有可能实现其目标或计划的投资方案。个性化是智能投顾最典型的特征之一，智能投顾会根据每一个客户的投资目标以及客户的风险偏好来为客户提出资产配置建议，而不是盲目地参考历史市场表现来主观购买 ETF，实现相对个性化，从而为客户提供分散化的资产配置建议。

此外，智能投顾平台可以广泛应用于手机移动终端，投资者只需在自己的手机上安装该移动终端，即可随时随地查看投资标的信息。智能投顾也可以更加方便及时地为客户提供服务，所有的投资交易均可通过智能投顾平台自动化完成，这也满足了投资者对于线上自动交易的时效性与便捷性需求。

理财用户对个性化与自动化的不懈追求助力了智能投顾的快速发展，并将促使智能投顾不断发展成熟，更好地满足每一个投资者的理财需求。

7.3.3 普惠金融，让每一个人平等享受专业化的投顾服务

普惠金融（Inclusive Financial System）由联合国在 2005 年首次提出，旨在以可负担成本为社会各阶层尤其是传统金融体系难以触及的群体提供

适当、有效的金融服务。根据世界银行数据显示，目前全球仍有近 20 亿人未被基础性金融服务所覆盖。在 2016 年 G20 杭州峰会上，全球首个国际性普惠金融公约《G20 数字普惠金融高级原则》通过审议，标志着世界各国已就普惠金融达成共识。运用了大数据、人工智能、云计算等前沿科技的智能投顾在发展普惠金融方面拥有天然优势，其投资门槛低、服务人群广泛、投资策略智能化、服务实时优质等特点能显著提升传统金融的服务效率，为传统金融未覆盖的人群提供金融服务。

智能投顾能够有效改变目前大众富裕阶层投资渠道单一集中的现状。股票或债券等传统二级市场投资一般会使投资者耗费大量时间和精力用于研究投资标的的价格走势，投资者需承担由股市波动带来的投资损益。即便是基金产品，仍需要基金经理投入较多的时间和精力去追踪及筛选投资组合中的资产标的，且集中投资于某一行业的基金产品其行业风险并未被分散化。房地产投资要求投资者持有大额资金，而且需防范政府相关部门出台的政策法规的监管风险、市场价值波动风险以及租金波动风险等。就其他理财产品而言，信托产品投资门槛较高，银行理财产品预期收益率持续走低等原因也使得投资者难以找到满足其收益—风险要求的投资理财产品。同时，对于互联网理财产品，主要分为高风险、高收益的 P2P 产品和各大平台陆续推出的货币基金类产品。两种产品在收益和风险分布上呈现两极分化的特征。一方面，高收益伴随着高风险。尽管监管机构加强了 P2P 网络借贷的监管，仍有一些平台风险控制不到位，盲目扩张。部分平台由于坏账率过高，导致资金提现和兑付困难，严重的会发生平台跑路现象。另一方面，互联网货币基金产品收益率持续下降。根据 Wind 数据显示，2016 年 12 月，货币基金产品平均 7 天年化收益率仅为 2.49%。尽管货币基金类产品风险较低，但过低的投资收益难以满足投资者的投资需求。

智能投顾的出现，将在很大程度上改善目前传统金融及互联网金融的不足。智能投顾不仅降低了投资门槛，可以为传统投资顾问覆盖不到的普通大众群体提供专业化的理财顾问服务，还可以按照不同性别、不同年龄段和不同收入状况的投资者群体的风险承受能力、投资目标个性化配置不同类别的资产以及提出合适可行的投资建议。由于智能投顾基于马科维茨的资产配置理论提供资产配置方案，具备较高的专业化程度和策略执行力，且有固定的阀值设置，达到止损及止盈点系统会自动交易，能够有效克服人性的弱点和恐惧心理。智能投顾无须投资者人为操作，从而实现了投资风险的有效分散化，保障了投资者的投资收益及投资交易的客观性。

因此，智能投顾通过大数据及算法为投资者量身定制的差异化理财方案能够实现收益和风险合理匹配。智能投顾能够为传统金融未覆盖的人群提供普惠式的智能投资顾问服务，有效弥补了财富管理版图中的空白地带，从而实现真正意义上的普惠金融。

7.3.4 互联网、大数据、云计算、人工智能等技术红利

互联网、大数据、云计算、人工智能等科技创新推动了智能投顾的发展。投资顾问服务在经历了基于传统金融的传统投顾 1.0 时代、基于移动互联网的线上投资组合管理 2.0 时代后，正式迈入以智能化、自动化、个性化为主要特征的智能投顾 3.0 时代。智能投顾不仅提升了客户体验，更具体实践了普惠金融的理念，其将长时间未被传统金融覆盖的客户涵盖进来，让以往被传统金融高门槛拒之门外的投资者也能享受到高质量、智能化的投资顾问服务。

计算机技术的发展为智能投顾的产生奠定了基础。在投顾 1.0 时代，传统投资顾问会使用计算机进行数据储存和简单数据计算功能，但投资组合还是由人工配置，计算机在整个投资决策过程中只起到辅助作用。互联网的普及使投资顾问服务步入 2.0 时代，部分投顾业务被投放到互联网平台上，有效实现其服务范围向中等净值人群的扩张，但这一阶段的资产配

置建议依然主要依靠人力，差异仅在于市场渗透手段的提升，数据处理功能的运用也逐渐拓展到了数据储存、数据计算及数据传递，但机器发挥的作用仍然较弱。直到人工智能、大数据、云计算等新兴技术出现后，投顾服务才真正开始走向智能化的 3.0 时代，数据处理功能进一步拓展为数据储存、数据计算、数据传递、数据采集、数据生产以及数据应用，而且机器开始发挥主导作用，投资顾问开始借助机器来为用户自动化的投资管理全价值链服务。表 7－4 为投顾服务不同发展阶段的对比。

表 7－4　　投顾服务不同发展阶段的对比

	投顾 1.0	投顾 2.0	投顾 3.0	
	传统投顾	在线投顾	半智能投顾	智能投顾
数据处理	数据储存 + 数据计算	数据储存 + 数据计算 + 数据传递	数据储存 + 数据计算 + 数据传递 + 数据采集	数据储存 + 数据计算 + 数据传递 + 数据采集 + 数据生产 + 数据应用
技术条件	计算机	计算机/互联网	大数据/云计算/人工智能	大数据/云计算/人工智能
机器作用	弱，仅用于帮助专业投顾提升工作效率	较弱，借助互联网强化用户渗透	较强，管理投资组合并提出交易建议	主导，提供自动化投资管理全价值链服务
客户覆盖	高净值人群	高中等净值人群	全覆盖	全覆盖
收费标准	较高	较低	低	低

回顾智能投顾的发展历史，不难发现其核心在于逐步减少人力投入、逐步发挥机器智能的主导作用。大数据及人工智能应用于数据量庞大的智能投顾领域是金融科技行业的发展趋势，人工智能也必定会成为智能投顾的核心技术。

其一，人工智能运用算法和金融模型，通过系统构建资产配置模型，从而得到最优投资组合。人工智能还可以通过多维度风控模型更准确地预测风险，通过量化手段及信号监测制定择时策略。计算机的普及大大提高了传统金融的数据统计及计算效率，使得资产配置更加准确，避免投资决策受主观影响过大，从而提高投资的理性程度。

其二，人工智能通过大数据识别用户风险偏好。智能投顾主要包括客户行为与金融交易大数据两大方面，二者均是智能投顾得以运转的“血液”，其重要程度不言而喻。一方面，资产配置决策都是建立在用户行为数据的基础之上，以实现个性化、精准化匹配用户风险偏好的目的；另一方面，投资组合的构建以及再平衡的过程都是对金融交易大数据等市场信息处理和解析的结果，数据质量将直接决定策略的优劣。此外，国内数据开放程度低，现行监管规定金融机构数据不得提供给第三方使用，进一步提高了自有数据积累的重要性。目前，证券、基金等传统金融公司掌握了大部分金融交易大数据，2C 的互联网公司则积累了大量用户行为数据。同花顺等部分 2B2C 的金融信息服务商同时掌握了金融交易大数据及用户行为数据，因此这类公司在开展智能投顾业务时具备一定的数据优势。同时，大数据的运用提高了智能投顾公司量化风险的水平及资产管理的响应速度。基于量化建模及人工智能的数据分析方法，采用行为分析及预测算法等创新性风险管理及交易手段对投资组合进行管理，能够快速对实时信息及交易活动进行关联分析，从而更加快捷地发掘投资机会，进行风险控制。

总之，智能投顾借助于机器强大的计算能力、存储能力、数据处理能力以及绝对理性的模型算法，极大地促成了对用户个性化的画像评估、理财方案配置及自动化交易的高效完成。

第 8 章　智能投顾行业发展现状及发展前景

8.1　中美智能投顾市场现状对比

根据波士顿咨询公司发布的全球财富报告数据预测，按照年均复合增长率 6% 来计算，至 2020 年，全球投资总规模可增长至 222 万亿美元。再以 10% 的市场占有率来计算，智能投顾的市场规模可至 22 万亿美元，以 0.3% 的年管理费（管理费区间一般为 0.15 ~ 0.5%）来计算，智能投顾的管理费为 660 亿美元。

美国的智能投顾市场规模居于全球首位，根据咨询公司 A. T. Kearney 的预计，2016 ~ 2020 年，美国的智能投顾资产管理规模将从 3000 亿美元增长至 2.2 万亿美元。美国的智能投顾起步于 2008 年，2008 ~ 2012 年，Wealthfront、Betterment、Personal Capital、Future Advisor、Sigfig 等智能投顾创业公司陆续出现，这个阶段智能投顾的发展速度较为缓慢。随后几年，人工智能、大数据等金融科技出现，加快了智能投顾的发展速度，此时传统金融机构也开始进入智能投顾市场（见图 8 - 1）。

自 2016 年开始，Wealthfront、Betterment 等智能投顾公司开始拓展业务布局，向信贷、信贷、教育储蓄和不动产投资等多元化业务拓展，以满足个人日常生活中包括财富管理和理财规划等各类需求。例如：Wealthfront 在 2016 年 6 月与内华达州政府进行合作，发布了第一个自有的教育储

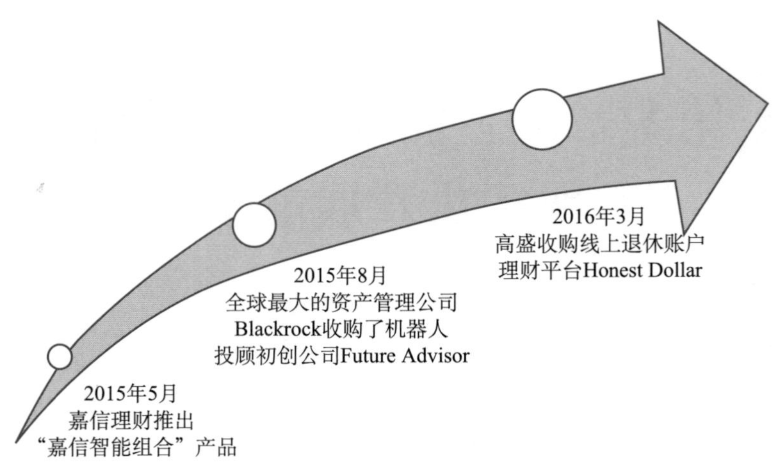

图 8-1　美国智能投顾快速发展阶段

蓄税收优化计划——529 税优大学储蓄计划；Betterment 则在 2016 年与优步合作，为美国境内的司机提供退休投资计划，计划在 2017 年扩展至全球范围；Personal Capital、SigFig 等智能投顾领头公司也取得了融资或是战略合作上的重大突破。

在美国智能投顾快速发展的情况下，我国智能投顾也开始兴起。随着我国居民家庭财富的不断积累，中产阶级人群的不断扩大，我国的财富管理市场不断增长。但是，由于传统的投资顾问针对高净值人群，门槛较高，很多普通投资者达不到要求，且随着银行存款利率不断下调，理财产品的收益率不断下降，人们需要开拓更多元的理财渠道。我国经过互联网理财平台的发展和市场影响，通过互联网进行理财的概念开始逐渐被广泛接受，运用网络及手机 APP 成为更多人的投资理财方式，普通人群的理财意识逐渐增强，尤其年轻一代人群对互联网理财的认同度较高。

我国的智能投顾发展历程见图 8-2。

在 2016 年 9 月初举办的以人工智能为主题的百度世界大会上，百度公

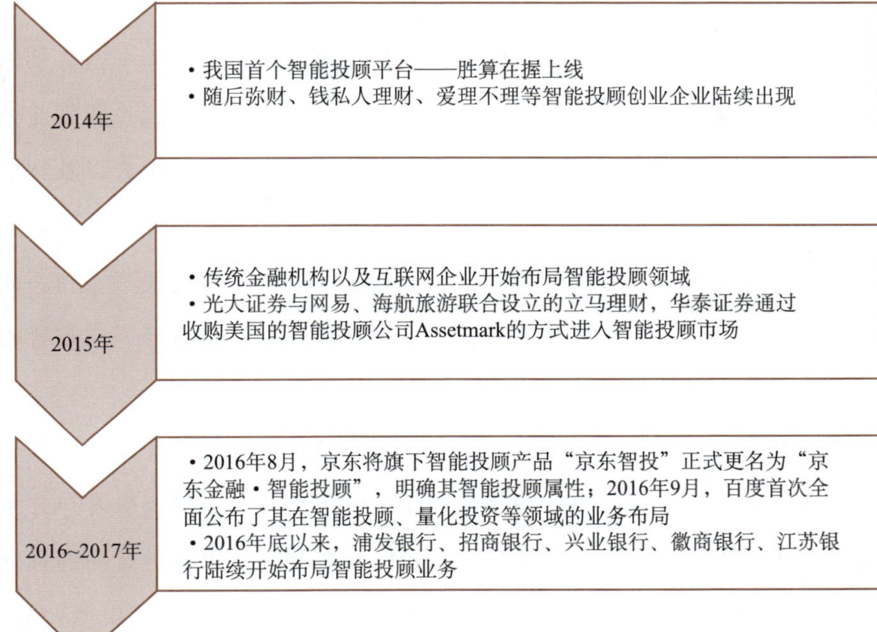

图 8－2　我国智能投顾发展历程

布在智能投顾、量化投资等领域的业务布局，除了百度股市通 APP 外，还与易方达基金进行合作开发出多因子选股策略，其基于百度大脑的机器学习功能，通过收集互联网中大量的新闻公告以及社交媒体中的多种数据，并且对其进行智能信息分析进行选股。百度在大数据的智能投顾应用方面经验丰富，曾联合中证指数和广发基金开发出国内首款大数据基金“百发100”，通过“用户行为大数据挖掘＋财务因子＋动量因子”模式来配置投资组合，取得了不俗的市场表现。同时，出于为智能投顾业务的合规发展考虑，百度正在向监管机构申请基金代销等金融牌照。

据统计，截至 2017 年 8 月，我国涉及智能投顾业务的互联网理财平台有 40 余家，按开发主体来区分可分为三大类：①以证券和银行为代表的传统金融机构推出的智能化投资服务平台，如招商银行（摩羯智投）、中国平安（平安一账通）、嘉实基金（金贝塔）、华泰证券（收购 AssetMark）等；②独立的第三方财富管理机构推出的智能投顾平台，此类平台也是国内智能投顾市场中的主流平台，包括以技术驱动为核心的智能投顾创业公司和转型中的互联网金融公司，例如蓝海智投、弥财、理财魔方以及宜信旗下的投米 RA、积木盒子转型后的“综合智能理财平台”等；③部分开展互联网金融业务的互联网公司基于业务创新所设立的智能投顾平台。此类平台凭借其流量和技术优势开展智能投顾业务，如雪球财经、京东智投以及同花顺的 iFinD 等。

我国目前市场上的智能投顾产品主要分为两种：①以黑盒策略为代表的智能投顾产品，如招商银行的摩羯智投，对于系统调仓的逻辑客户并不了解，而调仓逻辑的设计基于客户所填写的调查问卷。黑盒类产品的目标客群为没有投资经验的普通客户。②以白盒策略为代表的智能投顾产品，如凤凰金融的魔镜智投。白盒策略提供的是在专业投顾能力和大数据基础之上打造的战术型资产配置组合。顾名思义，白盒策略是公开、透明的。持仓基金、调仓规则公开，客户在购买组合产品之前，对其交易策略充分了解，并且客户可以根据自身需求来进行选择的同时实现一键买入策略产品。此类产品适合有一定投资经验的投资者。

黑盒类产品更容易吸引普通大众投资者，而白盒类产品则需要信息公开透明化，其解释成本较高，采取黑白盒互补的策略则可以充分覆盖到更多的客户群体。

8.2 我国智能投顾行业发展前景

相对于国外较为成熟发达的金融市场，中国的投资市场具有特殊性，智能投顾在我国还处于发展的初期阶段。结合我国投资市场的特点进行分析，未来我国的智能投顾将呈现以下四大特征：

①智能投顾的模型建立需要对于较长期间的序列数据进行不断学习，也需要较长的市场周期对模型进行检验，而国内的智能投顾市场还处于初期阶段，在短时间内并不具备这样的条件。随着国内投资者的海外资产配置需求逐渐增加，拥有丰富的海外资产管理经验的团队可能会在这一细分领域具有相对优势，从而取得市场发展机会。

②国内的用户教育还有很长的路要走。首先，中国的股票市场是以散户主导的市场。根据 Wind 资讯统计数据显示，截至 2017 年 9 月 1 日，我国股票市场中期末投资者数量为 12 954.73 万人，其中自然人投资者数量为 12 919.78 万人，占比为 99.73%。散户投资者一般根据市场风向及短期波动来进行操作，通常有显著的追涨杀跌行为，多为短期投机行为，且投资者多为个股的简单化的个股买卖操作，较少采用分散投资的组合策略进行投资。其次，投资者的关注要点为短期内可取得的收益率，在收益率方面与含有刚性兑付属性的 P2P 互联网理财产品相比，智能投顾产品的体现不出明显的优势。

③智能投顾在发展初期阶段更多的是起补充作用。智能投顾的高效和基于大数据算法的特点可以补充传统投顾的不足，同时对于享受不到投顾服务但又经过 P2P 市场的反复影响而对于互联网理财有一定的接受度的客群而言，智能投顾可以更好地满足这部分客户的投资需求。不过，从长远发展的角度来看，其市场规模不断增长，且蕴含着向普通投资者提供低费用的专业投资顾问服务的内在普惠属性，这正是金融科技的产生及发展的根本。

④我国未来的智能投顾发展格局将会越来越像美国靠近，市场上将以大型的智能投顾平台为主，大型的综合性平台由于占据获客资源优势，未来将占领市场上大部分份额。目前国内的互联网类智能投顾平台，如京

东、同花顺等，还有传统金融机构推出的智能投顾平台，都拥有各具特色的获客优势，具备较大的发展空间。

总体而言，我国智能投顾仍处于初步探索阶段，目前针对智能投顾，政府尚未出台明确的监管条例。不过根据《证券投资顾问业务暂行规定》等相关监管文件的要求，从事投资顾问业务的主体应当是证券公司、证券投资咨询机构。同时，《证券投资顾问业务暂行规定》第七条明确要求证券投资顾问业务实行资格准入制度，证券投资顾问服务从业人员需要获得执业资格并向中国证券业协会备案。此外，法律就投资顾问代理客户进行交易管理的相关操作也出台了意见，见表 8－1。

表 8－1　　我国投资顾问业务的相关政策

发布时间	主管部门/发布主体	法律法规/公约	主要内容	对智能投顾的影响
1999 年	中国证监会	《证券法》《证券投资顾问业务暂定规定》	投资顾问仅能提供投资建议，不得进行全权委托管理	智能投顾公司不能以机构为主体在二级市场上直接交易，因而只能将购买门槛低的公募基金作为资产配置的主要标的
2015 年	国家版权局与工信部	《账户管理业务规则（征求意见稿）》	取得证券投资咨询业务资格的证券投资咨询公司需取得账户管理资质，接受客户委托，才能就证券、基金、期货及相关金融产品的投资或交易做出价值分析或投资判断，代理客户的执行账户投资或交易管理	账户管理资质的取得条件要求公司注册资本不低于 5 000 万元人民币，这将成为智能投顾公司竞争的重要影响因素

8.3　我国智能投顾行业发展的制约性因素

美国智能投顾之所以能够快速崛起，原因在于三点：一是完备的监管政策。美国的智能投顾受美国证券交易委员会（SEC）的监管，与传统的投资顾问相同，智能投顾平台需获得注册投资顾问（RIA）牌照。二是强大的技术支撑。智能投顾的两大核心是大数据和模型的运用，其发展的基础是人工智能和云计算，而美国的技术水平远远领先于整个行业。三是丰富的金融产品。根据《2017 美国基金业年鉴》统计数据显示，美国 ETF 的资产规模占全球规模的 73%，截至 2016 年底，美国市场上的 ETF 产品已达 1 716 只，所管理的资产规模达 2 524 万亿美元。美国的金融市场发展非常成熟，可投资产品种类多样，为智能投顾组合配置标的产品提供了较大的选择空间。

对比美国发达成熟的智能投顾市场，目前的国内智能投顾市场有如下显著的特点，这些特点也制约了我国智能投顾的发展壮大。

（1）适合智能投顾资产组合的投资标的较少

我国现行金融市场上的金融产品成熟度低，尤其缺乏 ETF 等大类资产配置产品，而且我国 ETF 产品结构相对简单，以股票为主，无法很好地分散风险，这种现状客观上促成了国内智能投顾投资范围外延的被动扩大。除了投资 ETF 产品以外，投资范围还延伸至个股、信托、保险，甚至 P2P 理财产品等一些非标准化产品，部分智能投顾产品则主打海外资产配置，以海外市场的 ETF 产品为主要投资标的。统计数据显示，截至 2016 年末，我国 ETF 产品只有 150 只，管理资产规模只有 384 亿元人民币。相比之下，美国金融市场成熟度高，金融产品丰富，种类多样，有股票、国债、房产、新兴市场股票等，能满足投资者对大类资产配置的需求。

（2）监管政策偏严格

在美国，投资顾问业务和资产管理业务实行一体化监管，智能投顾公司可以混合经营。智能投顾公司从事投资顾问业务需要获得注册投资顾问（RIA）牌照。在国内，监管政策规定投资顾问业务和资产管理业务必须分离经营，《证券、期货投资咨询管理办法》中规定，“证券、期货投资咨询机构及其投资咨询人员不得代理投资人从事证券、期货买卖。”我国的证券投资咨询机构只能为客户提供咨询建议，但是不能代客户执行交易。国内的智能投顾受政策限制，主要为客户做投资产品推荐，因为不能以机构为主体或者受客户委托在二级市场上直接交易，所以智能投顾平台通常将购买门槛极低的公募基金作为资产配置的主要标的。

（3）税收制度对收益影响较大

我国监管政策规定投资者的投资损失无法抵税，因而美国智能投顾平台所提供的税收规划特色服务在我国并不适用，我国的智能投顾平台无法提供类似于美国的税收损失收割服务，而这一服务往往能贡献长期总收益的20%～40%，所以我国的投资者无法利用这种方式来提高投资收益。

（4）投资者教育滞后

目前，美国智能投顾的用户以中长期投资的机构为主，其习惯于借助专业投资者长期投资并通过投资组合分散风险，其投资策略是以极低的费率构建分散化的投资组合以赚取市场的长期收益。我国的投资者以散户为主，习惯于短线操作，投机性较强，往往对短期收益过于敏感，缺乏长期分散投资意识，重点更多在于精选个股追求阿尔法收益，投资者教育相对滞后。

（5）行业鱼龙混杂

我国市场上标榜智能投顾的各类创业公司众多，但是存在技术水平相差较大的情况，甚至有部分平台借着智能投顾的名义，实际上是向投资者推销自身的理财产品，目前尚无像美国 WealthFront、Betterment 等行业典范式的智能投顾公司或智能投顾产品出现，在市场上获得投资者的信任。

（6）技术基础薄弱

智能投顾的发展基石是算法模型的运用，且针对不同的投资理财的目的应设计不同的算法，若算法设计不够成熟，可能会造成较大的投资结果差别，给投资者造成损失。算法模型的设计需要高质量的开发团队，目前我国的智能投顾平台相对美国缺乏量化投资的经验，大部分平台仅在分析用户风险偏好的这一环节实现了算法的应用，但是在投资组合的重要环节是否实现了先进算法的应用还有待观察。

（7）投资理财市场对于量化模型的认可度不高，投资者的风险管理意识尚不成熟

智能投顾虽然投资风险较小，但是投资周期较长，被动投资能够获取的收益相对于主动投资来说较低。目前国内投资者的风险管理意识较薄弱，多为跟风的投机行为，在短期内追求获得高于长期市场表现的收益。随着投资者对于长期的投资理财规划意识的不断增强，智能投顾的市场发展会逐渐向好。

第9章 智能投顾的风险

9.1 技术风险

智能投顾依据计算机算法和量化模型为客户提供投资组合和资产配置建议，并基于各项数据，依靠计算机系统为客户提供账户管理服务。由于智能投顾与计算机网络关系密切，所以智能投顾也面临着与其他互联网理财平台同样的问题，即技术风险。这类风险主要体现在以下两个方面：一是网络内部风险，即自身固有的缺陷所带来的风险。比较典型的是算法缺陷带来的损失。算法缺陷是指因编程设计错误或因网络维护不周全等非客户原因，造成智能投顾不能按照原有的算法原理及程序为客户提供正常、持续服务的计算机漏洞。除了算法缺陷外，智能投顾还存在实际风险偏好与投资组合风险不一致、策略模型的有效性因市场因素而减弱等网络内部风险。二是网络外部风险。这也是金融科技所共同面临的风险，主要包括病毒侵入、黑客攻击、网络异常或瘫痪、交易迟延等风险。这类风险与算法缺陷的不同之处在于网络外部风险针对的是使用该系统的全部投资者，算法缺陷只针对使用该模型的个人或者较小部分的投资者。

9.2 市场风险

在国内现行金融市场法律法规、监管政策和投资者需求因素构成的环境下，智能投顾在我国可能面临着“水土不服”的尴尬境地。其一，智能投顾在美国的应用对象主要是交易型开放式指数基金（ETF），但是我国的ETF 基金产品远远不如美国发达，并且我国 ETF 基金产品的结构相对简单，以股票型 ETF 居多，因而智能投顾通过投资 ETF 以充分分散风险的功能无法得到很好的发挥。其二，从中美两国的税收法律来看，美国资本利得税相关政策使得人们对低成本的避税工具有较大需求，进而促进了智能投顾业的发展，因为智能投顾能够通过税收损失收割来规避投资者应缴纳的税收，从而降低纳税额。在国内税收政策环境下，投资损失并不能冲抵投资收益，从而无法实现避税，因而人们对于运用智能投顾这类工具避税的需求较小，对智能投顾的偏好也相对较低。其三，从投资理念来看，目前我国投资者散户居多，主要集中于短线操作，注重的是金融工具的短期投资收益，而不是长期持有的被动收益，因而大多散户等一般投资者对智能投顾持有怀疑的态度，其投资理念与智能投顾所倡导的背道而驰。

9.3　信用风险

金融市场中资金融通的核心是信任。这种信任既体现在金融服务者、投资者等主体之间，也体现为各主体对整个资本市场健康发展的信心上。随着金融业务逐渐转移到互联网上，人与人之间的交流逐步转变为人与机器之间的交流，机器的加入增加了沟通的虚拟性。智能投顾所涉及的传统业务均有适度性、透明度和信义义务的要求。智能投顾从本质上来说还是毫无感情色彩的机器，难以建立起人与人之间的信任。智能投顾依据投资者的投资风格和金融大数据来提供服务，由于算法、大数据等生成的投资组合难以实现生成过程的透明化，有关投资组合的信息披露能否真实地反映客户的真正需求仍然尚待考验。我国很多智能投顾运营平台将自身定位为信息中介平台，其背后却存在着多重角色。例如，一个智能投顾平台的运行可能涉及证券公司、证券咨询机构、基金销售机构、资产管理机构等，一旦智能投顾的算法和技术等缺陷给投资者造成损失，由于缺乏健全的纠纷解决机制（包括责任分配、举证责任等）和风险分担机制（包括风险准备金、强制性保险等），各责任主体将互相推诿责任，这些潜在的风险一旦爆发就很容易转嫁到客户身上。如果客户由于技术原因造成的损失难以得到有效赔偿，就会增加投资者对智能投顾以及相关中介机构的不信任，从而出现投资者群体性大额赎回的风险，进而可能造成证券价格非正常波动，引发金融市场动荡，影响投资者对整个证券市场的信心。

9.4 操作风险

智能投顾客户投资风格的确定、合同的成立与生效以及运营者运用智能投顾指令的执行、调仓、自动再平衡等功能，均可以通过互联网来实现。这些集合性功能在给投资者带来高效、便利、省时、省力服务的同时，也由于智能投顾运作的专业性和复杂性，使得投资组合的生成以及资金流向更加不透明，从而产生了操作风险，主要包括两类：第一类是运营者的操作风险，主要表现为程序缺陷造成的指令执行失误、违背信义义务提供不符合投资者风格的建议等操作风险。智能投顾运营者操作风险的特点是涉及风险资金金额巨大，很可能涉及民事赔偿诉讼。如果是内部人员故意为之，还涉及内幕交易、操纵市场等违规行为。第二类是一般投资者的操作风险。一般投资者面对智能投顾这类复杂的自动投资工具，无论是服务合同的成立与生效，还是交易合同甚至委托资产管理合同，经鼠标点击同意或者触摸手机屏幕即可完成。一旦投资者权利义务的意识较弱，就有可能在运营者软件流程的引导下签署不符合自己意图表达的格式合同，这将会增加投资者的违约风险。例如，粗暴的免责条款、将“全权委托业务”的授权条款掺入一般服务协议条款中等。一般投资者由于缺乏专业知识，意识不到电子合同的契约性。签订这类电子合同使得原本在金融市场中就处于弱势地位的一般投资者承担了过多的义务，进一步加剧了双方的信息不对称，不利于对其合法权益进行保护。

9.5 信息风险

智能投顾通过事前的个人信息调查问卷获得了投资者的大量身份信息、个人财务状况信息、社交购物信息等个人信息，并且在使用过程中又获取了投资者的交易信息、账户信息、风险偏好信息等理财信息。虽然智能投顾运营者可以运用技术手段对这些信息加密，但是如果内部管理不善或者遭受外部网络攻击，投资者的个人信息很容易被泄露。运营者除了需要承担违约风险外，可能还涉及行政处罚、刑事责任等风险。

9.6 法律风险

智能投顾虽然在业务模式和名称上区别于传统投资咨询服务，但就其业务实质而言，仍旧是为客户提供个人理财管理与咨询服务。目前从事智能投顾服务的主要是互联网平台，而互联网平台并不具备相关的金融牌照，不具有从事智能投顾业务的资质，并非法规中所要求的证券公司或证券投资咨询机构。同时，智能投顾服务因依靠计算机完成相关操作，但是平台中从事此类操作的人员主要为计算机程序员，相关的操作人员并不具备相应的证券投资顾问从业资格。除此之外，中国证监会出台的《关于加强对利用“荐股软件”从事证券投资咨询业务监管的暂行规定》要求即使是利用或者销售“荐股软件”获取经济利益，亦属于从事证券投资咨询业务，需要获得相关机构的许可。综上所述，如果参照现行法律，智能投顾业务属于违规操作，面临着巨大的法律合规风险。智能投顾业务未来的发展迫切需要解决相关法规滞后于金融发展的现实，解决智能投顾业务面临的法律风险。

第 10 章　智能投顾的应用

10.1　国内智能投顾在银行领域的应用

2016 年底以来，浦发银行、招商银行、兴业银行、徽商银行、江苏银行陆续开始布局智能投顾业务。与创业型的金融科技公司或者传统金融机构相比，传统银行在智能投顾领域的优势主要体现在三个方面：①传统银行拥有庞大的客户群体和多年的金融数据积累，在识别用户的风险偏好特征及风险承受能力方面具有很大优势，能够更加精准地刻画出用户画像，从而做到为不同的客户制定个性化的资产配置理财方案，并实时跟踪，动态调整。②传统银行拥有数量众多的线下网点和广泛的销售渠道，具有智能投顾产品的宣传和推广优势，且普通投资者对银行有着深厚的信任基础，客户对银行的智能投顾产品更易接受。③从监管政策层面上来看，目前我国暂时没有针对智能投顾业务出台相关的法律政策，也没有对智能投顾的牌照申请条件与持牌主体资质提出要求。不过，随着国家监管的不断完善，未来很有可能会对智能投顾平台的牌照和产品推荐的资质进行监管要求。传统银行实力雄厚，而且本身也具有开展投资咨询业务的资质，可以更好地应对未来可能出现的监管，面临的政策法规风险较小。银行以其既有的优势在国内智能投顾市场占据了较大的市场份额。

10.1.1　浦发银行“财智机器人”

2016 年 11 月 16 日，浦发银行基于其手机银行上线“财智机器人”平台。“财智机器人”依托人工智能大数据和云计算等技术，结合投资者的理财目标、财务状况、风险偏好，为投资者提供组合资产配置建议。“财智机器人”的客群定位主要面向优质客户，与浦发银行的线下配置平台——“财智速配”进行互通，可将线下理财经理的配置方案在线上向客户推送。

目前，“财智机器人”服务免费向客群提供，且没有投资门槛，客户在购买基金或其他产品时会涉及申购费用。其主要特色在于两个方面：①“财智机器人”致力于在客户自主投资之后，为客户提供资产打分诊断服务，主要基于收益性、安全性、流动性三个维度对资产进行打分评价，然后为客户推荐投资配置优化建议。②投资者可以通过线上预约客户经理进行线下服务，理财经理可在线下客户进行投资规划并且将此规划通过线上平台推送给客户进行查看和交易，从而实现线上与线下双向的人机互动。

10.1.2 招商银行“摩羯智投”

2016 年 12 月 6 日，招商银行推出“摩羯智投”智能投顾服务，该功能嵌套于招行 APP 中。招商银行有着多年的财富管理及基金研究经验的积累，同时利用机器算法构建以公募基金为基础、涉及全球资产范围进行配置的基金组合销售服务。“人机结合”是“摩羯智投”的主要特点之一，不仅利用机器学习算法对用户的产品及风险偏好、交易行为及个人信息进行分析，还会有传统银行业富有经验的投资顾问为客户提供人工服务，以制定更人性化的投资服务。

招行的智能投顾产品首次购买门槛为 2 万元，首先会根据客户的资金账户情况、日常流动性安排和风险偏好，形成初步的基金组合方案。客户需要在线回答包括个人可投资资产总额、投资期限、风险收益偏好、收入水平等问题从而完成风险测评，最后“摩羯智投”生成针对该客户所设计的基金组合产品。

招商银行的“摩羯智投”主要有两大特征：①“摩羯智投”不仅为客

户提供产品建议，还提供一套完整的资产配置流程服务，包括投资标的的风险确定、资产组合配置、一键购买、风险预警、调仓提示、一键优化组合配置以及售后服务报告等，涉及基金投资的售前、售中、售后全流程服务环节，从而形成了一个完整的闭环。比如，在投资者设定一个收益目标和最大风险容忍度后，“摩羯智投”会实时进行全球市场扫描，根据最新市场状况，去计算最优组合比例，为投资者构建一个基金组合，后续如果市场发生变化，使得客户所持有的资产组合偏离了最优状态，“摩羯智投”将为客户提供调整建议，客户可自主进行一键优化配置。②“摩羯智投”不会给客户保证预期投资收益，而是根据不同客户的风险承受能力以及组合的历史收益数据构建基金组合。对于历史数据较短的资产组合，选取各类具有代表性的指数进行股票、固定收益类产品、现金与货币，及其他四大类资产配置，依据现代投资组合理论对其收益进行模拟测算。

目前，“摩羯智投”不收取服务费和账户管理费，在购买基金时会收取基金购买手续费。

就基金组合而言，目前招行只有 30 种投资组合，面对规模较大的潜在客户人群，很难实现真正的个性化资产配置，会出现产品组合同质化较高的情况。就基金池的产品特征来说，“摩羯智投”选取的基金多为进取型，被动型的公募基金很少，根据被动型 ETF 的优势，这样的选择会增加投资者的费用成本，是否能够为投资者带来更好的收益还有待观察。

10. 1. 3　兴业银行智能投顾

2017 年 5 月 3 日，兴业银行的智能投顾平台正式上线，为投资者提供投资目标风险的确定、投资组合配置、下单购买、资产组合实时跟踪、调仓建议，以及历史收益情况和业绩对比等完整的流程服务。

和招商银行的智能投顾相同的是，兴业银行同样利用机器学习算法，结合最新的市场状况，选择对应的最优基金，智能配置资产组合比率，同时根据投资期限及客户的风险偏好等提供资产配置方案。两者在投资门槛和产品种类方面略有差异：①兴业银行的投资门槛为5 000元，招行的“摩羯智投”投资门槛为20 000元，相比招行来说兴业银行的智能投顾产品投资门槛较低；②兴业银行的智能投顾将客户根据风险等级共划分为6级，产品的投资期限从1年到6年不等，共计有36种投资组合产品，而招行的“摩羯智投”共计有30种投资组合产品，两者的投资组合数量略有差异。

10.1.4 徽常有财“天机智投”

2017年7月27日，盈米财富与徽商银行的直销银行“徽常有财”联合推出“天机智投”智能投顾平台，为国内首个推出的智能投顾平台的直销银行。天机智投基于大数据和机器智能算法，利用客户画像、市场交易数据、产品业绩回溯等功能为客户提供资产配置服务。为客户提供一键跟投、调仓提示、一键调仓、一键撤单和收益分析等涉及投资各个流程的服务。盈米财富主要为其提供包括产品、账户、交易、组合、支付、运营、资讯等在内的一系列服务。

天机智投所提供的基金组合产品以指数基金为主，且为白盒策略，投资即策略公开，投资人可以清楚地了解跟投的投资策略和调仓理由，也可以选择随时退出。当资产组合偏离最优状态时，天机智投会根据市场最新情况，计算出最优组合比例，客户可以根据系统的调仓提示进行一键跟投。

10.1.5 江苏银行智能投顾

2017年8月7日，江苏银行在其手机银行中上线具有投融资一体化的智能投顾模块，涉及基金、理财、贷款、保险等多种类产品，成为国内首个具有“投资+融资”功能的智能投顾平台。

用户可通过手机银行中的智能投顾模块了解自身资产状况，主要包括流动性、信用度、增值力、安全性和稳健性五个维度，平台会为客户自动匹配包括基金、理财、保险在内的投资产品以及各类贷款产品。客户可以通过平台中的“智慧贷款”功能，测算出可获得的贷款额度，并且可以进行线上贷款申请。

江苏银行还上线了“阿尔法智投”功能，该功能基于江苏银行多年来的财富管理及基金投资研究经验，结合大数据和云计算等技术，主要面对没有投资经验的互联网理财客户群体。“阿尔法智投”根据投资人的预期收益目标及相关风险承受能力来建立用户画像，依托大数据对客户信息进行收集分析，运用投资模型与专家策略分析，智能计算出风险和收益的平衡点，对止盈止损点实时提醒，并可根据市场反馈进行平衡调仓。

10.2　国外智能投顾典型案例——Wealthfront

Wealthfront 成立于 2011 年 12 月，位于美国，前身为一家名叫 Kaching 的投资咨询顾问公司，于 2011 年 12 月转型成为在线财富管理公司，是美国非常具有代表性的智能投顾平台之一。Weathfront 借助于计算机模型和技术，为客户提供个性化的资产投资组合建议，资产配置范围包括股票、股票期权、债权、房地产等。美国证券交易委员会的数据显示，截至 2016 年 6 月，Wealthfront 的资产管理规模为 35 亿美元，投资者数量为 8 万多名，平均账户资产约为 4.2 万美元。目前，Wealthfront 仅在美国开展业务。

10.2.1　业务特色

Wealthfront 公司的智能投顾业务流程也是智能投顾行业普遍所使用的流程，投资过程主要分为四步，具体流程见图 10 - 1。

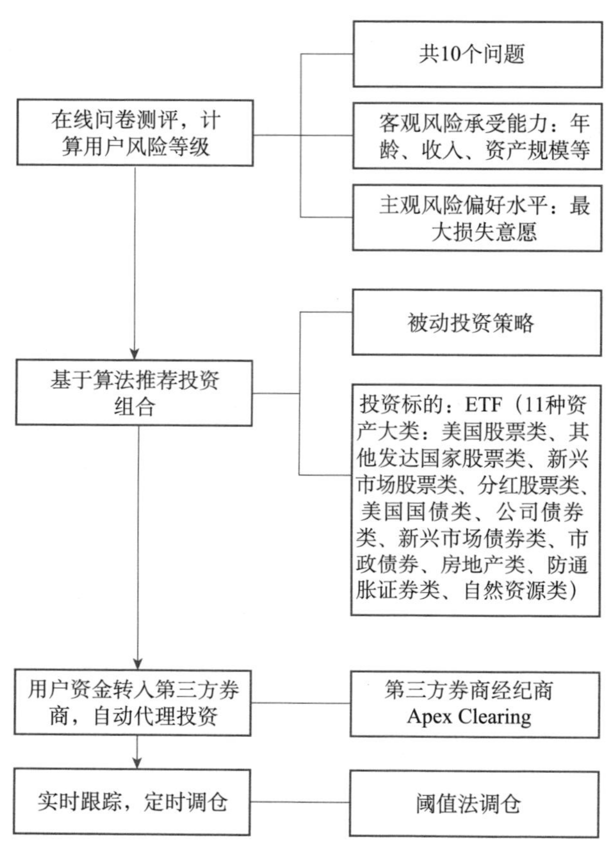

图 10－1　Wealthfront 投资过程示意图

10.2.2　特色产品与服务

Wealthfront 为客户提供的服务主要包括风险评估、资产组合配置、投资交易的实现、账户再平衡和税收损失收割等。比较特色的服务是 Wealthfront 的税收优化直接指数化和单只股票分散化，以达到为客户分散投资风险，帮助客户获取最大化投资回报的目的。

税收优化直接指数化是指在客户的投资组合中用个股代替 ETF，对于不同规模的指数 ETF 进行模拟，从而可以在个股上实现税收损失收割。此项服务仅仅对账户规模超过 10 万美元的客户开放。具体操作方法是用 100 ~

1 000 只大盘股来模拟美股的大、中盘指数 ETF，同时在资产中再组合 1 只小盘股指数 ETF，以替代不同规模的指数 ETF。此项服务不收取额外费用，旨在通过个股的税收损失收割为客户实现收益最大化。

单只股票分散化服务针对持有重仓单只股票的投资者，Wealthfront 为其提供有序卖出、分散再投资组合以及税收筹划等服务。当投资者手中持有大量单只股票时，投资风险较为集中，大量卖出股票时会因为一定的市场冲击而出现卖出价被压低的情况。通过结合客户资金理财计划，为客户有计划地卖出一定数量的股票，并将卖出所产生的资金用于再次投资，构建风险分散的投资组合，同时对于新组建的投资组合进行税收筹划，且该服务免收费用及佣金。

10.2.3　Wealthfront 智能投顾的优势

（1）全天候自动化交易

Wealthfront 的智能投顾系统对于客户的账户实行连续不断的实时监测，这样可以及时根据市场所出现的交易机会为客户实施交易决策，实现收益。与传统的投资理财相比，智能投顾的监测及服务频率更高，可以实现投资组合再平衡、税收损失收割自动化，同时其投资决策不受全球投资市场各地的时差影响。

智能投顾的交易决策基于模型的理性分析结果，避免了因投资者个人情绪的影响而造成的决策失误。Wealthfront 通过证券基金的现金流变化情以及标普 500 的收益率来监测分析个人投资者的行为特点，通过分析发现市场呈现下行趋势时，投资者的资金流入较多，市场趋稳时资金反而开始流出，证明投资者的行为具有高买低卖的特点，这说明在投资市场中个人的投资行为难以实现理性判断。

（2）低费率

Wealthfront 的年管理费为 0.25%，首笔投资 1 万美元免除费用，同时邀请其他投资者也可以有费用减免的优惠。尤其是在长期投资中，智能投顾所收取的较低的费用可以为客户创造更多的收益，明显优于传统投资顾问。根据 Wealthfront 的数据测算结果，假设在收益率相同的情况下，将智能投顾和传统投顾相比较，Wealthfront 如果将节约下来的管理费用于再投资，最终在 30 年的复合投资期限中，可实现高于传统投顾 23.8% 的收益。

（3）智能化工具的使用——税收损失收割（Tax-Loss Harvesting）

税收损失收割是指通过卖出已经出现损失的投资标的，获得减少资本利得要缴纳的税收的权利。Wealthfront 能够迅速找到与售出标的高度相关的投资，从而不影响客户风险组合内的收益及风险水平，并且在一定程度上达到了节税的目的，由于节省的税收会高于卖出标的资产的损失额，从而为客户实现增加收益的目的。在传统的私人投顾中，由于手续上较为麻烦，没有软件辅助的私人理财顾问只能一年进行一次税收损失收割，使客户的资产组合错失很多收割税收损失的机会，而在依靠系统强大的计算及机会识别能力的帮助下，Wealthfront 已经能够做到每日税收损失收割（Daily Tax-Loss Harvesting）。Wealthfront 的研究显示，2000 ~ 2011 年，税收损失收割每年为投资者增加了超过 1.55% 的税后收入。2015 年，Wealthfront 为客户进行税收损失收割的总额达 5 400 万美元。

（4）智能化工具的使用——税收优化直接指数化（DirectIndexing）

Wealthfront 推出税收损失收割后，其余几家大型智能投顾平台如 Betterment、Future Advisor 均推出了类似的税收损失收割服务。为了避免同质化的竞争，以及美国《1940 投资公司法案》禁止交易所交易基金或者指数基金将已经发生的税收损失传递给客户，使得税收损失将与客户的未分配收益进行抵免，从而导致用于税收收割的损失减少，客户通过 TLH 获得的额外收益将减少。Wealthfront 设计的直接指数化工具（Direct Indexing）将标的的 ETF（如追踪美股的交易所交易基金 VTI）替换为追踪大中盘股票的多只成分股（标准普尔）的集合 WF100、WF500、WF1000 以及追踪小盘股表现的其他 ETF 的组合，以达到从个股中挖掘额外的税收收益并达到规避法律限制的目的。这其中平台开发的 WF 系列产品不需要管理费，而仅对追踪小盘股的 ETF 收取其所占投资组合比例相关的管理费，而 WF 产品的使用权限则跟客户的投资额有关，参投的投资额越高，则可以使用涵盖更广的追踪组合。表 10 - 1 为 Wealthfront 追踪大（中）盘股票的产品。

表 10 - 1　　Wealthfront 追踪大（中）盘股票的产品

产品	账户要求（美金）	追踪的成分股
WF100	10 万 ~ 50 万美金	标准普尔 S&P 中的 100 只成分股
WF500	50 万 ~ 100 万美金	标准普尔 S&P 中的 500 只成分股
WF1000	100 万美金以上	标准普尔 S&P 中的 1 000 只成分股

第3部分

区块链

第11章　区块链概况

11.1　认识区块链

11.1.1　去中心化的网络

与中心化的集中式架构不同的是，区块链将“中央服务器”的概念进行了弱化，各个节点不再区分服务器和客户端的关系。各个节点既可请求服务也可提供服务，每个节点都是平权的。

如图11－1所示，在中心化的系统中，有一个绝对的系统中心，如信贷体系中的银行和互联网中的中心服务器。这些中心承担着整个系统运行的主要功能，而区块链打破了这种绝对中心的情况，将各个节点之间直接互联互通，使各个节点可以直接交换资源而不用通过中心服务器来连接，即区块链的各个节点构成了去中心化的网络。

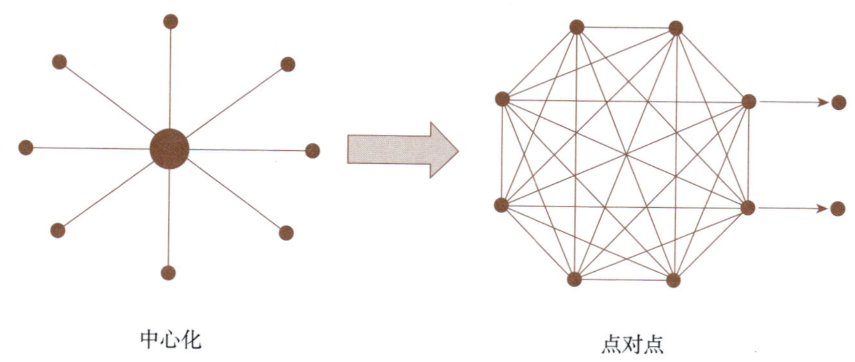

图11－1　中心化与去中心化结构图

这个网络类似一个没有任何结构且松散连接着的“蜘蛛网”，每个节点都会有三至四个节点与之相邻，相关交易信息被传播到其所连接到的其他节点上。各个节点有着相等的权限，根据协议规定，各个节点之间相互交换数据，并且确保环境的安全性。区块链的核心具体表现在以下三点：

①区块链实现了会计责任的分散化并建立了分布式数据记录体系，在这个体系中所有节点都可以参与。

②区块链的原理为分布式传播。根据网络 P2P 协议规定：新的数据通过一个节点传播到另一个节点的方式扩散到整个网络汇总，即分布式传播。

③通过及时更新储存在各个参与节点中的数据，区块链使数据的安全性得到了极大的提高，同时数据的可容错性也极高。因此，数据的安全性与极高的容错性最终形成了具有极高的安全性数据库记账系统。

11.1.2　分布式账本

区块链是一种分布式账本和数字化的记账方式。分布式账本可以在不同的地点或站点的网络里实时更新信息并进行共享，但是每个参与在一个网络中的节点或者是参与者获得的信息（账本的副本）都是独一无二的。只要账本的信息出现变动，相对应的副本中都会显示出来。此外，分布式账本通过使用公私钥及签名来控制账本的访问权，保证了账本中包含信息的安全性与准确性，以及密码学基础上的维护。任何一个参与者都可以通过自己或者共同更新账本中的记录来在网络中达成共识。

区块链网络的每一个节点都是整个区块链数据的全量拷贝，因此对参与区块链网络的所有上层应用而言，这些节点如同在读写同一个本地数据库。任何一笔在区块链网络上被承认的交易，都会被所有节点确认和同步，这使得区块链技术极大地降低了传统金融系统之间对账和清算的难度。当区块链网络作为金融交换网络的主数据库之后，多个金融系统之间将不再需要进行对账和清算。各个系统之间只要简单核对当前在区块链网络上被承认的交易，就可以直接进行资金结算和划转。这种资金结算行为甚至可以在整个交易网络中实时进行，即任何一笔交易被区块链网络承认以后，就可以即时结算资金。

如图 11－2 所示是区块链最基本的结构。区块链之所以是去中心化的分布式账本是因为这样的数据链条存储在每一个节点上，实现无中心的平权，而数据链条是由一个一个的区块构成的，区块又是由哈希树构成的，因此区块链存储了每一笔交易的记录，即充当了账本的功能。

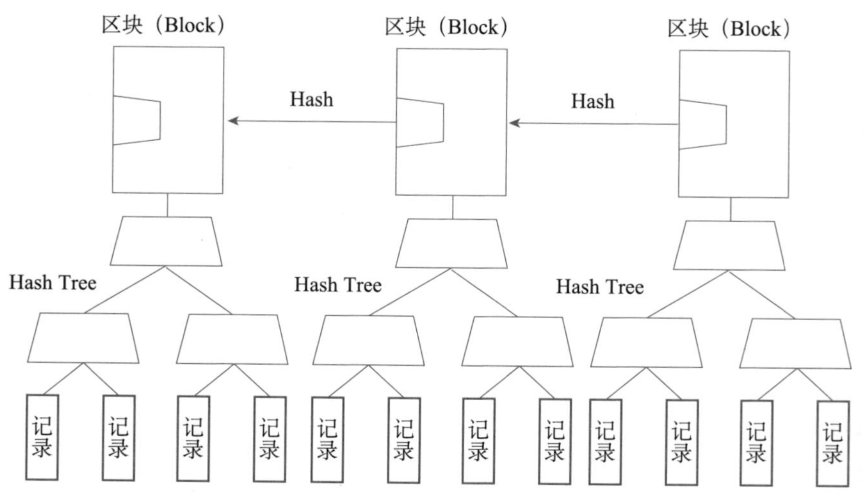

图 11－2　区块链是怎么用作账本的

11.1.3　加密的数字链条

区块链本质上是加密的数字链条，通过一种算法对账本信息进行加密，给区块链的第一个区块打上一个唯一的标签，之后的每一个区块也在加密后打上一个唯一的标签，同时又能够包含前一个区块的标签。

通过哈希算法可以对一个交易区块的所有交易信息进行加密，即交易区块被哈希值唯一并且准确地标记，同时把记账内容压缩成一串数字和字母组成的字符串，这个字符串无法反推出原来的内容。

如果采用一种方法保证这个标签无法被轻易替换更改，就可以保证这个区块记录的信息没有被篡改，而哈希算法就是保证区块链信息不被篡改的一种单向的密码体制。哈希算法原理是接收一段明文（信息）之后以一种不可逆的方式将这段明文转化成一段长度较短、位数固定的输出散列。这个加密的过程是不可逆的，这就意味着无法通过输出散列的内容推断出任何与原文有关的信息。任何输出内容的变化，即使仅仅是一位数字的更改，都将导致散列结果的明显变化。基于输出散列与输入原文一一对应的特性，哈希算法可以验证消息是否被修改。

11.1.4 每笔交易盖上时间戳

一个特定时间点上，时间戳能够验证一份数据的存在性。时间戳证明了用户的一些数据的产生时间，为用户提供一份电子证据。在区块链中，时间戳的应用是对每一次交易记录的认证，类似于交易合同公证，能够显示交易记录的真实性。时间戳作为区块元的组成部分，具有天然的时间特性。通过给每笔交易加上时间戳，区块链完美地实现了不可篡改的特性，因为一旦区块被修改，生成的哈希值就无法匹配，因此时间戳与哈希算法共同作用，增强了区块链的安全性能。

11.2 区块链的现状

我国的区块链行业发展始于 2012 年，区块链行业主要是从算力基础设施、数字货币发展衍生到区块链的一些具体应用，如智能合约、票据方面的应用等。从 2012 年开始，我国与区块链技术相关的发明专利数量激增。2016 年，该领域专利数量达到 205 个，区块链企业融资总额接近 6.4 亿元人民币，与区块链相关的企业共有 105 家。2017 年全球区块链企业专利排行榜中前 100 名中，中国入榜的企业数占比 49%，其次为美国占比 33%。

中国企业阿里巴巴排名第一（实际上是中国人民银行数字货币研究所排名第一。由于研究所初期以印制科学研究所名义申报专利，两者之和为55项，远高于阿里巴巴的43项和美国银行的33项）。截至2017年7月，中国公开专利数量达到428项，超过同期美国的390项。中国在区块链专利、区块链融资的增速远超过美国，领先全球。

2016年底，截至2017年年末中国成立区块链相关的行业协会/联盟超过20个。中国各区域区块链相关企业总数超过200多家，涉及挖矿、钱包、虚拟货币、基础设施、底层技术、交易所、相关服务、区块链应用8个领域，中国区块链产业链可谓基本成型。中国区块链企业还在不断增长，其中2014年新增区块链企业最多，现阶段区块链行业区域集中度较高。与国际市场相比，我国区块链行业虽然起步较晚，但是市场热度较高。

2016年，区块链在中国迎来了前所未有的推崇，甚至被认为是第四次工业革命的核心技术。2016年10月，工信部发布了官方指导性文件——《中国区块链技术和应用发展白皮书》，杭州、苏州、深圳、贵阳等相继成立区块链实验基地、研究院。区块链与人工智能、大数据、虚拟现实一道成为国家重点布局的项目。国内巨头也纷纷宣布进入区块链领域，中国平安已经宣布加入R3区块链联盟，成为我国首家加入R3区块链联盟的机构，并已经在征信和资产交易两个场景中上线了区块链技术。2017年，中国境内参与比特币交易及挖矿行为空前高涨，各种代币违规交易、发行及融资行为巨幅上升，直接导致了金融主管部门的重视，为防范比特币投机交易引发金融系统性风险，中国人民银行联合多部委先后做出了“关闭交易所法币交易业务、交易所交易业务、场外交易限制”等决定，有效控制了非法数字货币滥发以及投机交易所引来的不良影响，为区块链技术的发展创造了良好的外部环境。同时，中国人民银行成立央行数字货币研究所，百度、阿里、腾讯、网易、360、美图、迅雷、2345等互联网巨头纷纷进入区块链领域。

公有链、联盟链、私有链的特征见图 11－3。

公有链	联盟链	私有链
任何人都可加入网络及写入和访问数据 任何人在任何地方都能参与共识 每秒3~20次数据写入	授权公司和组织才能加入网络 通过授权控制参与共识， 可实名参与过程，可满足监管AML/KYC 每秒1 000次以上数据写入	适用一个独立的公司内部 改善可审计性，不完全解决信任问题 每秒1 000次以上数据写入

图 11－3　公有链、联盟链、私有链的特征

11.3　区块链的起源——从拜占庭将军问题谈起

11.3.1　拜占庭将军问题

拜占庭是东罗马帝国的首都，即如今的土耳其首都伊斯坦布尔。为了全面防御敌军的侵犯，每个军队都要驻守在不同的区域并且相距较远，将军与将军之间信息的传递只能依靠信差来完成。一旦爆发战争，拜占庭军队内所有将军必须达成共识，即决定是否去攻打敌军的阵营以及是否有赢的机会。不可避免的是，在传递信息的过程中，叛徒或者敌军间谍的存在会扰乱将军们的决定以及整个军队的秩序，使得最终的“共识”并不能真实地反映大多数人的意见从而造成严重的后果。在这种情况下，将军如何能够不受叛徒的误导，达成正确并且一致的共识，便形成了拜占庭问题。

把拜占庭问题进行简化，假设每一次都是由一个将军发令，而其他将军接收命令（每一次进攻总是有一个将军最先领导）。发出命令的将军称为发令者，接收命令的将军称为副官，拜占庭将军问题可以表述为满足两个条件：一致性（所有忠诚的副官要遵循相同的命令）；正确性（如果发令者是忠诚的，那么所有忠诚的副官遵循发令者的命令）。分析一个简单的情况，即如果三个将军（其中 A 为发令者，B、C 为副官），其中有一个

叛徒，那么无论是什么情况，都不能满足所有忠诚的副官遵循同样的命令的条件，因此也不能解决拜占庭将军问题。然而，如果增加一个将军，就可以很好地解决这个问题。由此可以拓展到 m 个叛徒的情况，至少需要 3m + 1 个将军才能实现拜占庭将军问题的解决。

拜占庭将军问题并不是源于古老的拜占庭，而是源于 1982 年一个科学家的论文，研究的目的也不是实现战争的胜利，而是应用于现代计算机系统中。在现代计算机系统中，出现故障或者干扰的组件如何才能不使整体受到影响，拜占庭问题的算法就可以提供一个启发。

11.3.2 中本聪神秘的论文

区块链的概念来自 2008 年的一篇论文，这篇论文的作者署名是中本聪，虽然至今仍不知中本聪的真实姓名，但是这篇论文对世界的影响却是巨大的，这篇论文的主要内容如下：

作为有支付功能的第三方支付金融机构，其为互联网上的交易提供不可缺少的电子支付信息处理系统。在绝大多数情况下，这种支付信息处理系统都保持着良好的运转，但是这类系统存在着一个不可避免的弱点，即基于信用模式，不能完全实现不可逆的交易。由于潜在的可逆交易的存在（退款），卖方会对客户有着高信用标准的要求并索要许多个人信息，但便如此，卖方还是有着被客户欺诈的风险，这就在无形中增加了损失即销售费用。

因此，互联网交易需要的不是基于信用以及第三方支付金融机构参与的支付系统，而是一种基于密码学原理的电子支付系统，即只要交易双方达成一致的意见，便可进行支付。这种系统可防止存在可逆的交易风险，在这种交易模式下卖家被欺诈的风险被有效地消除。除了能够有效地保护卖家外，基于密码学原理的电子支付系统对于买家的保护也变得简单，即在这种交易环境下添加第三方担保机制即可。在中本聪的论文中提出了一种电子交易证明，这种电子交易证明通过点对点分布式的时间戳来生成，然后根据时间前后来排列并记录，这样就解决了双重支付的问题。当诚实的节点可以主导控制 CPU 的计算能力，即大于有合作关系的攻击者的计算能力的总和，攻击者就难以改变交易记录，这个系统就可以保证安全。

中本聪提出了一种不需要第三方信用中介的电子支付系统。他发现依据电子签名原理的电子货币虽然可以控制系统的所有权，但是无法避免双重支付的问题。因此，中本聪提出了上文中通过点对点的时间戳来记录的电子交易证明，有效解决了电子货币的双重支付问题。这种使用工作量证明机制的点对点网络的强健之处在于它结构上的简洁性。节点之间的工作很少需要协同，因为他们大部分是彼此独立的。每个节点只需传播，节点也可以在任何时间离开网络或者重新加入，当重新加入时只用补充接受离开后的工作量证明链条即可。

11.3.3　记账难题

拜占庭将军问题中的分布式场景同样可以应用到很多其他场景中，如记账问题。假设一个封闭的小岛，这个岛上过着以物易物、自给自足的原始生活，互相之间的贸易也只是简单的物物交换，比如甲用一袋面粉换乙的三条黄瓜，乙又拿这一袋面粉去换丙一筐苹果等。但是久而久之，岛民们发现，这种交换方式出现了很大的问题，因为交换双方不可能同时需要对方的东西，于是岛民商议需要确定一个大家都需要的“中间物品”当作“一般等价物”，这个“中间物品”可以表现任何物品的价值，用这个“中间物品”可以换任何其他物品。岛民们一致决定将黄金作为一般等价物。但是岛民们利用黄金作为中介进行交换久了又出现了一些问题，因为岛上的金矿并不多，所以金子的流通量一直没有增加，开采和冶炼金子也费时费力。相反，金子总会因为磨损、丢失或者有人故意囤积而损耗，过了一段时间金子越来越少，所以岛民们再次开会商议解决方案，这时有人就说其实大家没必要用真正的黄金，可以随便找张纸，在纸上写上一克黄金，只要全村人都认同这张纸就等于一克黄金，问题就解决了，这样再也不用担心“中介物”变少了。但有人又站出来说，金矿有限而真实的黄金是需要开采和冶炼的，同时开采和冶炼也需要成本，所以如果想快速制造大量的黄金是不可能的，但是如果随便在纸上写字的话，想写多少写多少，那谁家的纸笔多谁家就可以买到更多的东西，很快可能几万张纸才能换几斤肉。于是出现了新的解决方案：只有老酋长写的字才视为有效的中介物。老酋长让大家把黄金收上交到自己家里，然后按照各家的黄金持有比例在纸上对应地写上黄金的量，这样一来村民就可以拿着这些有公信力的纸代替黄金进行商品买卖了。当有人想拿回自己的黄金时，拿着老酋长写过字的纸去老酋长家兑换即可。此外，如果纸张有所破损，只要销毁后写新的即可。这种有老酋长签名的纸实际上就充当了现代货币体系中纸币的功能，老酋长实际上就变成了现代的“银行”。但是时间久了，为了使老酋长的工作变得简单，大家认为完全可以不用写这么多纸，只需要将大家的交易信息都记录在一个账本上。这样一来，在岛上实现了“无纸化”交易，不用使用真正的“金子”与纸币，只要用虚拟中的钱就可以来完成交易，因此岛上实际上进入了一种中心化的虚拟货币系统社会，而老酋长成为提供虚拟货币支付的第三方系统。不幸的是，有一天老酋长家发生了火灾，账本化为了灰烬，大家再次聚集在一起商议，这时老酋长提出了一套分布式的账本方案。这套分布式的账本系统就是比特币。

11.4 区块链的发展历程

11.4.1 区块链 1.0 时代：数字货币

比特币网络是一种虚拟货币系统，于 2009 年初正式上线并运行。比特币作为一种货币，具备货币的本质属性，即其总量不能被变更，这个量由网络共识协议限定。金融机构对比特币刚开始的发行并不是很热衷，直至成功运行很多年以后才开始认识到，区块链作为支撑比特币运行的底层技术的重要性。区块链不仅是分布式共享账本，还是点对点的价值传输技术，对金融行业的影响十分深远，已经相当于复式记账给金融行业带来的影响。

区块链在本质上是一种不可被改变的记账技术，不管参与双方的信任度如何，都可以保持记录不被改变，并且不需要中介的参与。区块链 1.0 的典型特征见图 11 – 4。

以区块为单位的链状数据快结构：每一个区块都是与前一个区块通过密码学证明的方式连在一起，如若修改历史区块的交易内容就须将之前的交易记录及密码学证明进行重构防止篡改

+

全网共享账本：每一个节点储存全网发生的历史交易记录，对个别节点的篡改不影响全网的安全，节点通过点对点的方式连接起来，没有中心服务器，不存在单一的攻击入口，防止双重支付

+

非对称加密：典型的区块链网络中，账户体系由非对称加密算法下的公钥和私钥组成，若没有私钥则无法使用对应公钥中的资产

+

源代码开源：区块链网络中设定共识机制、规则等可以通过一致的、开源的源代码进行验证

图 11 – 4　区块链 1.0 的典型特征

11.4.2　区块链 2.0 时代：合约，区块链在经济、市场、金融全方面的应用

区块链的重要价值在 2014 年前后才被相关行业发现，将区块链应用到更广阔的领域，如分布式身份认证、分布式域名系统、分布式自治组织等。这些应用称为分布式应用（DAPP）。虽然构建 DAPP 十分困难，但是区块链 2.0 不断尝试建立能够共同使用的技术平台，为开发者提供 Bass 服

务，从而可以克服构建 DAPP 的困难，提高交易速度。

区块链 2.0 的典型特征见图 11 –5。

智能合约：区块链系统中的应用，是已编码的、可自动运行的业务逻辑，通常有自己的代币和专用开发语言

+

DAPP：包含用户界面的应用，包括但不限于各种加密货币，如以太坊钱包

+

虚拟机：用于执行智能合约编译后的代码。虚拟机是图灵完备的

图 11 –5　区块链 2.0 的典型特征

11.4.3　区块链 3.0 时代：超越货币、金融、市场之外的区块链应用

自从 2014 年区块链被应用到更广阔的领域之后，区块链 3.0 紧接着开始研究区块链在非金融货币领域中的价值。图 11 –6 为区块链 3.0 的主要特点。

去信任架构：系统中的参与方无需信任对方就可以完成交易和协作

+

信用共识：通过信用共识，基于数学的区块链实现了全球货币、支付的全部功能

+

鉴证类服务：区块链3.0基于信用共识，使其擅长构建“强去中心化”特征的鉴证类服务

图 11 –6　区块链 3.0 的典型特征

11.5 区块链的结构与工作原理

11.5.1 区块链的具体结构

(1) 分布式数据节点

区块链网络由一个个节点构成，每个节点都是平权的，平权节点是区块链技术最重要的特征之一。所谓平权节点，就是区块链每个分布式节点都拥有同样的权限，没有特权节点，这就表明了整个区块链是去中心化的。去中心化包含两层含义：一是在区块链上进行的数据管理（CRDU）是由多个节点的某种共识算法来决策的，没有任何一个节点拥有自行决定写入或改变数据的权限，因此对区块链节点的攻击必须针对整个网络的共识算法，针对任意一个节点进行攻击是无效的。二是任何一个节点的下线和故障（或者被攻击）都不会影响整个区块链网络的功能。只有满足最小节点数量（不同共识算法要求的最小节点数不一样）的节点在线，整个区块链网络才可以正常运行。

(2) 数据链条

每一个节点之下，都有一条相同的数据链条，这条数据链条由一个个的区块构成，每个区块包含着区块的校验信息以及交易信息。区块的校验信息是区块链防篡改机制的重要实现工具，包括区块之间的校验信息和指向上一个区块的指针以及区块的哈希信息，确保区块之间的信息不被篡改。交易信息即区块链体系中每个节点的交易信息会以加密的方式记录，一般来说，每一个区块记录的交易信息是在一段时间内发生的所有交易的信息。

如图 11 -7 所示，如果分布式网络出现了固有的信息延迟问题，某节点的数据链条生成了蓝色的区块，但是同步了红色的区块，那么区块链就发生了分叉，可以看出，第二个区块既有蓝色又有红色。分叉处理算法是非常重要的，它对于区块链网络的性能和安全性有很大影响。目前比特币区块链采用的方案是以分叉链条最长的为准，链条最长的则是主链。这套方案简单易行，但背后的数理逻辑证明并不简单。以分叉链条的长度来决胜负，实际上就是以同样“信仰”这段链条的区块链节点的算力高低来决胜负。因此从宏观来看，整个比特币区块链网络总是在很多局部形成了这样的区块最优解，然后再互相合并，最终达成一个全局一致的最优解。

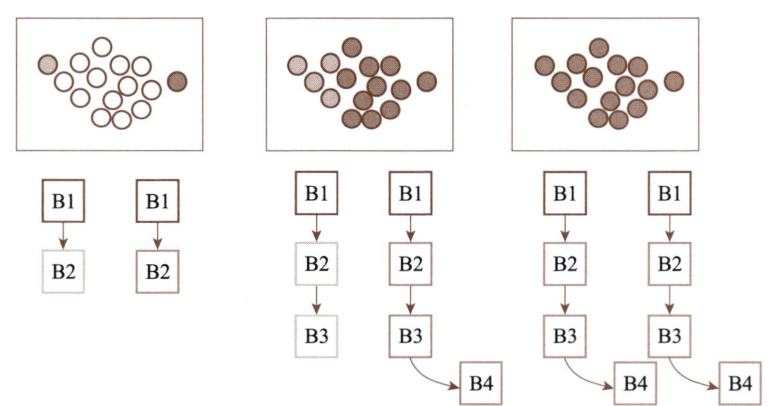

图 11 -7　区块链数据链条的分叉

（3）区块

区块是区块链体系中最基本的元素，每一个区块中包含的元素用图 11 -8来表示。

在数据链条一节中已经表明区块链的信息由校验信息和交易信息构成，具体而言，区块由区块头（Blocker Header）、上一个区块的哈希校验信息（Prevblock Hash）、根节点哈希值（Root Transaction Hash）和交易列表（Transaction List）四部分有机构成。区块头，顾名思义是一个区块与上一个区块连接的位置，它保存着一些区块校验信息和一个指向上一个区块

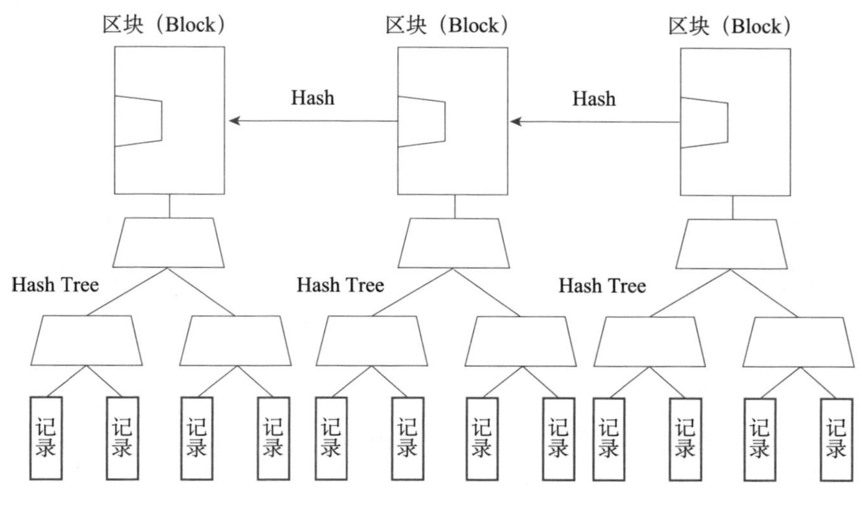

图11-8 区块的结构

的指针。哈希校验信息是区块链节点防止非法修改机制的重要组成部分，同时还可以作为POW算力证明的“种子”的一部分，维护整个区块链区块的正常增长速度。根节点哈希值是交易列表的Merkletree接口的根节点哈希值，连接着区块与每一个交易列表。交易列表则保存实际的交易信息。

生成链表下一个区块的操作是至关重要的。每个新区块被“挂”在区块链主链上，代表某个局部区块链网络承认了该区块所包含的所有交易的合法性和正确性。生成当前链表的下一个区块要面对两个重要问题，一个是节点共识算法，一个是主链分叉处理机制。共识算法决定了当前区块链网络用什么样的方式来决定哪个节点“有资格”来创建下一个区块节点。从这个意义上来讲，所谓的共识算法（Consensusmechanism）其实是一种竞争算法（Competitivealgorithm）。在比特币网络中，所采用的共识算法是著名的工作量证明（Proof of Work，PoW），也有一些其他私有币的区块链网络是使用权益证明（Proof of Stake，PoS）或者股份授权证明（Delegate Proof of Stake，DPoS）。主链分叉处理机制决定了整个区块链网络如何从众多的局部最优解中选择一个全局唯一解。主链分叉处理的算法好坏直接关系到整个区块链的数据安全性和数据正确性。当一个区块链没有良好的主链分叉处理能力时，它将更容易受到恶意攻击的影响，把错误的数据“污染”到整个区块链上。

（4）交易列表

交易列表保存的是每笔在区块链中发生的实际交易，以比特币区块链为例，由于一笔交易总是涉及买卖双方，所以在交易列表中会同时记录买卖双方的ID信息以及签名，同时交易列表中还会记载卖方这笔资金的来源以及资金的去向。

以一笔实际的比特币交易来看，甲赠与乙200个比特币，交易列表记录会记载这笔比特币从诞生之初到现在的所有交易，因为比特币总是挖矿得到的（与区块链的共识与奖励机制有关），所以资金来源1总是挖矿得到，资金来源2一直到n会顺次记录上这笔比特币的所有交易记录（见图11－9）。除此之外，还会记录交易ID以及资金去向、金额、签名等重要信息。

交易ID
资金来源1：我挖矿所得50btc的交易ID
资金来源2：张三给我100btc的交易ID
资金来源3：李四给我50btc的交易ID
资金去向：壹基金捐助账号ID
金额：200btc
我的签名

图11－9　比特币的交易列表

11.5.2　区块链工作流程

在分布式网络中，任何一个时刻，都会有很多笔交易被并发地写入多个区块链节点上。每个节点把新到的交易加入本地的一个等待队列，并等待整个区块链网络来决定这些等待状态的交易是否能够被接受。整个区块链网络进行决策的原理如下：

①区块链首先要求在全网选举出一个领袖节点，由此节点来“推选”哪些等待交易要被全网投票。

②被选出的节点生成一个新的区块，并且把它知道的等待交易放入新的区块中。

③区块链网络对新的区块进行投票，决定是否被认可。

④反复重复 1 到 3 步。

考虑到整个区块链网络已经非常庞大，选取节点本身已经不可能达到数据强一致性，也就是说很难做到全网的每一个节点都在同一时刻知晓并同意“选举节点”的结果，因此一个可以运行的区块链网络必须解决数据不一致的问题，即同一时刻多个区块链节点“群落”选举出了不一样的领袖节点。这些领袖节点分别要求自己的“仆从”节点验证它选择的待验证交易。

第12章 区块链的技术基础

12.1 共识与奖励机制

12.1.1 共识机制：PoW、PoS、DPoS与Pool验证池

区块链的去信任主要体现在分布在区块链中的各个节点在区块链的软件系统下即可实现交易。在交易中，交易双方是去信任的，也不需要中心化的机构。区块链的共识机制保证了去信任的顺利进行。共识机制是指每一个节点为了保证自身利益的最大化，会根据协议中的规则来判断每一笔记录是否为真，然后将正确真实的记录记在区块链中。由于每个节点的利益是独立的并且各个节点之间相互竞争，因此，这些节点特别是在他们拥有网络上的公共信誉的情况下，则不会联合欺骗。

节点共识算法是整个区块链网络的核心机制。考虑到整个区块链是一个无中心的、无特权节点的分布式平权网络，节点共识实际上承载了整个网络的权限管理功能。节点共识算法在很大程度上决定了整个区块链网络的如下特性：

①安全性。节点共识算法在很大程度上决定了区块链网络是否能够防御恶意攻击以及能够防御什么样的攻击。

②吞吐量（Throughputs）。节点共识算法在很大程度上决定了整个区块链的性能和吞吐量。目前比特币区块链的全网吞吐量大概是6～7TPS，在很大程度上是受到了PoW共识算法的限制。

③时延（Latency）。区块链网络的整体交易时延可以分为两部分：第一部分是分布式数据库本身固有的网络时延，第二部分是由于共识算法带来的共识时延。分布式数据库的网络时延往往在几十到几百毫秒之间，与此对比，在“传统”的区块链技术中，共识时延往往非常高，如比特币公有链的共识时延高达10分钟。这里的主要原因是“传统”区块链技术需要在某个已经提交共识证明并获得认可的区块链区块之后，才能开始下一个区块节点的归集和计算。区块链的共识机制由工作量证明（Proof of Work，PoW）、权益证明（Proof of Stake，PoS）、股份授权证明（Delegated Proof of Stake，DPoS）、Pool验证池四类机制构成。

PoW共识算法的基本规则如下：给定一个SHA-256的哈希算法，所有节点随机寻找一个大数（区块根节点哈希＋前一区块哈希＋若干位长度），使得这个大数被SHA-256哈希以后的哈希值，从第一位开始到若干位，其值都是0。举例来说，如果哈希值00000000xfdachhjcjhjx是一个合格的哈希值，那么100s0000fdaacadc就不合格。

目前跑在比特币公有链上的哈希cash算法使用了著名的圆锥曲线算法，使得所有节不了解哪个大数经过哈希转换后能获得开头全为0的哈希值，因此所有节点必须尽可能地不断尝试所有的大数，直到找到一个合格的数字为止。

比特币的PoW算法设置了一个圆锥曲线哈希公式，使得其产出合格哈希值（前xx位都是0）的大数在数域上的分布非常均匀，因此各个分布式节点无法通过算法预先对大数进行“优选”，只能逐一计算每个大数来寻找合格的哈希。每个大数可能算出合格哈希的概率是非常稳定的，因此每个分布式节点要想提高自己算出合格哈希的能力，唯一的办法就是提高自己的算力。显而易见，单位时间内能计算10万个大数的节点，其算出合格哈希的概率比只能计算 1 万个大数的节点高 10 倍。

目前整个比特币公有链的哈希 cash 算法概率设计为整个网络的全部算力每隔 10 分钟左右能算出一个合格的哈希值，因此每 10 分钟左右整个比特币公有链上会有一个节点发现自己算出了一个哈希值，因此向整个网络请求它来产生下一个新的区块（区块）。这种现象也被形象地称为“挖矿”。当一个分布式节点算出一个合格的哈希值之后，它就会向它所认识的所有节点发送消息，要求获得下一个区块（区块）的创建权限。这个消息体的大小目前大约是 1MB，它所包含的内容见图 12－1。

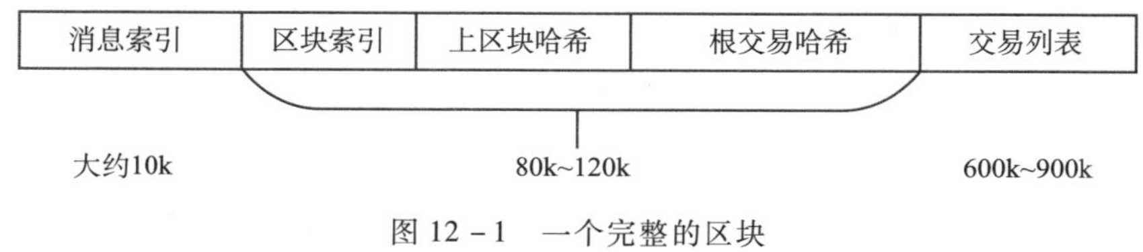

图 12－1　一个完整的区块

当一个分布式节点收到来自其他节点的请求时（要求承认来源节点创建下一个区块的资格），这个节点首先根据区块链上的 SHA-256 公钥，计算并验证信息传递的“PoWdata”是否为一个满足条件的哈希值。当 PoW-data 被验证正确后，该节点继续检查前一个区块哈希和区块头里面的序列号是否正确。错误的前一区块哈希表明该信息可能来自一个受到污染的区块链节点，或者是当前节点有同步数据缝隙。上述检查完成以后，如果一切都正常，该节点就承认当前请求的有效性，把当前请求中所包含的区块信息加入到自己区块链的尾部，形成新的区块，并且向全网广播这个结果。在广播这个结果之后，当前节点重新开始计算下一个哈希值。这里需要注意的是，由于计算下一个哈希需要以当前节点的哈希为输入，所以当一个新的节点产生时，其他正在进行的计算就已经作废了，需要按照这个新节点的哈希重新计算。这个设计有效地保证了区块链网络按照一个可控的速度“生长”区块链条。

其他三种共识机制发展比较前沿，应用相对而言较少，因此这里不详细介绍其运行过程，只介绍其基本原理。

①权益证明机制。这种机制的前提是需要证明人提供“币权”，即一定数量的加密货币所有权。矿工提供“币权”之后，会按照预先设定的比例获得一定量的币，从而建立新的区块。权益证明机制的最终目的是降低节点上的挖矿难度从而增加寻找随机数的速度，其依据是各节点持有代币的比例以及持有的时间，通过每个节点进行挖矿运算最终减少了达成共识的时间。

②股份授权证明机制。股份授权证明机制作为共识机制之一，是一个全新的网络安全保障机制。股份授权证明机制不仅解决一直存在的 PoW 机制问题与 PoS 机制问题，还在尝试解决区块链在消除中心化后带来的负面影响，即通过采用科技式的民主方式来降低影响。

股份授权证明机制可以形象地理解成董事会的投票机制，而且是实时的股东投票，在任何时间段股东都可以投票表决公司决策是否可以通过。根据股份授权证明机制的区块链在去中心化的过程中主要依靠“股东”即某些代表并不是全体用户。因此，所有的节点在得出一致意见后选出少部分节点的代表，然后这些节点代表来决策和维系整个系统的正常运行。当然，类似于股东会，全体代表节点通过投票的方式有罢免代表节点与重新选举新的代表节点的权利，从而使整个机制实现真正的民主运行。

股份授权证明机制既有缺点也有优点，优点是速度极快，可以达到秒级的共识验证，但是缺点也十分明显，即这种共识机制仍然依赖于代币，但是很多在商业的场景中不需要代币，因此这种机制就不能运用到所有的商业中，进而限制了区块链的发展。

③Pool 验证池。Pool 验证池是区块链中使用最为频繁的共识机制，此

种机制的原理是通过传统的分布式一致性技术并结合数据验证机制来实现。同时，Pool 验证池不需要代币就可以工作，在成熟的一致性算法的基础上，可以实现秒级的共识验证。不过，Pool 验证池也存在着分布式程度低等问题。

12.1.2 PoW 的奖励机制——“挖矿”

挖矿主要是为了增加供应比特币，但是在挖矿时还需要注意的是维持安全的比特币系统，也就是防欺诈，因为有时会出现多次使用同一比特币的“双重支付”欺诈风险。矿工验证并在总账簿上记录任何一笔新的交易。新的交易即新的区块，通常每隔 10 分钟新的区块就会被矿工们挖掘出来，一旦新的交易被添加到区块链中，则交易被确认，这时比特币的持有者便可以花费他们得到的比特币。

矿工们可以在他们为比特币网络提供算力时获得比特币的奖励。这种奖励一般有两种类型：第一种是奖励交易中所包含的交易费用，第二种是奖励创建新的区块。要得到奖励必须为比特币网络提供算力，这种算力作为矿工的“工作量证明”需要矿工完成一种数学难题，这个数学难题基于哈希算法，而答案就在新的区块中。比特币的安全就建立在这种算法的竞争机制上。同时，获胜者可以在区块链上交易也为比特币的安全提供了一层安全保障。

矿工们同时也会获取交易费，即上文中提到的第一种奖励。这部分奖励占矿工收入的比例很少，最多只占 0.5%，剩下的收入主要来自于第二种奖励即比特币奖励。交易费即每笔交易中记录的输入与输出的差额。矿工在挖矿过程中只要挖出新的区块便可获得交易费。虽然交易费占比很少，但是比特币的奖励是随着时间的流逝而递减的，因此交易费的占比会随着比特币奖励的递减而递增，直至占据 100%。之所以一直将产生新比特币的过程叫作挖矿，原因是上文所提到的奖励机制的设计原理是速度递减的，这种模式与挖矿的过程类似，如同央行发行纸币时要通过印刷一样。矿工得到奖励的比特币递减速度大约是每隔四年减少一半，精确地说是每 210 000 个减少一半。图 12－2 为奖励的具体变化。

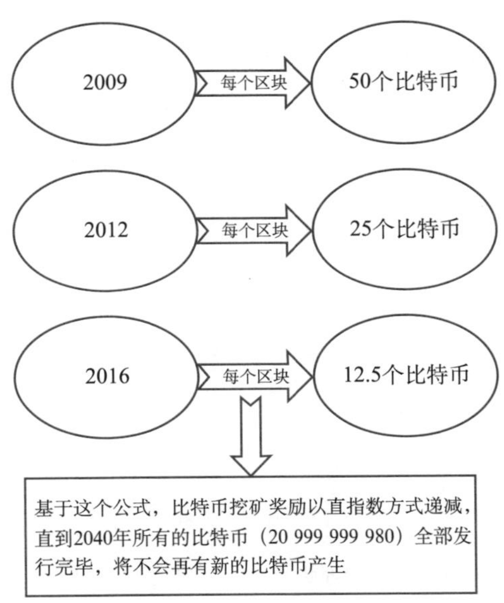

图 12－2 奖励的具体变化

“挖矿”本质上是一种激励措施而并非奖励的本身，这个词的出现使比特币变得与众不同，它维持了安全的比特币系统，实现了在去中心化的前提下使比特币网络达成民主化的共识。

时间戳机制和算力证明机制见图 12－3。

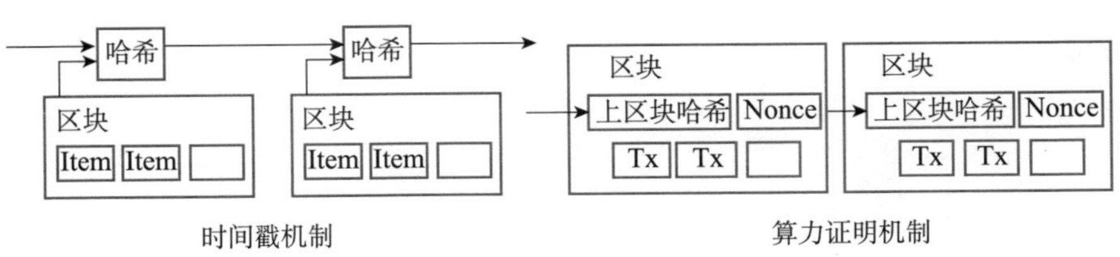

图 12－3 时间戳机制和算力证明机制

12.2 加密机制

加密机制——现代密码学的非对称加密技术：用公钥、私钥来标识身份。

公钥加密在20世纪70年代被首次提出，它为计算机以及信息安全奠定了数学基础。在公钥加密被提出以来，很多数学函数也相应地被提出，如素数幂和椭圆曲线乘法，这些数学函数有一个共同特征，它们都是不可逆的，很容易向一个方向计算，但不可以向相反的方向倒推，该特征正是区块链不可篡改性的重要基础。

正如区块链中的比特币，用公钥加密创建一个密钥对来控制获取比特币。密钥对由两部分组成，一部分是一个私钥，用以接收比特币；另一部分则是由私钥衍生出的专有公钥，用以支付比特币时的交易签名。私钥在发送特定消息时，可以基于公钥的唯一性来创造签名。在交易中，比特币拥有者需要提交该签名，从而确认比特币拥有者在此时此刻真实地拥有正在交易的比特币。

如图12－4所示，密钥对由私钥和公钥构成，前者一般是随机数，使用不可逆的单向加密函数产生后者，进而通过哈希函数（单向加密）产生比特币地址。私钥的所有权和控制权决定了一个比特币地址中资金的控制。因此，保护比特币相当于保证私钥的机密性不被泄露。此外，私钥丢失后很难再被复原，因此，为了防止其丢失需要对私钥进行备份。

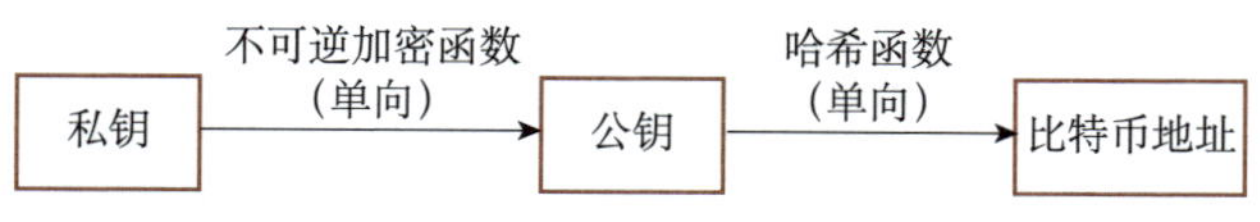

图12－4　私钥、公钥及比特币地址之间的关系

找到十分安全的熵源是生成密钥的重中之重。生成一个比特币私钥就

是“在 1 到 2^{256}之间选一个数字”。如何选取数字或者选取的方法并不是特定的，从编程的角度来看，一长串随机字节通常由某个密码学安全的随机源中取得，通过运用 SHA256 哈希算法，就可以简便地得到一个 256 位的数字。

12.3　交易机制

12.3.1　区块链如何记录交易信息

电子货币（Electroniccoin）是指一串随机散列的数字签名，这个签名是所有者通过对前一次交易和下一位拥有者的公钥（Publickey）签署，当数字签名附加在电子货币的末尾时，下一位所有者就得到了电子货币，收款人通过检验签名的真实性来判断链条的拥有者（见图 12－5）。

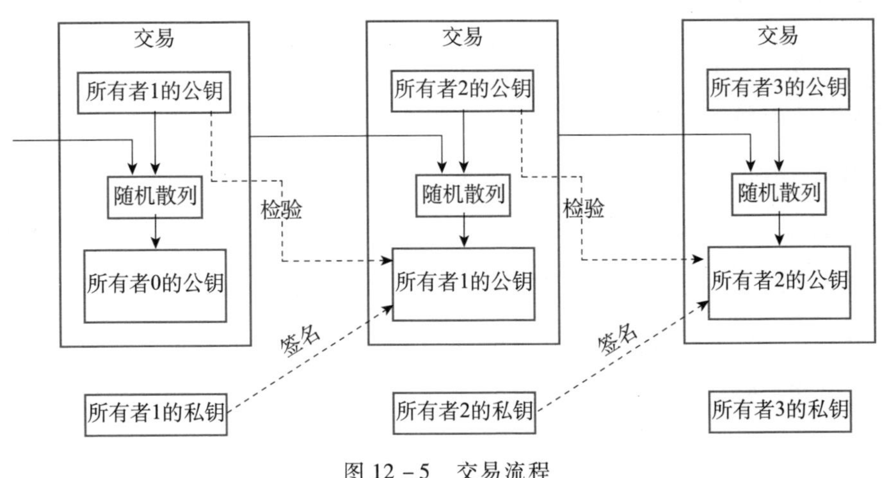

图 12－5　交易流程

这个过程会存在双重支付的问题，一般的解决方法是让权威的第三方进行交易检验，即每次交易完成后，交易的电子货币要被第三方收回，然后发行一个新的电子货币，这种第三方发行的货币被认为是唯一有效的，以此来防止双重支付。但是，这种解决方法并不完善，因为交易的确认掌握在第三方机构上，这样就对机构产生了依赖性，而不能让交易独立完成。想要摆脱第三方机构的存在，需要做到的是交易信息的公开化。避免双重支付的本质是确认本次交易之前的交易是不存在的，也就是之前交易的所有者并没有进行签名确认，那么只要信息被公开，且交易的参与者都有唯一的历史交易序列，同时大部分节点都达成共识认为这次交易是首次出现的即可。

12.3.2 个人之间如何进行交易——以比特币为例

比特币系统最重要的一部分就是比特币交易，比特币交易完成的标志为加入全球比特币交易总账簿（比特币区块链），每笔交易都是公开的，并且记录在区块链上。自从比特币交易被创建，就开始了它的生命周期。图 12－6 为比特币交易的生命周期解释图。

比特币的交易类似支票，最终发起交易的与签署交易的可以是不同的人，因此，一笔比特币交易像是一个可以进行货币转移的工具。但是，比特币与支票的资金来源有所不同，前者指定的是一笔以前的交易作为资金来源而后者是将一个特定账户作为资金来源。只有当资金所有者对比特币交易签名以后，这次交易才是有效的，而且该笔交易包含了转移这笔资金所需要的所有信息。有效的比特币交易接入比特币网络之后被传送到下一个节点，这个节点就是登记在最终公共总账簿（区块链）的挖矿节点。如果这笔交易验证为无效交易，那么这个节点将拒绝接受，然后将结果反馈给交易发起者。比特币网络中的所有节点都有着相等的地位，一个节点上的相关交易信息被传播到它所连接到的其他节点上，一个节点可将信息同时发送到与其相邻的 3～4 个节点上。在这种情况下，比特币交易将以指数级的速度在比特币网络中扩散与传播，最终网络中所有连接的节点都会接收到信息。

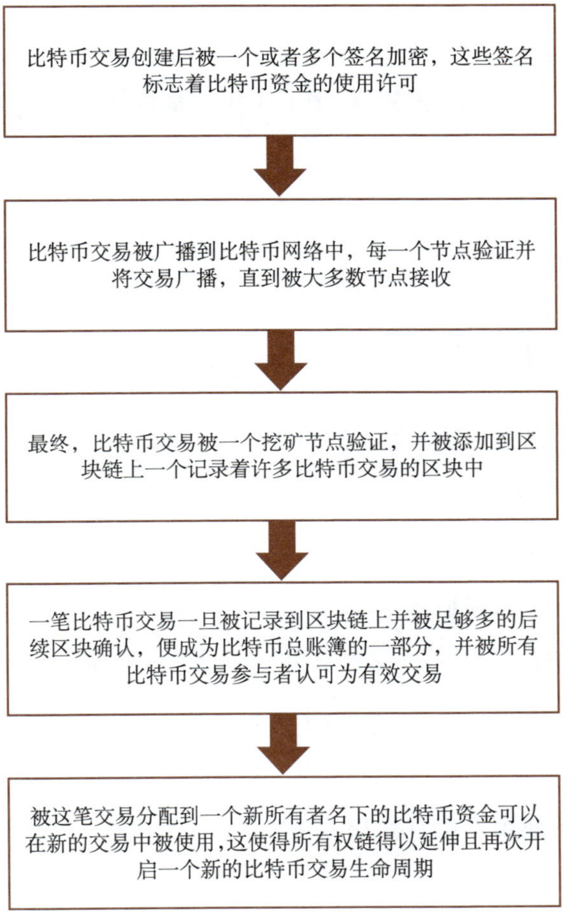

比特币交易创建后被一个或者多个签名加密，这些签名标志着比特币资金的使用许可

比特币交易被广播到比特币网络中，每一个节点验证并将交易广播，直到被大多数节点接收

最终，比特币交易被一个挖矿节点验证，并被添加到区块链上一个记录着许多比特币交易的区块中

一笔比特币交易一旦被记录到区块链上并被足够多的后续区块确认，便成为比特币总账簿的一部分，并被所有比特币交易参与者认可为有效交易

被这笔交易分配到一个新所有者名下的比特币资金可以在新的交易中被使用,这使得所有权链得以延伸且再次开启一个新的比特币交易生命周期

图 12 – 6　比特币交易的生命周期

第 13 章 区块链的应用

13.1 加密数字货币——最重要的应用场景

13.1.1 加密数字货币概览

数字货币是指对流通货币进行数字化，是货币的电子数据表达形式。在加密货币市场中，数字货币通常指代基于区块链技术而衍生出来的一系列没有物理实体的数字加密货币，例如比特币、以太坊、瑞波币、莱特币等。最早的加密数字货币可以追溯到 1982 年，David Chaum 创立了 DigiCash，提出了不可追踪的密码学网络支付系统，而比特币则为最知名的加密数字货币。

数字货币的使用过程如图 13－1 所示。

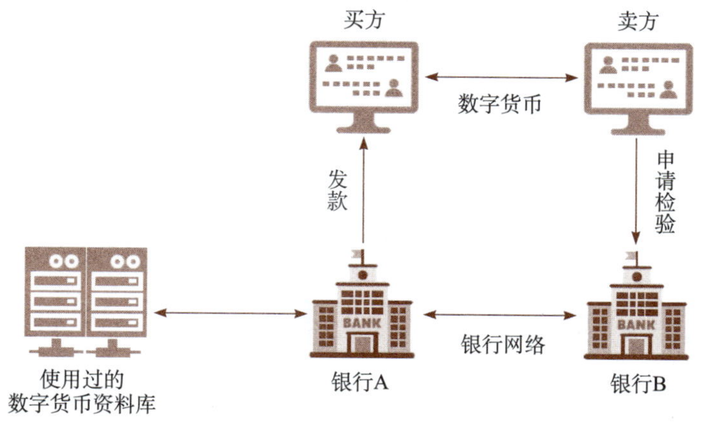

图 13－1 数字货币使用过程

加密数字货币的现状是百花齐放，除了货币的应用之外，还有各种衍生应用，如 Ethereum、ASH 等底层应用开发平台以及 NXT、SIA、比特股、MaidSafe、Ripple 等行业应用。然而，数字货币在洗钱、恐怖融资、避税及欺诈等方面的弊端也易引发风险，使人们产生疑虑。目前，世界各国纷纷采取不同的监管措施对数字货币加以管理。

英国自 2014 年以来对加密数字货币进行渐进式管理，通过检测数字货币的使用程度及定期评估风险以确定货币和金融稳定。2016 年 3 月，英格兰银行与伦敦大学研究人员合作开发一种中心化的比特币替代品，即 RSCoin，开启了中央银行主导的数字货币研究工作。

美国对数字货币的监管职能在联邦和州之间划分，比特币的交易规则由各州法律确定。从监管机构来看，银行监管机构、美国证券交易委员会、美国商品期货交易委员会、美国国家税务局对数字货币有着不同的认识和监管。美国证券交易委员会（SEC）Jay Clayton 在国会听证会上重申，他所看到的每一笔首次代币发行（ICO）都属于证券发行。SEC 已经拥有执法所需的监管权，而商品期货币交易委员会（CFTC）却表示可能仍需要国会通过立法，授予监管部门监督比特币现货市场与数字货币在线交易平台的权力。芝加哥商品交易所于 2017 年 12 月 18 日推出比特币期货。从监管主体看，联邦法律和各州的法律具有明显的差异。综上所述，我们可知美国市场对加密数字货币的态度相对谨慎而且开放。

随着中国对数字货币交易及挖矿行为的监管收紧，越来越多的矿场和矿工涌入上述两地，也引发了双方对加密数字货币的重新思考：加拿大寻求加密数字货币与央行数字货币（CBDC）共存且互利之道，而俄罗斯也一改昔日强硬态度，2016 年便解除了数字货币的禁令，并有意推出自己的数字货币，即虚拟卢布。

在韩国，为比特币等数字货币监管框架而设的法律在2017年8月初已经由立法者ParkYong-jin推出。该法案对数字货币进行了定义，将数字货币操作者分为五类，并且详细指出了具体的要求和违禁活动。在中国关闭境内数字货币交易所之后，大量交易和资金进入监管环境相对宽松的日本、韩国等地区，也激起了上述地区的大讨论。韩国多次反复对数字货币、ICO、交易所交易等释放严厉监管信号又撤销，可见主管部门的矛盾和犹豫。

在我国，2016年1月20日，中国人民银行召开数字货币研讨会，肯定了数字货币在降低传统货币发行等方面的价值，并表示中国人民银行在探索发行数字货币。这是继2013年12月5日央行五部委发布关于防范比特币风险的通知之后，第一次对数字货币表示明确的态度。然而，继2017年ICO的火爆，2017年9月4日，中国人民银行联合中央网信办、工业和信息化部、工商总局、银监会、证监会、保监会等七部委发布《关于防范代币发行融资风险的公告》；中国互联网金融协会在2017年9月13日发布了《关于防范比特币等所谓“虚拟货币”风险的提示》；国内交易网站被关停，禁止法币直接参与交易。尽管一些网站已经转移至境外，但其运营团队仍可能在中国，仍主要面向中国市场，因此不排除中国政府对此行为进行进一步打击，甚至勒令关停、屏蔽或禁止访问该网站的可能。

13.1.2 主要加密数字货币介绍

国家互联网金融安全技术专家委员会2017年8月17日发布的《“全国互联网金融阳光计划”7月份国内比特币交易情况监测报告》显示，2017年以来，以比特币、以太坊为代表的虚拟货币价格和市值快速飙升。2017年上半年，全球主要虚拟货币市值总和由177亿美元增长至1 000亿美元，其中比特币市值增长2.7倍、以太坊增长41倍、瑞波币增长

49 倍[①]。主要数字货币介绍见表 13 - 1。

（1） 比特币

比特币由中本聪在 2008 年提出，比特币依据特定算法，通过大量的计算产生，不依靠特定货币机构发行，其使用整个 P2P 网络中众多节点构成的分布式数据库来确认并记录所有的交易行为，并使用密码学设计确保货币流通各个环节的安全性，可确保无法通过大量制造比特币来人为操控币值。基于密码学的设计可以使比特币只能被真实的拥有者转移或支付及兑现，同样确保了货币所有权与流通交易的匿名性。比特币总数有限，其总数量将被限制在 2 100 万个。

（2） 比特币现金

比特币现金（Bitcoin Cash），简称 BCH，是根据 Bitcoin ABC 方案产生的区块链资产，Bitcoin ABC 方案为保持协议稳定简单，去除了 Segwit 功能，支持将区块大小提升至 8M，是链上扩容的技术路线。Bitcoin ABC 代码基于比特币协议的稳定版本进行了改进，其认为不包含 Segwit 将具有更大的稳定性、安全性、鲁棒性[②]，是现行比特币协议和比特币系统的备份。BCC 于 2017 年 8 月 1 日 20：20 开始挖矿。

（3） 以太坊

以太坊（Ethereum）是下一代密码学账本，支持众多的高级功能，包括用户发行货币，智能协议，去中心化的交易和完全的去中心化自治组织（DAOs）或去中心化自治公司（DACs）应用。以太坊社区代币称之为“以太币”，简称“ETH”。以太坊（Ethereum）并不是把每一单个类型的功能作为特性来特别支持，相反，以太坊（Ethereum）包括一个内置的图

① 国家互金专委会：《“全国互联网金融阳光计划”7 月份国内比特币交易情况监测报告》。

② 鲁棒性：鲁棒是 Robust 的音译，也就是健壮和强壮的意思。在计算机领域，鲁棒性指在输入错误、磁盘故障、网络过载或有意攻击的情况下，不死机、不崩溃的特性。

灵完备的脚本语言，允许通过被称为“合同”的机制来为自己想实现的特性写代码。一个合同就像一个自动的代理，每当接收到一笔交易，合同就会运行特定的一段代码，这段代码能修改合同内部的数据存储或者发送交易。高级的合同甚至能修改自身的代码。通俗地说，以太坊是开源平台数字货币和区块链平台，它为开发者提供在区块链上搭建和发布应用的平台。Ethereum 可以用来编程、分散、担保和交易任何事物，包括但不限于投票、域名、金融交易所，众筹、公司管理、合同和大部分的协议、知识产权，还有得益于硬件集成的一切智能资产。

（4）以太经典

比太经典（Ethereum Classic），简称 ETC。以太坊在第 1 920 000 区块高度上硬分叉出来两条链，分别称为 ETHchain 和 ETHClassicchain，上面的代币分别称为 ETH 和 ETC。ETC 保留了原有以太坊的代码规则和特色。作为一种完整的货币，吸引了之前错失投资机会的一批人；而且与原有以太坊的相似之处，也是一种坚守以太坊模式的方式。

（5）莱特币

莱特币（Lite Coin），简称 LTC。莱特币在技术上具有和比特币相同的实现原理，莱特币的创造和转让基于一种开源的加密协议，不受任何中央机构的管理。莱特币旨在改进比特币，与比特币相比，莱特币具有三个显著特点：第一，莱特币网络每 2.5 分钟（而不是 10 分钟）就可以处理一个块，因此可以提供更快的交易确认；第二，网络预期产出 8 400 万个莱特币，是比特币网络发行货币量的四倍之多；第三，在其工作量证明算法中使用了由 Colin Percival 首次提出的 Scrypt 加密算法。

（6）狗狗币

狗狗币（Dogecoin），简称 DOGE，诞生于 2013 年 12 月 12 日，基于 Scrypt 算法。狗币系统上线后，由于 Reddit 的助力（有数据表明在 Reddit

狗狗币社区关注度超过 7.5 万人，远远地超过了 LTC)，流量呈现爆发式发展，不过两周的时间，狗币已经铺开了专门的博客、论坛。狗币有一个好的文化背景——小费文化。Dogecoin 上线仅一周的时间，便成为第二大的小费货币。好多人参与狗币交易，并不是为了投机，而是把它作为一种表达分享和感恩的方式。

(7) 比特股

比特股 (BitShares) 简称 BTS，是一个基于区块链技术的金融服务平台和开发平台。任何个人和机构都可以在此平台上自由地进行转账、借贷、交易、发行资产和发行自己的智能货币、期货品种等，也可以基于这个平台快速搭建出去中心化、低成本、高性能的虚拟币/股票/贵金属交易所、杠杆期货交易所、承兑网关、资产管理平台 (众筹) 等。比特股采用了全新的代码稳定货币。关于锚定的多版本表述、商用级的速度 (DPOS: BTS2.0 治理结构说明) 和强大的功能是其显著的优点。

(8) EOS

EOS.io 项目是由 block.one 的 CTODanLarimer (Bts、Graphene、Steem 创始人) 主导开发的类似操作系统的区块链架构平台，旨在实现分布式应用的性能扩展。EOS 提供账户、身份验证、数据库、异步通信以及在数以百计的 CPU 或群集上的程序调度。该技术的最终形式是一个区块链体系架构，该区块链每秒可以支持数百万个交易，普通用户无须支付使用费用。EOS 代币总量为 10 亿个，众筹开始时间为北京时间 2017 年 6 月 26 日 21 点，持续 341 天，7 月 1 日首批 2 亿个 EOS 代币发售完成；随后每 23 小时为一周期，向市场发售 200 万个 EOS 代币，共 350 期，7 亿个 EOS 代币；发售期后 block.one 保留 1 亿 EOS 代币。

(9) 量子链

量子链 (Quantum Blockchain) 简称 Qtum，是首个基于 UTXO 模型的

POS 智能合约平台，可以实现与比特币生态和以太坊生态的兼容性，并通过移动端策略，促进区块链技术的产品化和提高区块链行业的易用性，旨在连接真实商业社会与区块链世界。Qtum 致力于开发比特币和以太坊之外的第三种区块链生态系统，通过价值传输协议（Value Transfer Protocol）来实现点对点的价值转移，并根据此协议，构建一个支持多个行业（包括金融、物联网、供应链、社交、游戏等）的去中心化的应用开发平台（DApp Platform）。

（10）瑞波币

瑞波币（Ripple）简称 XRP，是世界上第一个开放的支付网络，通过这个支付网络可以转账任意一种货币，包括美元、欧元、人民币、日元或者比特币，简便易行快捷，交易确认可在几秒内完成，交易费用几乎是零，没有所谓的跨行异地以及跨国支付费用。Ripple 是开放源码的点到点支付网络，它可以轻松、廉价并安全地把你的金钱转账到互联网上的任何一个人，无论他在世界的哪个地方。因为 Ripple 是 p2p 软件，没有任何个人、公司或政府操控，任何人都可以创建一个 ripple 账户。

13.2 金融基础设施革命

区块链在金融领域的应用有四个显著的优势：一是区块链可以降低社会信任体系的成本，区块链技术通过建立分布式自治系统，使系统中分布的每一个节点都记录交易信息和数据变更，从根本上改变了目前中心化的信用创造模式。二是区块链采用点对点的交易模式可以减弱金融中介的作用，托管机构、第三方支付平台、公证人、银行等中介机构的出现都是为了维护金融业的信任。区块链能够实现信息的传递，这将大幅减少信息传递过程中出现错误的可能。三是区块链领域下智能合约的出现将会加快金

表 13－1　　主要数字货币介绍

中文名	英文名	简称	核心算法	区块时间	发布日期	开发者	货币总量
比特币	Bitcoin	BTC	SHA-256	10 分钟	2009 年 1 月 9 日	Satoshi Nakamot	2 100 万，减半时间 4 年
以太坊	Ethereum	ETH	Ethash	18 秒	2014 年 7 月 24 日	以太坊团队	7 200 万 +1 872 万/年
以太经典	Ethereum Classic	ETC	PoS	60 秒	2016 年 7 月 20 日	以太经典团队	76 623 310
莱特币	Litecoin	LTC	Scrypt	2. 5 分钟	2011 年 11 月 9 日	Charls	8 400 万，减半时间 4 年
EOS	EOS	EOS	DPoS		2017 年 7 月 1 日	BM（Dan Larimer）	10 亿
时代币	Times Coin	TMC	Times Coin	无	2013 年 9 月 12 日	比特时代	1 600 万
比特币现金	BitcoinCash	BCC	SHA-256	10 分钟	2017 年 8 月 1 日	BCC 团队	2 100 万，减半时间 4 年
瑞波币	Ripple	XRP	OpenCoin	1 秒	2011 年 4 月 18 日	Ripple Labs	1 000 亿
狗狗币	DogeCoin	DOGE	Scrypt	60 秒	2013 年 12 月 12 日	Jackson Palmer	1 000 亿，挖完后每年增加 5%
量子链	Quantum Blockchain	QTUM	PoS		2017 年 3 月 16 日	帅初	1 亿
元宝币	YBcoin	YBC	PoS	60 秒	2013 年 6 月 28 日	元宝币研发团队	300 万
达世币	DigitalCash	DASH	X11 算法	2. 5 分钟	2014 年 1 月 18 日	edufield	1 890 万
比特股	BitShares	BTS	DPoS	3 秒	2014 年 7 月 19 日	BitShares Team	37 亿
小企股	IcoShares	ICS	PoW + PoS	60 秒	2016 年 12 月 13 日	小企链社区	13 888 379

资料来源：比特时代。

融智能化的进程，区块链可以简化大量手工金融服务流程，通过网络实现交易流程的自动化。智能合约可以把所需要的金融衍生品合约条款编辑成计算机程序，当发生了满足合约条款中的条件行为时，将自动触发接收、储存和发送价值等后续行动。四是区块链每一个区块的信息都难以篡改，这种新型记账流程有利于审计工作的开展，因为新数据写入区块和新生成的区块添加至区块链的流程不可逆转，重写和修改交易记录的成本将被大幅增加。

区块链在保险、证券、跨境结算等方面应用前景广泛，接下来看三个具体案例。

13.2.1 保险案例

保险公司对区块链这一技术报以积极的态度，因为通过建立一个“去信任（Trustless）”的系统，可以实现对客户的身份、数据和交易流程的管理，其优势具体表现为以下四个方面：①区块链可以保证分布式交易的访问安全，通过设置进入分类账户的访问权限，改善现有的财务数据和报告。②区块链可以针对变化发送出准确、及时的通知，从而调整大数据策略和资本管理策略用以控制风险。大数据可以提供客户配置资产时的资产偏好、优先级别等信息，这些信息能够被用来保证账户的安全性。③应用区块链技术，保险公司可以降低搭建全球性平台的成本，从而吸引客户并提高市场份额。④区块链可以改善保险公司获取数据的方式，加强保险公司对平台数据的控制，有助于数据丢失后进行恢复，大幅减轻了相关风险。

通过采用区块链技术，保险公司可以更轻松地获取到客户信息和交易数据并对此作出判断，区块链技术在保险领域具有四大应用场景：

（1）欺诈检测和风险预防

区块链提供分散的数字存储库，具有完整的基础交易历史，可以独立验证客户、政策和声明的真实性，用于消除错误、疏忽和检测欺诈行为，代替了原有的第三方机构所担任的角色。可将其用于控制货币跨境支付和即期外汇交易的风险。美国通过虚假账单、篡改的文件和假身份达到的医疗保险欺诈交易有数十亿美元，在专业保险和再保险市场，由于前台和后台数据质量差也会导致数据的差距和错误，区块链所具有的独立记录能力可以阻止此类风险。

（2）数字索赔管理

保险公司的索赔模式的理念是以理赔为中心，以客户为本。这种模式将新的网络技术和大数据进行组合，通过分析客户的位置、外部风险等信息来完善风险选择过程，改进索赔管理和客户服务的方案的核心点在于移动和数字技术，保险公司允许客户将手机或相机的照片作为证据，从而加快数据流处理速度，减少损失调整成本。此外，保险公司可以将移动技术与卫星图像结合使用，当偏远地区发生自然灾害时，对客户快速进行赔偿；还可以通过气象站收集气象数据，依据实际观测到的数据进行赔偿。

（3）新的资产分配和破裂

一些领先的全球保险公司正在和比特币技术的供应商商议建立合作联盟，从而提升其资本配置效率并推广其网络，以下是区块链的几个应用方向。

汽车保险产生大量创新数据和交叉销售机会。车辆上安装的黑匣子可以和移动设备与 GPS 设备连接，然后依据保险（UBI）来收取保费。区块链技术能够确保黑匣子里的数据不被篡改，汽车保费的定价将取决于用户的操作时间和行驶距离，从而使消费者可以控制保费。

同时，保险公司目前也在关注移动钱包这一概念。通过应用区块链技术，保险公司可以在移动钱包上实时获取客户的所有身份和保险信息，对其随时提供定制功能的服务，客户使用移动钱包无须再受到空间和时间的限制。

还有许多大型全球保险公司正在试图将区块链应用于房地产、财富管理和知识产权，协助保险在新兴市场进行销售。有一家美国的保险公司为研究区块链建立了一个专门的团队，尝试开发出一款可以让公司能够跟踪资产，降低欺诈成本的应用程序，并以此为基础设立出一套能与客户沟通的新模式。

（4）独立实时验证

区块链技术可以使保险公司实现独立实时验证。下面来看一个来自国内某互助平台的案例。图 13－2 是该平台的运营流程图。

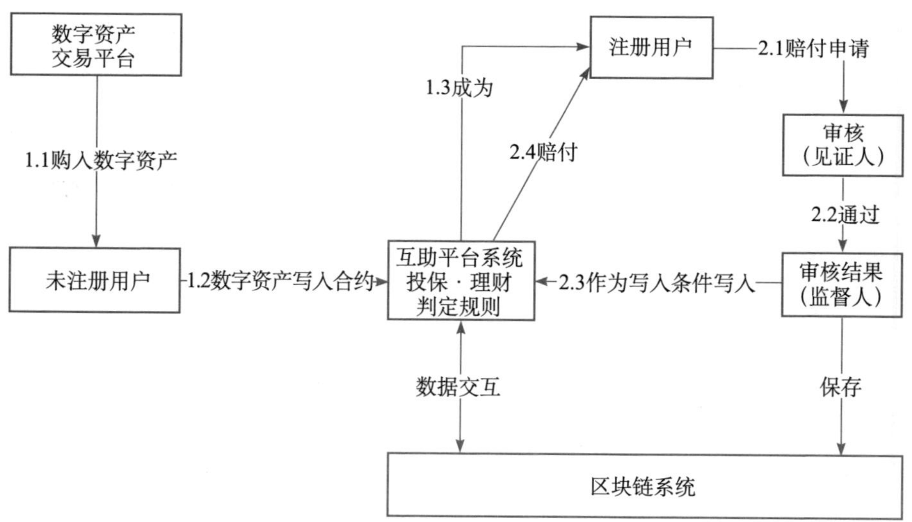

图 13－2　保险区块链运营的实例

未注册用户通过购买相应数字资产，并将数字资产预存到智能合约系统中，可以成为该平台的正式注册用户。平台则能根据预先设定的条件对用户进行相应的扣除操作。

如果注册用户发生遭遇重大疾病的情况，可以向平台提出赔付申请，平台进行相关的审核后，再由区块链上关联的多位见证人进行共同审核，最后得出审核结果，并写入区块链数据库中，在一定时间内公示结果。如果审核结果不存在异议，智能合约将录入相关信息，验证智能合约无误后，平台将对申请赔付用户打款。如果监督人对审核结果存在疑问，可在结果公示过程中或者公示后在系统界面提出异议，由运营公司启动事后调查流程。

任何人都可以在缴纳一定的数字资产押金后自动成为见证人，当患者提出救助申请，智能合约会根据特定公开的随机算法（为防止见证人作弊）选择见证人，被挑选的见证人需与患者见面并审查相关信息是否符合实情，确定无误后才能签名确认，然后会由平台向其支付一定的费用。如果在后续流程中发现见证人未能及时觉察患者造假的情况，平台将没收见证人的押金，并分配给所有注册用户。在经济利益的驱动下，见证人能为合约各方提供准确可靠的信息，保证合约的公平且有效执行。

如果有人发现骗保情况，可以在抵押一定的数字资产后匿名举报该用户的骗保行为，运营公司将如实调查，一旦查实则支付给举报人丰厚的费用，如果发现举报有误则将没收举报者抵押的数字资产，作为运营公司的调查费用。上述的每一个流程都将在区块链上留下相应的哈希记录。在经济利益的驱动下，监督人制衡了见证人的权力，可以对见证人合伙骗保的行为产生强烈的震慑，保证合约更加有效公平地执行。

13.2.2 数字票据

票据是在货币或商品流动过程中为体现债权与债务的发生、转移和偿付而使用的一种信用工具，可用作贸易中的支付结算和企业短期融资。

区块链与票据融合可带来以下四点优势：

（1）实现票据价值传递的去中介化

票据作为一种有价凭证，需要在传递中通过隐藏的“第三方”角色来保障买卖双方的安全可靠。例如，在交易电子票据时，中央银行的电子商业汇票系统（ECDS 系统）将为买卖双方进行信息交互和票据认证；在交易纸质票据时，交易双方需要验证票据实物的真伪性。但是，采用区块链技术的票据交易从根本上实现了票据价值在网络上直接点对点的交易，这一过程不需要第三方机构对交易流程进行监督认证，也不需要票据实物充当交易流程中的证明，削弱了原有的票据中介这一角色的作用，打破了票据中介的现有职能。

（2）实现票据交易流程的去中心化

现有的电子商业汇票系统由中央银行建设并管理，其他银行与企业需要通过直连或网银代理接入中央银行，使中央银行的 ECDS 系统对所有的票据承兑、交易、托收等环节都进行数据存储与认证，该系统成为电子票据交易的中心。如果把区块链分布式结构和票据交易流程相结合，将改变现有的采用中心化系统存储和传输数据的结构，使用“多中心”系统来保证交易的安全。同时，由于区块链可以记录时间戳，能够储存票据交易的全流程，方便对历史进行追溯。

（3）有效防范票据市场风险

由于目前参与票据交易的机构普遍具有逐利性，使得票据市场上频频发生风险事件，其风险事项分为以下四类。第一类是道德风险，主要表现为纸票中“一票多卖”和电票中打款背书不同步的情况。由于区块链具有交易记录向全网公开和时间戳不可篡改的特性，纸票和电票交易后将避免赖账现象。第二类是操作风险，目前的电票交易采用中心化系统，如果中心服务器被损坏，将会给整个市场带来灾难，如果采用区块链技术，其分布式高容错性和非对称加密算法将会大大降低人为操作产生的风险。第三类是信用风险，通过区块链技术可以实时地搜集、评估所有参与者信用数据。第四类是市场风险，因为中介市场存在大量的资产错配现象，导致其自身和银行的利益受损。区块链具有可编程性和数据透明的特性，能够使票据参与者资产端和负债端保持平衡，帮助整个市场的价格指数能够更加真实地反映资金需求，将市场风险控制在一定范围内。

（4）规范市场秩序，降低监管成本

由于当前票据市场存在不同的操作方式，监管层缺乏快速审查、调阅全流程的业务模式和资金流转的方法。区块链中智能合约可解决此类问题，并具有以下三点优势，一是应用可编程性，可以在票据流转的同时编辑一段程序用于限定票据的价值和流转方向，这可以使市场具备统一的规则，搭建良好的秩序。二是区块链形成的时间戳不可篡改，数据管理体系的透明使相关数据可进行追溯，使监管能够低成本地调阅区块链所储存的数据信息。三是区块链可以对中央银行的票据再贴现进行约束投放、定点投放和智能投放，并可通过编程限制其后续的交易。

区块链技术应用于票据领域的体现就是数字票据，数字票据不同于实物票据或传统的电子票据，它是统合票据属性、法规和市场，采用区块链技术研发出的一种全新形式的电子票据。

数字票据应用的具体实例为票据交易所。在票据交易所中，票据流转环节中交易的是非指定目标，需要由票据交易所通过编辑代码，建立市场匹配规则来进行票据匹配。卖方节点需要将所卖出的票据的需求根据交易规则写成代码后发布，买方节点需要将准备买入的票据的需求写成代码后发布。票据交易所这一节点负责构建双方代码的匹配原则，并通过匹配原则将买卖双方的代码进行匹配，等到双方确认无误后，再开始该票据交易的票据流转环节。

在传统模式中，票据交易所的任务是制订、公布规则并维护中心系统的正常运行，但如果采用区块链模式，票据交易所将会被设定为特殊角色节点，用于公布全网代表买卖双方的节点都要遵照的控制规则，行使交易所的核心职能。区块链可以进行数据回溯，能分布式存储票据的承兑、交易、企业、银行和客户信息等数据，建立票据的评级评估体系，构建一套包括风险预警、风险处置的大数据评估模型，防范票据风险，更好地推动经济和金融发展。

13.2.3 全球分布式清算结算体系

传统的跨境支付清算需经过开户行、中央银行、境外银行等多个金融机构。不同机构的财务等系统相对独立，要想与交易对手完成对账和清算等工作，多方之间需要建立代理关系，将交易记录储存在不同的系统间。这导致了跨境支付费用高昂且速率非常慢。

以美国到欧洲传统的跨境支付流程为例，首先需要美国的银行开始结算这笔交易，再经过美国自动清算所（ACH）、美联储与欧元支付区（SEPA）这两大地区的中央储备体系，流经欧洲央行（ECB），最后到达欧洲的银行完成清算。这不仅大幅增加了支付的手续费和支付的时间，还由于传统的支付体系无法实现双方信任，只能依赖类似于保证金系统等第三方机构来对交易支付双方的交易进行增信，也无形中增加了支付的成本，降低了支付效率。传统的支付手续费为2%～12%，而完成时间通常需要几天甚至是一周时间。

与传统支付流程不同，采用区块链技术可以实现点对点的连接，省去第三方中介环节，从而降低支付成本，缩短支付时间。其中，Ripple的应用发展最为成熟。Ripple与现有的支付体系完全不同，采用的是分布式结算的方式。在该结算机制中，Ripple用户会共享一本账簿（与私人银行或中央银行的账簿相反），Ripple的所有用户（并非中央银行）都可以以算法的形式查看并更新账簿。因此，这本共享账簿会记录Ripple用户所发生的每一笔交易，并能够储存Ripple用户的账户余额，具有公开性和记录保存机制。在现有的代理行系统下，处于转账链条的所有金融机构都需要更新自己的独立账簿，但 Ripple 的集体用户只需更新共享分布式账本即可，这就使得跨境支付直接跳过了代理行这一中转步骤，使支付系统可以迅速地批量处理转账事项。

作为一项重大创新，分布式结算解决了在没有中央结算机构时，交易双方可能面临的双重支付问题以及拒绝服务攻击问题。双重支付问题又称为双花问题，指的是汇款方在账户内资金只够支付给一个交易方的情况下，同时向多个交易方发出交易指令并成功支付的现象。为了解决这个问题，分布式结算系统采用了共识程序技术来确保交易指令的精确性。每一位用户都是一个验证节点（Validatingnodes），发生交易时 Ripple 用户会验证交易的真实性，并通过投票的方式承认或否认这笔交易的有效性。如果这笔交易被验证有效，这些验证节点就会更新账簿的内容。分布式结算不需要中央结算机构参与，就可以实现安全、实时的结算。

13.3　其他社会领域

区块链在其他领域的应用主要是利用了区块链去中心化、去信任化与不可篡改的特征，因为区块链在信息存储与加密上的特性适合运用在社会公共等诸多方面，接下来以两个领域为例，具体阐述区块链是如何应用在社会领域的。

13.3.1　医疗领域

区块链技术融入医疗领域的时间相对较晚，但仍然改变了全球的医疗行业。随着区块链技术的普及，新的医疗记录共享模式正在诞生，从而增加数据安全，节约成本、时间与资源。

具体来说，区块链在医疗领域有以下五大应用场景：

（1）电子健康病例

医疗方面，区块链最主要的应用是对电子病历不再由医院保存，而是由个人进行保存，原本的电子病历是由各个医院保存，患者无法获得自己的医疗记录，将会困扰再次就医，但电子病历用区块链技术来进行保存，就变为个人掌握电子病历，方便日后就医。

（2）DNA 钱包

使用区块链技术，可以将基因和医疗数据存储成一个 DNA 钱包并通过私人秘钥来进行查询，这将会让医疗健康服务商更加快速、准确和安全地分析病人的数据，提高研发药物的效率。

（3）药品防伪

运用在药品上，区块链防伪技术类似于传统的编码防伪技术，在药品包装盒表面会有一个特殊定制的验证标签，将其与区块链进行对比来验证药品是否合法。

（4）蛋白质折叠

由于蛋白质折叠速度极快，难以观察，需要使用超级计算机来模拟蛋白质折叠过程的情况，这种方法不单会耗费大量的资金，还会无法避免单点故障，但采用区块链技术的话，可以依靠一个巨大的分布式网络来取代超级计算机的作用。

13.3.2　慈善领域

区块链的去中心化和不可篡改性可以解决慈善领域很多待解决的棘手难题。随着经济社会的发展，慈善领域的金额不断增大，慈善公益范围不断扩大，如何保证慈善的公信力和公开性成为一个社会性问题。

区块链技术的引入可以解决慈善领域的这些问题，如图 13 – 3 所示，首先，区块链的去中心化特征可以解决慈善组织公信力较低的问题，因为在区块链中任何信息都是公开透明的，无论是在款项募集还是在救援财务发放的过程中，都不需要第三方的参与，整个慈善体系可以由全体捐赠人和受助人进行维护。第二，区块链可以解决有关慈善组织信息不公开，捐款去向不明晰的问题。由于记录在区块链上的每一笔交易都可以被用户查阅并追溯，慈善捐赠人和感兴趣的社会大众可以自行监管慈善款项的来源和流向，而无须像以前一样敦促慈善组织公布各项信息。区块链的高度安全性可以保证记录于其上的每一笔交易都真实可信，因此公众也无须质疑慈善组织是否在公布信息时有隐瞒或欺骗的行为。第三，区块链可以解决慈善组织日常维护费用支出较高的问题，区块链将从根本上减少中间手续，减少日常维护费用与手续费，解决目前慈善组织行政化倾向严重的问题。

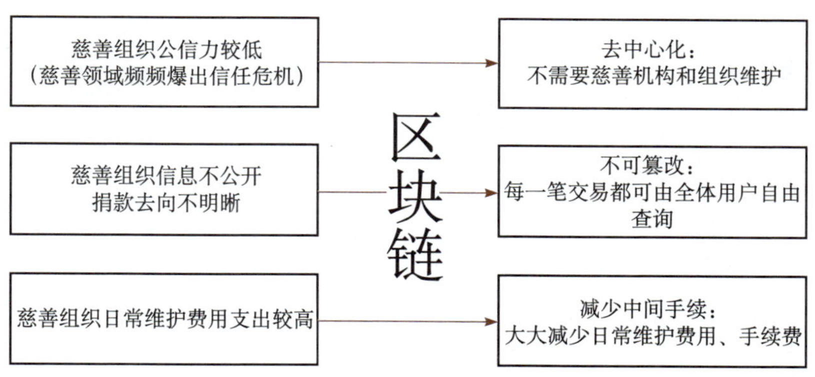

图 13－3　区块链技术在慈善领域的应用

目前已有很多将区块链应用到实际的场景中的实例，BitGive 和 Bitnation 就是具体的应用案例，但是由于慈善中介组织的完善性与严密性，目前还很难大规模应用。

13.4　区块链已落地应用

Melanie Swan 在《区块链：新经济蓝图及导读》一书中将区块链的应

用分为三个阶段，即区块链 1.0、2.0 和 3.0。区块链 1.0 是指货币范围的应用，主要解决货币和支付系统的去中心化问题；区块链 2.0 可用来注册、确认和转移各种不同类型的资产及合约，如各种金融交易、公共记录、私人记录等，从而更宏观地对整个市场去中心化；区块链 3.0 则进一步超越了经济领域，可用于实现全球范围内日趋自动化的物理资源和人力资产的分配，促进科学、健康、教育等领域的大规模协作（见图 13－4）。

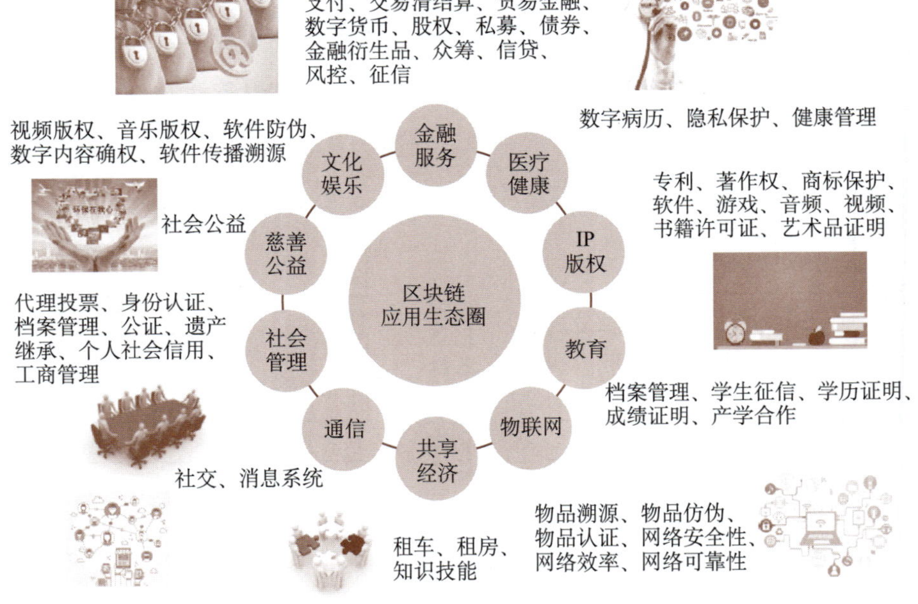

图 13－4　区块链应用场景概览

2016 年 10 月发布的《中国区块链技术和应用发展白皮书（2016）》列举了 6 个相对成熟的应用场景：金融、供应链、文化娱乐、智能制造、社会公益、教育就业等。2017 年 8 月 23 日，国家互联网金融安全技术专家委员会发布警告，提醒 ICO 投资者理性看待区块链的应用，建议从以下 4 个方面考虑区块链应用是否能够充分发挥区块链的技术特性：参与多方性，区块链需要互不信任的多方参与，以实现共同监督，同时应区分不特定多方和特定多方参与的要求；参与积极性，项目的应用要为参与者带来相应价值，否则无法保证区块链运行的持续性；参与真实性，在多方参与的情况下，区块链可以有效保障链上数据的难篡改，但无法解决链外数据上链的真实性；参与可行性，考虑与关联设施对接与改造的难度及成本，充分评估实施可行性。

当前，区块链 ICO 项目打着颠覆各个领域的噱头进行大规模融资，通过了解区块链技术应用的发展阶段和现阶段已实现的应用，可以侧面了解 ICO 项目的开发难度以及实现其许诺应用前景的发展路径。表 13－2 总结了全球范围内领先区块链公司的介绍，表 13－3 总结了中国知名区块链公司介绍，以期对 ICO 项目的投资决策提供参考。

表 13－2　　全球领先区块链公司一览

公司	领域	总部	公司简介	公司近况
Guardtime	数据安全、物联网	爱沙尼亚塔林	公司旨在利用区块链科技开发数字加密应用，以确保物联系统的系统完整性和安全性。Guardtime 主要是为数据提供签名授权、签名时间以及完整性验证。无论数据存储于磁盘中、在网络中移动，还是在云计算中使用，都可以在全球范围内保证它的可靠性和完整性	Guardtime 的技术已经历过长达 5 年的实战考验，众多政府和金融机构已经开始使用 Guardtime 作为系统泄露的早期探测和预防措施
Coinbase	交易、钱包、支付、平台	美国加州	公司业务主要包括比特币钱包和交易平台，让商家和消费者可以用新的数字货币比特币进行交易。公司的交易所将为个人和机构提供比特币交易服务，并实时监控这种虚拟货币的价格变动。该交易所将为比特币带来一定的合法性，这种货币并未获得美国中央政府的支持，但将为包括纽约、加州在内的 25 个州提供交易服务。这意味着 Coinbase 已获得美国多个州监管机构的合法执照。Coinbase 表示，公司已购买了保险，因此可以为交易者提供一定的资金保障	USAA 宣布扩大其比特币整合范围，开始允许所有账户持有者链接到他们的 Coinbase 账户，并能从 USAA 的官网直接查看 Coinbase 的账户余额；公司在美国正式推出借记卡支付方式，其欧洲客户现在也可以使用借记卡和信用卡两种方式进行支付

续表

公司	领域	总部	公司简介	公司近况
Circle	支付、钱包	美国波士顿	一家为消费者开发使用比特币的工具的公司，公司基于互联网提供消费者金融服务和零售消费银行产品。公司的愿景是让网络上发送和接收货币如同传送图片一样容易，同时利用区块链技术提供无与伦比的安全性。公司着力于向全球拓展其商业模式	近日，摩根大通的一位前高管已加入比特币初创公司 Circle Internet Financial；其数字货币平台正式上线，平台将支持超过 160 种不同的货币；公司已从纽约州监管机构那里拿到了第一张数字货币许可证 BitLicense，这意味着该公司将可在纽约州持证提供数字货币服务
BitFury	交易处理	美国加州	BitFury Group 2011 年创立于俄罗斯，在旧金山和阿姆斯特丹设有管理部门，在冰岛和格鲁吉亚共和国设有数据中心和私人矿池。早期是一个 ASIC 比特币矿机芯片研发团队，现在转型做区块链基础数据服务和交易处理服务，拥有全球 15% 的比特币交易处理份额。BitFury 的管理团队和董事会成员由经验丰富的业内资深人士组成，他们都有半导体工程、企业发展和公司投资的管理经验	根据高盛投资公司近期的报告，大约 80% 的比特币交易数量来自人民币，交易量第二为美元，欧元排第三。除了巨大的比特币交易规模之外，中国因具有电费低廉、基础设施成熟而且硬件制造商成本低的优势，已经成为世界比特币开采中心。2017 年 BitFury 计划会为中国市场发布专用服务
Digital Asset Holdings	清算结算、软件、私有和公共区块链	美国纽约	公司旨在允许所有的参与者在同一个数据库中进行实时的资产交易，同时利用 Cryptocurrency 区块链技术确保交易实时性和安全性。公司同时还提供企业辛迪加贷款、国债回购、股票交易结算等解决方案	公司 CEO 为前摩根大通高管“CDS 之母”Blythe Masters；近期赢得一份来自澳洲证券交易所的合同
Chain	清算、联盟链、平台、软件	美国加州	Chain 帮助机构与企业定制部署区块链基础设施，尤其是帮助金融企业建立系统网络，以摆脱对于中介的依赖。公司业界内非常知名	近日，Chain 已使用纳斯达克的私募市场区块链解决方案 Linq，发行了本公司的股票

续表

公司	领域	总部	公司简介	公司近况
Xapo	钱包、支付、平台	美国加州	公司是全球最大的比特币托管人，提供比特币快捷和安全的储存方式，其在瑞士阿尔卑斯山下有一个大型深度冷藏库服务器用以加密存储受托管比特币。同时，公司提供将现金转换为比特币等数字货币的服务，用户不需银行账户，即可直接用平台进行数字货币交易	比特币公司 XAPO 宣布即将从总部搬迁到瑞士苏黎世，主要是看中了瑞士中立且稳定的环境。XAPO 公司注重的是比特币安全服务，从三个月前就已经开始根据客户要求转型
Ripple	支付、结算、私链、软件、外汇、平台	美国加州	公司是世界上第一个开放的支付网络，通过这个支付网络可以转账任意一种货币，简便、易行、快捷，交易确认在几秒内完成，交易费用几乎是0，没有所谓的跨行异地以及跨国支付费用。Ripple 是开放源码的点到点支付网络，可以使客户轻松、廉价并安全地把资金转账到互联网上的任何一个人，无论其在世界上哪个地方。因为 Ripple 是 P2P 软件，没有任何个人、公司或政府操控，任何人都可以创建一个 Ripple 账户	公司于 2015 年末对外公布了其“InterLedger”协议项目，该项目的目标就是打造全球统一支付标准，创建统一的网络金融传输协议。这一倡议也得到了微软（Microsoft）和万维网（World Wide Web）的支持
BitPay	支付、平台	美国佐治亚	BitPay 一直被称作 Bitcoin 上的 PayPal，它是 Bitcoin 商户的支付解决方案，商户收到消费者的 Bitcoin（必须是使用 Bitcoin 的个人消费者），通过 BitPay 把钱转成自己使用的货币，向 BitPay 支付 0.99% 作为手续费	美国著名贵金属销售商 JMBullion 宣布与比特币支付处理器 BitPay 达成合作协议，为消费者提供比特币付款方式。BitPay 近日宣布与区块链服务供应商 Bloq 进行合作，为了提供更好的服务和新的功能
ItBit	交易、清算、私链、软件、平台	美国纽约	公司的愿景是成为全球性的可以处理任何资产、24 小时、全地理方位的交易平台。公司的 Bankchain 平台针对金融机构希望打造成一个更快、价格更低廉、更全面的清算和交易平台	公司 2015 年获得了纽约州的信托牌照，这意味着 ItBit 开始受到纽约金融服务部（NYDFS）的监管。对于该公司来说，其业务可以合法地扩大到美国地区，其合法地位已经和 NorthernTrust、BNYMELLON 等平起平坐

续表

公司	领域	总部	公司简介	公司近况
BLOCK-CHAIN	钱包、平台、支付	英国伦敦	在相对年轻的比特币生态系统中的老字号钱包提供商和软件开发公司，目前已经拥有超过450万用户，每日完成65万交易，每周公司增加7万钱包。因为始终坚持虚拟货币的匿名性和去中心化的最初理念而在该行业备受尊重	最近，公司收购了RT-BTC，后者提供实时的多个比特币兑换交易所的交易平台；公司收购了ZeroBlock，后者提供关于比特币的实时数据和新闻
VOGOGO	风控、支付	加拿大卡尔加里	Vogogo成立于2008年，起初业务包含设计，建造，并推出了基于网络的支付处理技术，同时扩大其在软件开发、支付、风险管理、合法化和相关金融的服务	公司近日宣布将与世界上曾经最大的比特币交易所——Bitstamp进行整合，使其拥有专有的合法性和风险管理能力。公司正在与Bitstamp达成几个全球性倡议，并且大力支持Bitstamp扩张进入美国和加拿大市场，同时增加欧洲的一些汇率
Uphold	支付、外汇、钱包、平台	美国加州	公司是全球增长最快的基于区块链技术的金融平台。自2014年11月成立以来，公司已成功协助完成超过6.8亿美元的交易。Uphold数以万计的会员来自全球170个市场，交易超过24个币种和4种贵金属。通过整合其开源的应用编程接口Uphold Connect，开发人员可以使用免费和即时的金融储存，为业务客户交换和转让资金	公司今日宣布，即日起接受来自中国银联——中国最大的银行卡联合组织的在线服务。自今日起，中国Uphold会员可使用银联卡为其Uphold数字钱包充值。充值成功后，会员将享有即时、安全和免费的P2P（点对点）支付服务，以及安全持有资金并获得国际支付的能力
Bitnet	支付平台	爱尔兰贝尔法斯特	Bitnet提供顾客使用比特币支付的平台，然后在收取顾客的比特币后，折算付给商家现实的本地货币。据Bitnet称，每笔交易将收取最高不超过0.9%的服务费用，而随着交易数额的变化，Bitnet的收费大致相当于信用卡优惠利率的1/3。由于比特币支付是不可逆的，Bitnet接受其中的意外风险和贬值风险，他们拥有一个这样的风险承担系统：Bitnet里存在着一个第三方托管代理，这个托管代理将分别、单独地与顾客和电商签订并执行交易，如果有任何一方没收到货币或者商品，托管代理将直接进行赔偿	公司推出“即时交易”服务，减少商家等待比特币交易的时间。通过“即时交易”，与Bitnet合作的商家不再需要等待2~6个确认，只需几秒钟就能完成比特币交易

续表

公司	领域	总部	公司简介	公司近况
ABRA	支付	美国加州	Abra 是一款采用“比特币区块链＋人体 ATM”组合技术的移动应用，是基于 IOS 和 Android 平台的现金钱包和转账应用，希望借此绕过中间商，降低用户昂贵的交易费用，从而进军 5 500 亿美元的汇款市场。这款应用主要依靠“出纳员”网络运行，当用户想要存钱到他们的账户中时，既可以直接使用借记卡转账，也可以直接拿出手机，打开 Abra，应用会显示出附近的“出纳员”的坐标地图，同时还会显示根据其他用户以及其本身的费用而确定的评级。用户可以在众多出纳员中挑选一位，然后和他面对面交易，用现金换取“电子现金”。电子现金随后会被发送到用户手机，此过程靠区块链来完成确认。但是，所有存款皆以美元为保证，在存款后三日内，用户钱包里的存款额不会随着比特币价值而波动，用户看到的都是以美元计价的交易，而 App 后端使用比特币。只要用户的账户里有钱，他们就可以完成给海外汇款。收款人会被告知他们收到一笔汇款，随后便可以寻找附近的“出纳员”把钱取出来	近期获得了来自美国运通公司和印度塔塔集团名誉董事长——RatanTata 的战略投资
BitGo	钱包、平台	美国加州	BitGo 是一家比特币安全平台，近日其宣布推出第一个自动化的开源代码密钥恢复服务软件（KeyRecoveryService，简称 KRS），该软件可生成、保护和存储私钥备份	为了应对全球的比特币盗窃风险，BitGo 同 XLGroup 保险公司达成协议。这是全球第一个比特币公司通过一个全球 A 级保险公司的发行政策
Filament	物联网、工业网络	美国内华达	公司是一个使用比特币区块链的去中心化的物联网软件堆栈，能够使公共分类总账上的设备持有独特身份。通过创建一个智能设备目录，Filament 的物联网设备可以进行安全沟通、执行智能合同以及发送小额交易	近期，公司计划开发两个硬件，一个是 Filament Tap，一个传感器装置，允许装置与周边 10 英里以内的电话、平板电脑和计算机进行沟通；另一个是 Filament Patch，用来延伸该技术的硬件，可以实现硬件项目的定制。通过利用基于区块链技术的堆栈，企业可以更好地管理物理采矿作业或农业灌溉，不需要再使用效率低下的中心化云方案或文件式的老方案

续表

公司	领域	总部	公司简介	公司近况
BLOCKC-YPHER	平台、软件基础设施	美国加州	BlockCypher是一家区块链软件基础设施公司，其可以帮助公司使用简单的网络API搭建应用程序	公司计划后续在多方面取得合作，包括网络开发商、成熟区块链公司和大型金融机构等
Factom	数据管理	美国德州	公司基于区块链技术层级来记录和储存信息。公司的软件解决方案的最大特点在于在区块链上存储各种尺寸的哈希加密信息，以创造不可逆的审计记录。对于有严格合规需求的公司，该方案吸引力较强	近期，洪都拉斯政府开始和Factcom合作，以解决政府传统中心化记录所带来的腐败问题（例如，有权限访问并修订政府中心数据的官员利用制度漏洞篡改数据，为自己获得额外资产）

资料来源：申万宏源证券。

表13-3　中国知名区块链公司介绍

万向区块链实验室	专注于区块链技术的非营利前沿研究机构，就技术研发、商业应用、产业战略等方面进行探讨，为创业者提供指引，为行业发展和政策制定提供参考，促进区块链技术服务与社会经济的进步发展	肖风 VitalikButerin 沈波	行业技术交流和基础理论研究，区块链技术培训认证及推广、区块链丛书出版
布比	专注于区块链技术和产品的创新，以去中心化信任为核心，致力于打造开放式价值流通网络。目前已获得百万美元级天使轮投资	蒋海	在可证明安全性、交易验证共识、业务可拓展性等方面优势显著，既能满足互联网级开放式平台的要求，也可应用于各类企业级场景
莱特币	是一种基于“点对点”技术的网络货币，也是MIT/X11许可下的一个开源软件项目	李启威	在工作量证明算法中使用ColinPercival首次提出的Scrypt算法，因此相对比特币，在普通计算机上挖掘莱特币更容易

续表

OKCoin 比特币交易平台	中国最专业的比特币交易平台，采用 ssl、冷存储、gslb、分布式服务器等技术，确保比特币交易的安全、快捷、稳定。目前，Trade Block XBX、Coindesk Index、NASDAQ Europe ET 三家机构已分别在价格指数中使用 OKCoin 比特币的价格	徐明星	①策略交易，首创冰山委托、时间加权委托等策略交易工具；②业内首创实时动态风控体系，实行多级动态风控标准，根据市场动态对账户和仓位进行分级管理；③全球多市场综合比特币指数，针对比特币波动大、交易所不稳定的情况，定制多级权重管理体系，在保证指数平滑的基础上，将全球主要市场纳入指数成分中
好有钱 App	专注熟人借贷的社交金融产品。熟人借贷即利用社交关系发展债权关系，但具有熟人信任的属性。F2F 模式充分释放借款人和放贷人之间的社交关系价值，将借贷风险控制到最低。具有零风控、手续简单、借贷速度快等优势	徐明星	①借鉴比特币去中心化的理念，发力熟人借贷，打破传统 P2P 的集中式系统风险；②六维安全保障体系，保障借款人和放贷人的资金安全；③结合比特币区块链技术，应用加密解密手段，在区块链上形成电子合同；④应用移动互联技术让人和人之间的信任关系更加和谐
小蚁	基于区块链技术的股权登记、管理和交易系统。用电子签名签署股权转让协议，用区块链保存交易记录，是带自动执行功能的电子合同签署系统	达鸿飞 张铮文	结合国际电联 X.509 标准和《电子签名法》，设计具备法律效力的区块链身份认证方案；以双方签署电子合同的形式完成股权转让，符合《公司法》《合同法》要求；超导交易机制使交易所成为纯粹的信息撮合者，传统“用户＋资金托管＋证券托管＋交易所＋清算中心”简化为“用户＋信息撮合者”模型
太一系统	可以方便发行多种数字货币，并且多种数字货币、数字资产监管共享同一区块链	邓迪	全球第一的由法币制成的数字货币，多资产共享区块链，降低发行成本
BTCC	最初以“比特币中国”创立于 2011 年，中国第一个比特币交易所，全球运营历史最长的交易所。提供数字货币交易所、矿池、支付网关、用户钱包、区块链刻字等服务	李启元 杨林科 黄啸宇	在高安全性和用户方便性上取得最佳平衡，创造一站式解决用户对比特币生态圈各个环节需求的模式

续表

Goopal	基于区块链技术开发的全球移动数字积分系统，塑造公正、公开、透明的特性，同时使 Goopal 技术应用于更广泛的场景	孙江涛 崔萌 徐伟	采用 DPOS 股份授权证明机制；出块速度不超过 10s；支持多种数字资产发布
WeSUCH	引入 SAK 支付系统，以“蜜悦 APP”为依托，利用“流支付”思想解决实时、多方、碎片化的利益分配难题，发挥“粉丝经济”效应，服务人们生活	王东	利用 DAC 思想创造性地构建了一个能够自己发展壮大的平台规则体系，使各个参与方获得长期利益回报，并促进 We-SUCH 平台持续发展壮大
BitSE	于 2013 年在上海成立，提供全球最强壮的区块链及其侧链为基础，打造全球区块链服务平台，提供算力管理、数字资产管理与交易、物联网、防伪、IP 注册等服务	钱德君	首次提出 Blockchain As A Serv-ice，结合知识产权防伪检验的痛点，利用区块链及侧链的智能合约技术，以区块链安全芯片及区块链物联网芯片为核心提供服务
精灵天下	针对当前电子资产的版权认证不方便、取证难、认证难、交易繁琐等问题剔除新型模型	李贝宁	在附加区块链网络上面设计一层版权记录、认证、交易的协议，此协议能很好地对电子资料作 Hash 和附加信息的记录
安存正信	提供数据的真实性、有效性、证据化的基础性服务，以区块链的时间戳为基础，关联用户的线下真实身份提供存在性证明	高航	在国内司法体系对电子证据认可的基础上，叠加基于区块链的存证技术，以“存证”为切入点
Bitbank	立足于虚拟货币银行，为虚拟货币提供投资理财服务，前身为“聚啊”，累计理财超过 20 万 BTC、150 万 LTC，世界上最早的虚拟货币理财平台、世界上最大的虚拟货币银行。巨额投资 bw. com 公司到中国第一款 14nm 芯片的矿机中；技术上创新众多，投资重量级全冷钱包技术公司	花松秀 郭宏才	提供虚拟货币挖矿理财，拥有比特币云算力理财
CerShares	基于 DPOS 区块链技术，达到工业级交易速度的开源去中心化交易所解决方案，无须任何技术知识就可以发行或交易数字货币、法币、金融衍生品，并收取自定义资产的交易佣金	Daniel Larimer 李笑来 沈波 龚鸣	首个全球范围商业化运作的交易平台解决方案，类 LMAX 交易引擎让区块链交易速度达到新高峰。能突破许多地区法律管辖限制，实现绝对公开透明的方式交易已存在或自定义金融产品

续表

CerChain	以去中心化、纯粹数学算法的方式提供匿名且安全的存在证明。可根据用户需求便捷和极低成本证明某个人对任意类型文件的所有权	龚鸣	无须透露任何鉴证内容给第三方就完成鉴证过程，公开、透明且免费。区块链使海量微信息的微公证成为可能，且使用数学算法让鉴证结果没有国界限制
DAIBond	贷券是首个基于以太坊技术、可转让、等价可互换的加密债券。参与者无须事先认证，同时确保借贷行为低风险	Nikolai Mushegian Rune Christensen 龚鸣	价值与美元等法币实现 1：1 绑定。任何以太坊地址可持有贷券，也可自由发送给其他地址
ViewBTC	面向数字加密货币的独立第三方产业研究和咨询机构，三大业务包括维优指数、维优行业研究、维优数据分析，是 ViewFin 的数字货币方向分支项目	初夏虎	维优指数、维优行业研究、维优数据分析
RichFund	业务涉及比特币挖矿芯片、比特币矿机、矿场、对冲套利、量化及高频交易、场外交易、比特币相关项目投资和孵化	赵国峰	全球著名数字货币对冲基金
智能坊	第二代数字货币系统，提供完备的 C/C + + 语言作为合约开发语言，拓宽应用领域，降低去中心化应用开发难度	石玮松	去中心化智能合约应用平台
BTSFair	P2P 比特资产兑换平台	郑浩	实物资产和虚拟资产链接的桥梁，提高比特币流动性、接受度、用户友好度
比太钱包	官方推荐钱包，为比特币企业提供安全的企业级钱包解决方案	文浩	基于 SPV 轻钱包模型，支持 HD 模型和多重签名技术，创新的冷热钱包模式，独创的随机解决方案
币看	主营比特币和其他加密货币 APP，提供价格、咨询、交易功能，获几百万天使投资	刘爱华	通过 Web 和手机 App 提供比特币行情和咨询服务，并可以通过 app 介入比特币交易市场或个人进行交易
比特币交易网	支持人民币、美元、澳元、日元等与比特币交易的比特币交易平台，日交易金额最高超过 10 亿元人民币	张寿松	全资收购聚币网

续表

BitExchange 和闪电矿机	与 BitExchange 合作在全球建立比特币生态系统，连续推出多款矿机	廖翔	提供比特币硬件：矿机、Atm、硬件钱包、矿场部署
火币网	虚拟货币交易平台	李林 杜均	全产业链布局；首家实现比特币投资 A 股；一站式交易最完善
区块链中国	区块链技术门户网，行业搜索引擎	索剑伟	一站式解决区块链技术问题，提供外包服务、受理创业基金申请
Tilepay	为物联网行业提供去中心化的人到机器或机器到机器的支付解决方案。基于区块链技术开发微支付平台，并建立全球化的数据交易市场	Shawn David Kennedy Carol Duranleau 帅初	通过区块链技术重构物联网架构，隐去物联网设备的真实 ID，增加 mesh 网络安全性
币富网	数字货币数据分析和投资建议网站，以数据为出发点，结合行业热点分析判断数字货币发展趋势	潘国力 周朝晖	首创社会化情绪指数指导数字货币交易
ENS	区块链顶级名称注册的名称系统，管理以太坊区块链上的顶级域名	Nikolai Mushegian Rune Christensen Ryan Casey 鲁斌 杨仲东	可以永久地将以太坊区块链上的任何数据和名称关联起来

资料来源：申万宏源证券：《区块链，新经济蓝图导读》。

13.5 区块链应用的原则

区块链实际上解决的是传统的交易账本或数据存储的中介问题。因为区块链有去中心化、去信任化、不可篡改等特点，所以区块链的应用场景往往要满足以下三个原则：

13.5.1 节点算力平均

区块链的最本质特征是去中心化，区块链使用自愿原则构建了一套所有节点都可以参与的分布式数据记录账本，将会计责任分散化。在区块链中，每一笔新数据进行传播时都必须遵守网络 P2P 协议，由该节点发送给全网所有的节点，让数据存储在所有参与的节点中，并可选择性地实时更新，极大地提升了数据的安全性和可容错性。因此，区块链的应用场景必须是各节点算力平均的应用场景，没有计算能力上的绝对中心，节点与节点之间是平权的。

13.5.2　使用高频

区块链布局是需要成本的，不仅有开发成本还有运营成本，在开发中，每一个区块链的开发均需要发行一种新的数字货币，而在运营中，资源的消耗也是极为庞大的，因此区块链的应用场景必须是使用频率非常高的应用场景，它的应用需要是大大增加了系统的效率。

从概念上讲，维护区块链数据库的多份备份会比维护一个单一、中心化的数据库更加费力，但实际上，区块链中的多个节点都包含同样的交易信息，已经起到了维护数据库备份的作用。在传统记录方式里，交易双方可能会对同一交易数据存在区别，从而导致耗费大量成本和时间的对账流程。如果采用区块链模式的分布式数据库，可以不再需要进行人工对账，比传统记录方式成本更低。

13.5.3　合法合规

区块链在进行交易时会验证涉及交易的各方身份，在没有获得所有人同意的情况下，新的交易无法被添加上区块链。如果想要对区块链加入新的交易，需要参考本次交易数据、交易双方的身份和曾经的交易记录，一起生成一个哈希值，写上当下区块，一旦遭遇修改就会导致它不能与其他节点账本的数据相匹配，这一特性保证了恶意参与者很难修改交易的历史记录。因此，区块链具有很强的隐蔽性、安全性和排他性，给法律监管带来了一定的困难，所以区块链的应用一定要合法合规。

第14章 区块链的局限与风险

14.1 区块链的技术局限性

14.1.1 数字鸿沟及全量数据的存储

数字鸿沟指的是能够获得以及不能获得某种技术的人群之间的差距。区块链的应用带来了显著的数字鸿沟，即能够掌握区块链技术的人群与不能掌握区块链技术的人群之间的差距。

同时，因为使用区块链建立的系统会储存全网发生的所有信息，并且参与交易的所有节点也要实时下载并保存数据区块，所以当数据完全同步后，会大幅增加网络压力，且因为每个参与节点内存空间的容量有限，也将会限制区块链的延伸。

14.1.2 安全问题

51%攻击是目前区块链技术面临的最大威胁，PoW证明机制决定了如果有节点掌握了的区块链中超过51%的算力就可以篡改和伪造数据。此外，区块链的信息交互采用的是非对称加密的技术，但由于人们对密码学、数学以及计算能力等各个领域认知的提升，非对称加密算法也有可能被破解。事实上，目前已经出现过了黑客攻击区块链的记录。2011年6月，Allinvain因为黑客的攻击，被盗走了25 000个比特币，这是历史上第一起比特币遭受重大损失的事件。2012年9月，比特币平台Bitfloor被一名黑客所攻破，总计造成了24 000个比特币的损失，2013年4月，该平台停止运营。2016 年 6 月，基于区块链技术的全球最大众筹项目 TheDao 由于黑客的攻击，被窃取了 360 多万以太币，总计造成了 6 000 万美元的损失。这些事件的发生都引起了业内的高度关注。

14.1.3 效率问题

区块链技术的处理速度远低于目前的交易处理速度，如 VISA 信用卡可每秒处理 10 000 笔交易，比特币的交易处理能力却只有每秒 7 笔，而且比特币区块产生一个新的区块需要 10 分钟，一笔交易需要等待 10 分钟才可被确认。这无法满足高频率和需要实时确认的交易场景的需求。

14.1.4 资源问题

区块链的 PoW 证明机制解决了比特币发行、交易和验证功能所面临的问题，保证了系统的安全性。然而，只有一个节点具有记账权代表着其余节点的计算能力都被无效耗费。区块链传播数据时进行全网广播，会大幅耗费底层网络的带宽，使网络速度下降甚至导致网络瘫痪。除此之外，由于比特币被热炒，一些机构开始采用专业挖矿设备挖矿，浪费了巨额的电力资源。据报道，东北一家挖矿工程 2 500 台矿机每月运行消耗的电力就达 40 万人民币。

14.2 区块链的风险——ICO 的融资

14.2.1 ICO——新的融资方式

ICO 的全称是 Initial Coin Offering，是一种在虚拟货币社区内，以电子加密货币为媒介进行资金募集的行为。ICO 通常是以区块链技术作为其技术基础，初创公司或团队以区块链技术发行某种自行创造的虚拟货币，团队进行公示，宣布向区块链社区卖出一定数量的该虚拟货币，投资人以比特币、以太坊币等常见虚拟货币进行购买，此过程就是 ICO 的资金募集过程；ICO 结束，团队获得一定数量的比特币或者以太坊币，如企业卖出了 1 000 个虚拟货币，获得了 100 个比特币，则该虚拟货币和比特币就锁定了 10∶1 的初始汇率值。该虚拟货币接下去就可以在全球各类虚拟货币交易所进行交易，通过交易所获得流动性，类似于二级市场。

对于投资人而言，投资（购买）虚拟货币是因为看好虚拟货币发行企业的未来前景，预计虚拟货币未来会持续增值，由此获得投资/投机收益。目前，主要是以投机为主，ICO 市场的资本泡沫还是很严重的。虚拟货币可能承诺了某种形式的分红或者企业收益分配制度，目前这种制度更多是为了资本增值。实际上，几乎没有任何一个 ICO 项目有能力进行分红。由此可见，ICO 制度在本质上类似于 OTC 市场的有价证券发行或资产证券化，但由于区块链技术和虚拟货币的全球火热，以及通过区块链技术实现了面向非特定人群，甚至是面向全球市场的、去中心化和无须审核、高流动性的资产证券化业务模式，因此 ICO 发展很迅速，在早期带来了很高的财富增值。从长远来看，ICO 由于缺乏监管（去中心化本质决定的）和财务审计，很容易出现信用道德缺失和诈骗事件。

如图 14－1 所示是 2017 年部分 ICO 的融资状况。ICO 本质上就是一种新的融资方式，可以从两个角度去看待 ICO。一是从众筹的角度来理解。众筹可以认为是一种在一级市场筹集资金的方法。根据众筹对标资产的不同，可以将其分为实物奖励类众筹、收益类众筹、股权众筹等。按照中国人民银行的定义，比特币等虚拟代币属于一种虚拟商品，那么目前绝大多数 ICO 的行为，实际上是为了创造一种新的虚拟商品（代币）而进行众筹。这种众筹的回报大部分是这种虚拟商品或服务以后的使用权（如以太坊代币众筹），也有一些是收益权（例如某些 ICO 代币承诺分红）。众筹目前认为是一种商业行为，而不是一种金融业务，在世界上大多数国家都可以合法开展。二是从 IPO 的角度来理解，再从 IPO 的角度来分析。IPO 作为一级市场的承销商面向公开二级市场发行的有价证券产品，在全世界所有国家都受到该国证券法的严格监管。同样是为企业募集资金，为什么众筹的监管很弱，而 IPO 的监管非常强呢？这主要是因为 IPO 发行标准有价证券，在二级市场有很好的流动性，而且标准化证券作为一种金融产品，可以加杠杆并创造更多的衍生品。因此，如果 IPO 的底层资产质量不好（毒资产），经过二级市场杠杆以后可能有极大的放大效应，影响二级市场的信用，影响整个金融系统的稳定性，所以全世界对 IPO 没有不严格监管的，曾经没有严格监管的也都交了巨额学费。

项目名称	ICO 开始时间	代币	项目内容	募集时间	募集金额	网址
印链（Inchain）	2017 年 5 月 10 日	INS	区块链商业应用底层平台的公有链项目	15 天	2000BTC	https：//ICO. inchain. org/
Monaco VISA	2017 年 5 月	MCO	数据货币与法币兑换的 APP 应用	30 天	50000ETH	https：//www. mona. co/cn/
量子链	2017 年 3 月 7 日	量子币	为商业应用而生的区块链，创造简单实用的去中心化应用，可以在移动设备上运行，兼容目前的主流区块链生态系统	7 天	1 500 万美元	https：//qtum. org/zh/
Bancor	2017 年 6 月	ENT	专注于解决资产互换的流动性问题，Bancor 协议为智能代币的创造提供了一个标准，通过智能合约来为代币提供持续流动性和异步价格发现方式	3 小时	39 万 ETH	https：//bancor. network/
RET-SCHSR	2017 年 6 月 9 日	RET	RET（Real Estate Token）是一款基于 ACCHAIN 区块链的开源技术工具	15 天	5 000 万美元	https：//www. acchain. org/ret_ ICO. html
Aeternity	2017 年 4 月 3 日	AE	Aeternity 区块链底层协议研究及技术方案提供商，目前已经开启测试网，并在 Github 上实施开源	3 天	300 万瑞士法郎	https：//wallet. aeternity. com/
医疗链	2017 年 6 月 12 日	HCC	为医疗机构提供可信、高效、强拓展性的区块链底层信息储存流转服务及应用	30 天	4 000 万元人民币	https：//www. hcc. hk/

图 14－1　2017 年部分 ICO 融资情况

ICO 的特殊性在于它是“众筹＋标准证券化”交易的模式。ICO 首次以自己发行的某种新代币为回报向区块链社区筹集以太坊币和比特币是较为典型的众筹模式，但由于区块链技术的去中心化技术特性，ICO 过程中发行的代币可以立刻进入二级市场流通，通过各类代币交易平台进行交易，这是一个典型的证券化过程。

更重要的是，这种代币流通方式打破了目前以交易所为核心的交易模式，传统二级市场的模式中，证券需要和交易所紧密绑定，在上交所发行的A股只能在上交所进行交易流通，不能在其他交易所，如深交所、美国纽交所、纳斯达克进行交易。但是，在ICO的模式下，企业通过ICO发行的代币的流动不依赖于特定交易所，可以在全球任何交易所流通。这使得证券资产不再被局限在某一家交易所内，打破了资产交易的地域性限制，提供了一条面向全球市场公开融资的、低成本的、高效率的融资渠道。全球去中心化二级市场的快速形成，随着以以太坊为代表的区块链基础设施的完善，已经是未来的一种趋势，因此从金融监管来讲，拒绝或者不承认这样的趋势，或者去禁止这样的趋势，有可能使中国失去这个巨大市场的规则制定权和定价权。

14.2.2 ICO的风险

就目前我国市场而言，ICO是存在风险的。我国市面上绝大部分ICO融资本质是虚伪的。ICO完全没有第三方机构进行项目资质审核，很多ICO项目空有一个白皮书，区块链成为融资的幌子，完全只是为了圈钱。

ICO没有实行第三方资金托管，资金托管靠ICO企业的自律，这里面有太高的道德风险。众筹所得资金（一般以比特币或以太坊等代币形式）不应当一次性交付给ICO受益企业，而是随着企业项目的实际运行，按照合理和“形式一致性审核”的原则，分阶段按需支付给企业。这里的第三方托管机构应当在股权和实际控制人方面严格地和ICO企业进行分离，并具备某种行业公允性。然而，我国现在大部分ICO没有这种资金托管机制，项目的成功与否完全取决于开发者。

ICO的大部分支持者是项目爱好者或不专业的投资者，ICO平台是第三方中立平台，投资者自担风险，因此ICO实际上已经沦为了一种虚伪的融资把戏，没有体现其区块链技术的革新性。

在国外就已经出现过 ICO 失败的例子，The DAO 是 ICO 史上最大的众筹项目，融资额高达 1.6 亿美元。DAO 的全称为 Decentralized Autonomous Organization，意为“去中心化的自治组织”，目的是为了构建一个完全由计算机代码控制运作的类似公司的实体，是人类历史上具有突破性的构想，但是这个 ICO 项目却因为受到黑客攻击和领导层之间的争论分歧而遭遇失败。

第 15 章　各国政府对于区块链的研究及监管

15.1　对于比特币的态度

不同国家对比特币持有不同的态度，态度较为积极的国家承认比特币的货币地位或者是允许比特币的交易，态度较为消极的国家则严格监管比特币甚至封杀比特币，其具体监管态度将在下文列举。

15.1.1　比特币由“合法化”走向分裂——以美、日、韩为例

对于比特币，许多国家都具有较好的接受度。比如：美国佛罗里达州政府拟定义比特币为金融工具，全国比特币 ATM 的总数已突破 100 台；俄罗斯联邦信息技术和通信部宣布区块链计划将于 2019 年合法化；日本出台支持比特币支付法案，财政部指导建立比特币交易所，从 2017 年 7 月起，日本将对比特币的买卖免收消费税，目前已有约 4 500 家商店接受比特币付款。在中国严厉的监管之下，韩国的宽松政策也为加密数字货币的交易提供了良好的环境，这一度使得韩国成为继美、日之后第三大比特币交易市场。

然而，随着加密数字货币的全球狂热，各国央行纷纷表示担忧，这也直接导致了上述国家原有的“宽松政策”的动摇，监管意志趋于分裂。以韩国为例，近几个月前，监管部门已经对“投资收益征税”“数字货币领域，禁止金融机构拥有、购入、做担保、入股”“交易所应把客户资产存

放、履行说明义务、认证使用者实名、秘钥分开保管、买入和卖出的叫价/订货量公开”以及“禁止 ICO”“交易所履行反洗钱义务”等多个提案内容细节进行研究，却始终未能形成明确的法案对比特币进行监管，甚至出现了朝令夕改的闹剧，引发虚拟货币市场的巨幅波动。

15.1.2　比特币成避险资产——以委内瑞拉为代表

比特币对于新兴市场而言也具有一定的吸引力。例如，委内瑞拉已经将比特币当作一种避险资产，由于该国石油行业的下滑，国内的通货膨胀率已达到 741%，因此对于委内瑞拉人而言，可通过互联网获得的比特币是一种比原有货币更加可靠的货币形式。根据委内瑞拉最大比特币交易所 Surbitcoin 的调查，该国的比特币用户数量已经从 2014 年的几百人暴涨到 2016 年底的 85 000 多人，部分公司开始只接受用户通过比特币支付费用。

15.1.3　比特币即将迎来全面监管——以中国为代表

中国对于比特币平台的监管态度一直较为谨慎。2017 年 1 月，中国人民银行等三部门联合检查组进驻几家比特币交易平台；2 月 8 日，中国人民银行约谈了其他 9 家较小规模的交易平台负责人。随后，监管部门再次申明，根据《中国人民银行工业和信息化部、中国银行业监督管理委员会、中国证券监督管理委员会、中国保险监督管理委员会关于防范比特币风险的通知》（银发［2013］289 号），比特币是特定虚拟商品，不具有法偿性与强制性等货币属性，不具有与货币等同的法律地位，不能且不应作为货币在市场上流通使用。3 月 6 日，全国人大代表、中国人民银行营业管理部主任周学东对比特币监管提出建议，政府部门应在短期内明确比特币交易平台监管底线，建立负面清单，做好风险防范和化解工作；长期时间内应该借鉴国际监管经验，研究构建长效监管机制。

表 15－1 是一些世界主要经济体对于比特币的具体政策。

表 15－1 世界主要经济体对于比特币的具体政策

主要经济体	性质	时间	政策
中国	商品买卖行为	2013 年 12 月	五部委联合发布《关于防范比特币风险的通知》："比特币交易作为一种互联网上的商品买卖行为，普通民众在自担风险的前提下拥有参与的自由。"
		2016 年 1 月	中国人民银行数字货币研讨会要求，人民银行数字货币研究团队要积极吸收国内外数字货币研究的重要成果和实践经验，在前期工作基础上继续推进，建立更为有效的组织保障机制，进一步明确央行发行数字货币的战略目标，做好关键技术攻关，研究数字货币的多场景应用，争取早日推出央行发行的数字货币
日本	货币地位	2014 年 3 月	日本内阁会议决定，禁止银行和证券公司从事比特币业务，但并不采取对比特币交易的监管措施，同时在比特币购买的消费税征税上采取了灵活有弹性的政策
		2015 年 12 月	日本金融服务机构工作小组的高层金融监管机构制定了一系列的建议，以便监督全国的交易所
欧盟	虚拟货币	2015 年 10 月	欧盟法院裁定，比特币及其他虚拟货币的交易将免征增值税（VAT）
美国	部分州合法	2014 年 6 月	加州州长签署的 AB-129 法案指出，包括数字货币、积分、优惠券在内的美元替代品为合法货币
		2015 年 6 月	美国纽约州金融服务局（NYDFS）发布了最终版本的数字货币公司监管框架 BitLicense
德国	私人货币	2013 年 8 月	德国财政部发表声明表示，比特币不被归类为电子货币或者外汇，但它是一种在德国银行业条例下的金融工具，与"私人货币"接近，可以用来多边结算
英国	不受监管	2014 年 11 月	英国财政部官员申明"数字货币以及数字货币交易所目前在英国是不受监管的"
		2015 年 3 月	财政部发表数字货币相关报告，建议反洗钱法规将适用于英国的数字货币交易所，政府将与英国标准协会（BIS）以及数字货币行业共同制定一个"最佳"的监管框架，以保护消费者权益。此外，英国政府增加 1 000 万英镑经费用于研究数字货币，旨在将数字创意转化为就业机会和服务
澳大利亚	法定货币交易	2015 年 8 月	澳大利亚参议院经济学文献委员会发布报告，建议将数字货币交易纳入到法定货币交易的范围内，按照商品及服务税（GST）来征税
巴西	监管数字货币	2015 年 9 月	巴西众议院举行了关于比特币监管议案的听证会，如果该议案通过，该国的中央银行将有权监管数字货币

续表

主要经济体	性质	时间	政策
印度	警告及禁令	2013 年 12 月	印度中央银行［印度储备银行（RBI）］发出警告，目前在印度还不适合使用比特币
		2014 年 2 月	印度政府澄清了比特币禁令，并披露印度储备银行已经在探索数字货币技术
		2015 年 8 月	印度储备银行行长发表声明，承认数字货币技术具有颠覆传统金融市场的潜力，但是必须密切关注数字货币领域的发展。这暗示着正在进行比特币监管方面的讨论

15.2　对于区块链技术的态度

和比特币相比，各国对于区块链的态度明显更加积极，不仅官方积极研究区块链技术，还鼓励大企业布局区块链技术，推动技术落地，发挥效能。欧洲中央银行表示对区块链这一新技术持开放态度，计划对区块链和分类账簿技术与支付、证券托管以及抵押等银行业务的相关性进行评估。中国人民银行行长周小川在 2016 年 2 月指出，数字货币必须由央行发行，区块链是可选的技术。随后，国内的区块链行业联盟迅速兴起。在美国，各大科技巨头积极布局区块链。此外，全球各家领先的金融机构也开始将目光投向区块链技术的应用。花旗银行、西班牙对外银行、摩根大通、摩根士丹利、瑞银等 40 余家领先金融机构共同建立了 R3CEV 联盟。这一联盟的目的是制定一套适合金融机构使用的区块链技术标准，推动区块链技术早日应用于金融领域。

表 15 -2 是世界主要经济体对于区块链的具体政策及发展近况。

表 15 -2　　世界主要经济体对于区块链的具体政策及发展近况

主要经济体	态度	时间	方案
欧盟	对新技术持开放态度	2016 年 2 月	欧盟委员会将把加密数字货币放在快速发展目标领域的首位，这项举措推动了各个机构针对数字货币的政策研究
		2016 年 4 月	欧洲数字货币与区块链技术论坛（EDCAB）为欧盟议会的政策制定者举办了一个集中讨论区块链的“博览会”

续表

主要经济体	态度	时间	方案
阿联酋迪拜	建立全球区块链委员会	2016 年初	成立建立全球区块链委员会，目前拥有超过 30 个成员，包括政府实体智能迪拜办事处、迪拜智能政府、迪拜多商品交易中心（DMCC）、国际公司（思科、IBM、SAP、微软）以及区块链创业公司（BitOasis、Kraken、YellowPay）
		2016 年 5 月	迪拜全球区块链委员会（GBC）举行了 2016 年行业主题会议，公布了 7 个新的区块链概念验证，包括医疗记录、保障珠宝交易、所有权转让、企业注册、数字遗嘱、旅游业管理、改善货运
韩国	自上而下地进行区块链创新	2015 年底	韩国新韩银行参与区块链企业的融资
		2016 年 2 月	韩国中央银行在报告中提出鼓励探索区块链技术。同月，韩国唯一的证券交易所 Korea Exchange（KRX）宣布正在开发基于区块链技术的交易平台
澳大利亚	多领域探索区块链技术	2015 年底	澳洲证券交易所（ASX）（澳大利亚最大的交易所）正考虑申请区块链技术以提高其交易系统，作为其清算和结算系统的替代品
		2016 年 3 月	据媒体报道，澳大利亚邮政（Australia Post）（国内最大的快递服务公司）目前开始探索区块链技术在身份识别中的应用
美国	巨头布局	2015 年底	IBM、J. P. 摩根、伦敦证券交易所和富国银行宣布了一个开放分类项目，这个新的联盟将帮助企业更轻松地建立他们自己的区块链技术
		2015 年 12 月	美国证券交易委员会（SEC）批准 Overstock 公司通过比特币区块链发行自己公司的股票
		2016 年 6 月	美国国土安全部对 6 家致力于政府区块链应用开发的公司发放补贴，以便让企业研究政府的数据分析、连接设备和区块链
中国	行业联盟迅速兴起	2015 年 12 月	区块链研究联盟、区块链应用研究中心成立
		2016 年 1 月	全球共享金融 100 人论坛在北京宣布成立“中国区块链研究联盟”
		2016 年 2 月	中关村区块链产业联盟成立
		2016 年 4 月	中国分布式总账基础协议联盟（ChinaLedger）宣布成立
英国	鼓励对区块链技术的深入研究	2016 年 1 月	英国政府发布《分布式账本技术：超越区块链》白皮书，认为政府参与数字货币和区块链网络的立法是非常重要的，政府鼓励对区块链技术的深入研究。英国政府正在积极评估区块链技术的潜力，考虑将它用于减少金融欺诈，降低成本

第 16 章 不得不提的 ICO

16.1 ICO 的前世今生

ICO 的发展历史见图 16－1。

16.1.1 ICO 的起源与定义

ICO 全称 Initial Coin Offering，是指以区块链上的资产为标的物的募资方式。ICO 与 IPO 非常类似，但其发行的不是股票而是数字币，一般称之为代币（Token）。

ICO 最早起源于区块链、数字货币技术社区，一些技术爱好者想要开发区块链项目，通过众筹的方式在社区里寻求资金，当区块链概念被热炒后，投机者的涌入造成了 ICO 市场的火爆。

16.1.2 ICO 的运作模式

ICO 的具体过程是投资者使用比特币向项目发起人投资，项目发起人承诺发行一种数字货币，并按投资份额回馈给投资者。ICO 的初衷是结合区块链的方式，让创业公司获取资金的方式更为透明和开放。

对于监管部门而言，ICO 通过新技术规则，建立一套自治体系，降低了监管难度。对于创新公司而言，ICO 帮助企业解决资金问题。对于投资人而言，ICO 的退出机制更为灵活。

ICO 的运作模式见图 16－2。

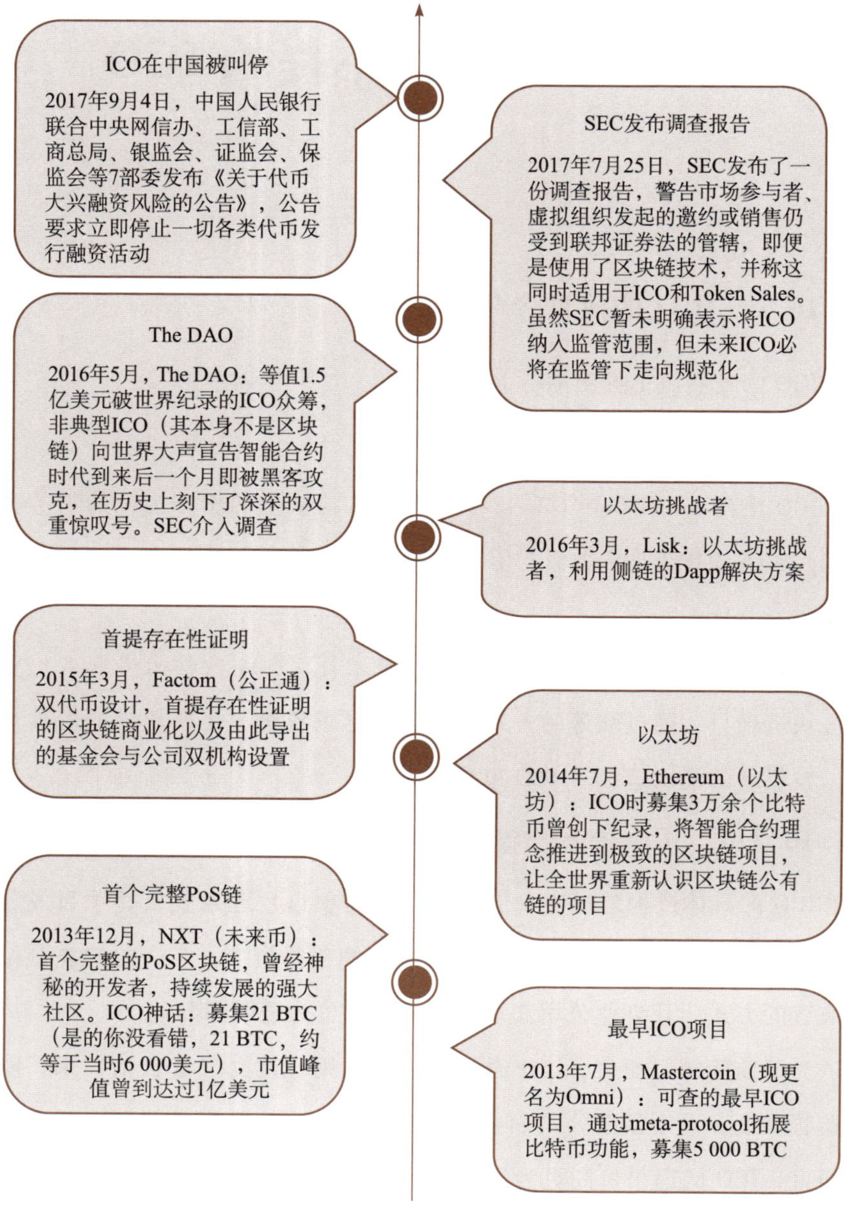

ICO在中国被叫停

2017年9月4日，中国人民银行联合中央网信办、工信部、工商总局、银监会、证监会、保监会等7部委发布《关于代币大兴融资风险的公告》，公告要求立即停止一切各类代币发行融资活动

SEC发布调查报告

2017年7月25日，SEC发布了一份调查报告，警告市场参与者、虚拟组织发起的邀约或销售仍受到联邦证券法的管辖，即便是使用了区块链技术，并称这同时适用于ICO和Token Sales。虽然SEC暂未明确表示将ICO纳入监管范围，但未来ICO必将在监管下走向规范化

The DAO

2016年5月，The DAO：等值1.5亿美元破世界纪录的ICO众筹，非典型ICO（其本身不是区块链）向世界大声宣告智能合约时代到来后一个月即被黑客攻克，在历史上刻下了深深的双重惊叹号。SEC介入调查

以太坊挑战者

2016年3月，Lisk：以太坊挑战者，利用侧链的Dapp解决方案

首提存在性证明

2015年3月，Factom（公正通）：双代币设计，首提存在性证明的区块链商业化以及由此导出的基金会与公司双机构设置

以太坊

2014年7月，Ethereum（以太坊）：ICO时募集3万余个比特币曾创下纪录，将智能合约理念推进到极致的区块链项目，让全世界重新认识区块链公有链的项目

首个完整PoS链

2013年12月，NXT（未来币）：首个完整的PoS区块链，曾经神秘的开发者，持续发展的强大社区。ICO神话：募集21 BTC（是的你没看错，21 BTC，约等于当时6 000美元），市值峰值曾到达过1亿美元

最早ICO项目

2013年7月，Mastercoin（现更名为Omni）：可查的最早ICO项目，通过meta-protocol拓展比特币功能，募集5 000 BTC

图 16－1　ICO 的发展历史

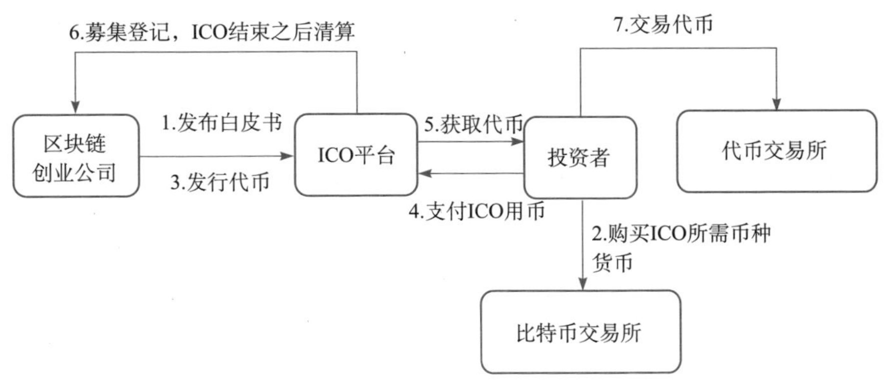

图 16－2　ICO 的运作模式

区块链初创公司以 ICO 的方式把新项目的“代币”换成投资人手中的比特币、以太币等，以达到融资创业目的。投资人凭着代币拥有一定比例的该项目使用权。如果公司的项目受到广泛欢迎，使用者增多，代币的需求也会随之增加。在需求强大的前提下，代币的价格肯定会上涨，代币持有者的收益自然会增长。最后，参与者手里的代币通过虚拟货币交易平台换回资金退出。

数字货币是区块链内置的代币，一般来说，都是作为区块链平台的流通与佣金结算货币，是区块链商业生态链中不可缺失的一环。代币是由区块链产生的加密数字货币，可作为在区块链社区流通与结算的交易媒介，是整个区块链商业化中最普遍的应用方式。目前，代币主要有应用代币、权益代币、债权代币三种（见表 16－1），其中应用代币 ICO 是最早出现的，也是目前 ICO 最多的一种代币种类，如比特币网络的比特币（BTC）和以太坊的以太币（ETH）都是这样的应用代币。

表 16－1　代币的分类

类型	特点	代表币种
用户代币/应用代币（UserToken/appcoins）	用于使用 ICO 项目分布式网络提供的服务，通过向网络提供价值获取	BTC、ETH

续表

类型	特点	代表币种
权益代币（EquityToken）	用于持有区块链应用的股份，享有收益分红、（应用事务里的）投票权	SNGLS、小蚁币
债权代币（DebtToken）	用于解决区块链应用流动性不足，类似为应用提供一个短期的贷款，以收取利息作为回报	SBD

ICO 的流程总体可以分成准备期、窗口期、测试期和项目运行四个阶段（见图 16－3）。

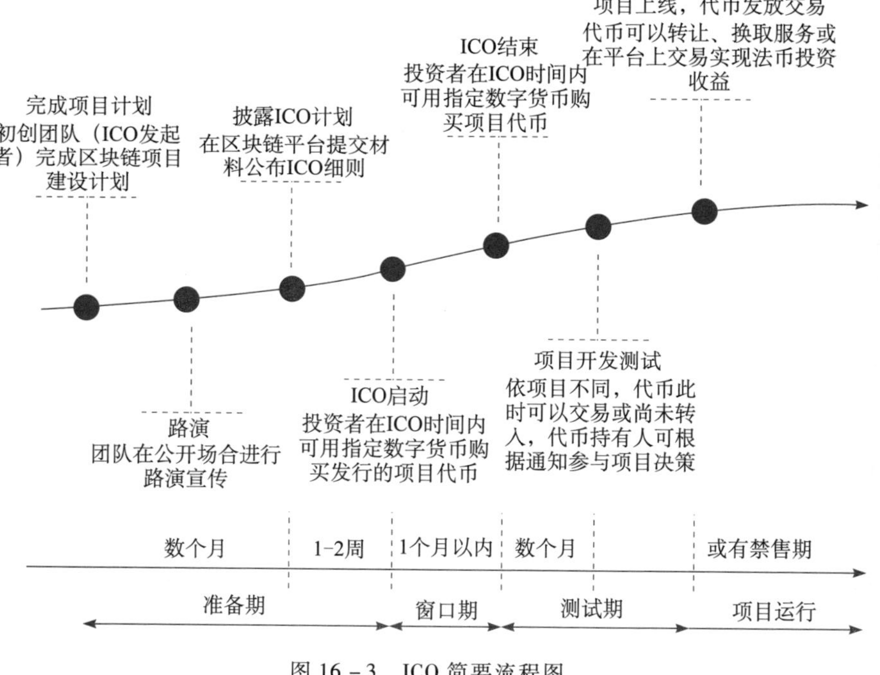

图 16－3　ICO 简要流程图

（1）准备期

ICO 发起人设计区块链项目的架构，撰写计划白皮书，通过路演等方式对项目进行宣传。

（2）窗口期

团队向众筹平台递交计划书并发布 ICO 方案，ICO 在各平台同时进行。投资者支付比特币、以太币等被接受的数字货币，按设定的比例兑换购买项目代币。支付过程可以将自有的数字货币地址发送至ICO公开地址，或由ICO项目为每个投资人都设立一个地址。如果项目募资不足上限，那么未被认购的这部分项目代币一般由已有代币持有人决定去向。

（3）测试期

募资完成后，项目转入开发和测试阶段，时长一般在数个月，项目可能通过召开代币持有人大会等方式让投资者参与经营决策。依项目不同，代币或是已经可以上线交易，或是尚未转入钱包中。

（4）项目运行

项目经过测试后上线运行，距离测试期的时间间隔可能在数个月到一两年，此时代币已经被发放入投资人的钱包，根据项目ICO规定可以立即或经过一段限售期后在指定交易平台上线买卖流通，实现投资回报。

16.1.3 ICO 的特点

由ICO的运作模式和流程可以看出，ICO具有和IPO类似的流程，运用众筹的方式，实现和传统风险投资相同的目的。

同IPO相比，ICO发行标的物由证券变成了数字加密货币，投资人无法获得公司的所有权。ICO的支持者基本上是一些早期的爱好者而不是专业的投资者。ICO不受监管，也不用去任何政府机构登记注册，因此，除了项目平台本身的规则之外，投资者几乎不受到保护。由于没有法律管辖和监管机构，一切投资纯凭项目团队的信用，因此风险极高。

与一般的股权众筹很难让投资者随意退出不同，ICO解决了一级市场的融资和资金流通问题，一般来说，代币项目发行几天后就可以在市场自由交易，实现流动性溢价。

ICO 与传统的风险投资融资方式有着相同的目的，但在投资期限、投资和退出方式方面有很大的差别。VC 是早期股权投资，项目往往通过上市、收购兼并或股权转让等方式退出，而 ICO 通过发行代币，代币在数字交易平台交易，实现快速退出。VC 作为专业的投资机构，其投资决策往往建立在高度专业化和程序化的投资流程基础之上，且一般会积极参与被投资项目的经营管理，提供增值服务，而 ICO 的投资者互相独立，不参与创业公司的运营。

ICO 一般会在区块链项目完成前进行，帮助项目筹措资金，以支持项目从创建团队到项目发行过程中所产生的费用。对于一些大的区块链项目，则将从 ICO 中筹措的部分资金存放到基金里以支持项目的持续发展，包括代币的初始分配模型等。

16.2 ICO 的发展现状

16.2.1 2017 年是 ICO 的爆发元年

在比特币交易等二级市场水涨船高的同时，数字货币一级发行市场势头更为凶猛，ICO 市场可谓正当“风口”。据新加坡市场研究公司 Smith & Crown 的数据，2017 年上半年，共有 65 个 ICO 项目融资 5.22 亿美元。到了 6 月，单笔 ICO 的融资纪录两度被刷新。最近，两家初创公司加入了 ICO 的大潮，这两家公司分别是 Dynamic Ledger Solutions Inc 和 block.one，共募集了近 4 亿美元。值得一提的是，两家公司通过 ICO 所募集的金额已经和普通的 IPO 不相上下。根据 Dealogic 的数据，2016 年美国上市公司平均 IPO 金额为 2.19 亿美元。

6 月 26 日，一个名为 Block.it 的项目团队开始了他们的 ICO，这是一个在区块链上做操作系统的项目，他们的代币叫作 EOS。Block.it 创始人之一 Brock Pierce 曾对海外媒体表示，EOS 将成为区块链上金融应用的基石，其最大的亮点是 EOS 可以支持每秒百万笔交易。7 月 1 日，该公司宣布五天内融资了价值 1.85 亿美元的比特币和以太币。

关于市场的“狂热”，国内比特币交易平台币久网则在 6 月 28 日公告称，将暂停网站新的 ICO 业务，币久网解释称：“清晰地看到了投资者的不理性、行业的浮躁，完全违背了的初衷，另外，用户、流量的爆发式增长也让网站无法消化，因此，选择暂停并待行业回归理性后再决定恢复时间。”

ICO 这一新型投资方式极大地吸引了投资者的兴趣。仅在 2017 年第二季度，就有近 60 家企业通过 ICO 募得了约 7.5 亿美元的资金，是同期“传统”区块链融资的三倍多。年初至今，ICO 所募资金超过 10 亿美元，区块链开发及管理平台 Tezos 称其创下 2017 年第三季度最大交易，约为 2.3 亿美元。然而，大批投机行为涌入 ICO 领域，导致诈欺行为与黑客活动有所上升，ICO 相关监管问题挥之不去。与此同时，许多加密货币对冲基金为利用这一热潮也已入局。

16.2.2　2017 年上半年 ICO 发展情况

2017 年 7 月 25 日，国家互金专委会发布了《2017 年上半年国内 ICO 发展情况报告》。国家互金专委会在工信部指导下于 2016 年 8 月 26 日成立，主办单位是国家互联网应急中心和中国互联网协会。

国家互联网金融风险分析技术平台监测发现面向国内提供 ICO 服务的相关平台 43 家。通过分析，可将 ICO 平台分为四种模式①。

一是专营第三方平台，该类平台专门为各种项目提供 ICO 服务；二是传统众筹与 ICO 的混合模式，即同时提供传统产品众筹/股权众筹和 ICO 服务，部分众筹平台开始向 ICO 平台转型；三是虚拟货币交易 + ICO 模式，

① 国家互金专委会：《2017 上半年国内 ICO 发展情况报告》。

借助用户充值、充币和代币上线交易的便利性，该类平台同时提供虚拟货币交易和 ICO 服务；四是其他模式，例如虚拟货币钱包服务商、导航门户网站提供 ICO 等。

四种模式的平台具体分布如图 16－4 所示，其中第三方专营和虚拟货币交易＋ICO 模式占绝大多数。

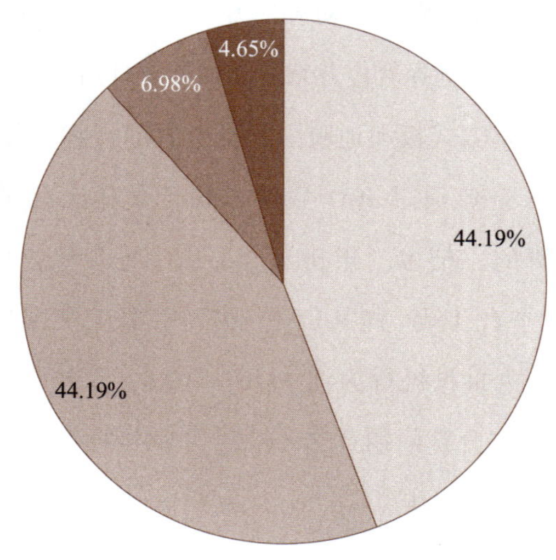

图 16－4 ICO 平台类型分布情况

截至 2017 年 7 月 18 日，监测发现在上述平台上线并完成 ICO 的项目 65 个。其中，2017 年以前共上线完成 5 个项目，2017 年 1～4 月上线 8 个，5 月上线 9 个，6 月上线 27 个，7 月（截至 7 月 18 日）已上线并完成 16 个。图 16－5 给出了 ICO 项目的上线时间走势，明显看出项目上线频率呈指数级加速趋势。

从 ICO 支持的融资币种来看，比特币和以太坊占比最高，二者合计占比达 90% 以上。另有少量的 ICO 支持人民币以及其他虚拟币种，如以太经典、EOS、ICO 币等。

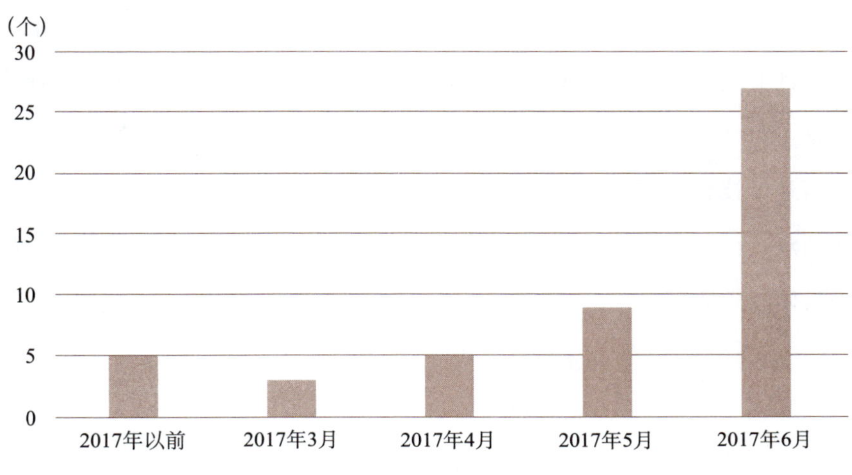

图 16－5　ICO 项目上线情况走势

2017 年以来，通过上述平台完成的 ICO 项目累计融资规模达 63523.64BTC、852753.36ETH 以及部分人民币与其他虚拟货币。以 2017 年 7 月 19 日零点价格换算，折合人民币总计 26.16 亿元。累计参与人次达 10.5

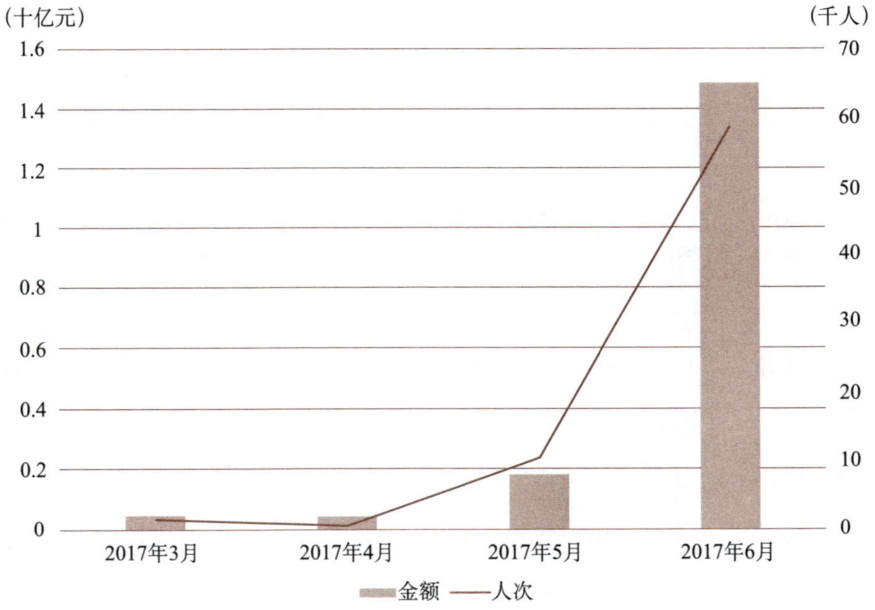

图 16－6　ICO 融资金额与参与人次时间走势

万人。图 16－6 给出了 ICO 融资金额和参与人次时间走势。可以看出，与 ICO 项目上线频率类似，ICO 融资规模和用户参与程度也呈加速上升趋势。

从 ICO 平台看，融资金额最多的平台分别为 ICOAGE（经营主体为上海趣块信息科技有限公司）、ICOINFO（经营主体不明）和 ICO365（经营主体为深圳众链科技有限公司），分别占 30.7%、22.9% 和 10.6%。图 16－7 给出了具体分布情况。

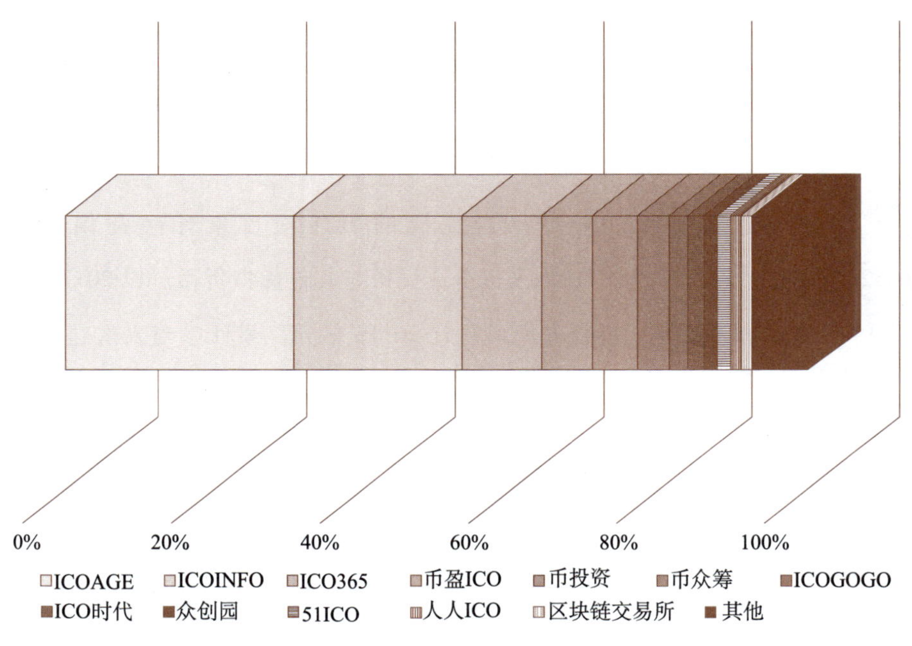

图 16－7　ICO 平台融资金额分布情况

通过对部分 ICO 投资用户进行抽样分析，从地域分布来看，广东、浙江、北京、江苏和山东的用户最多，合计占比近半，具体分布如图 16－8 所示。

从用户性别来看，经抽样分析，男性用户占八成，明显高于女性用户。从用户年龄来看，用户年龄主要分布在 20～49 岁之间（见图 16－9）。

16.2.3　典型 ICO 项目和 ICO 平台介绍

知名数币、数字交易所及 ICO 平台见图 16－10。

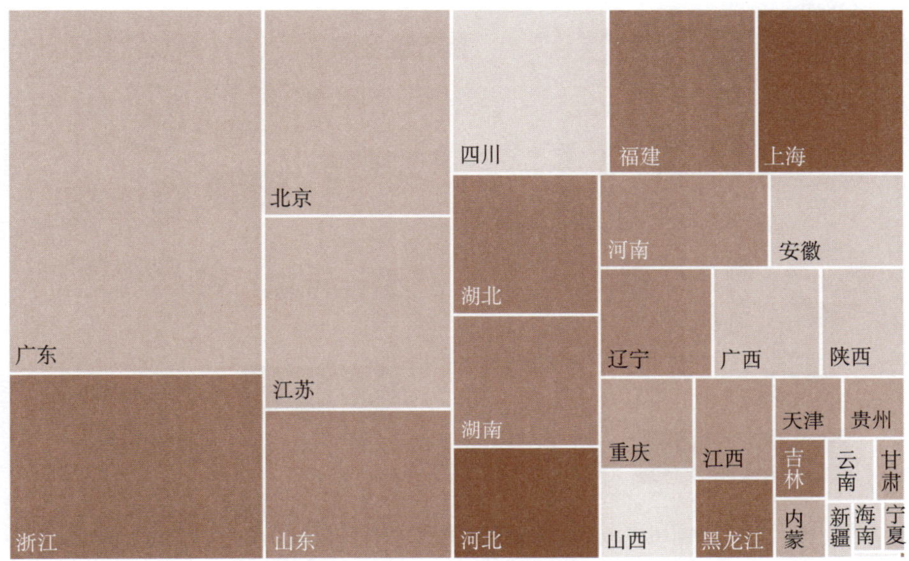

图 16－8 ICO 用户地域分布

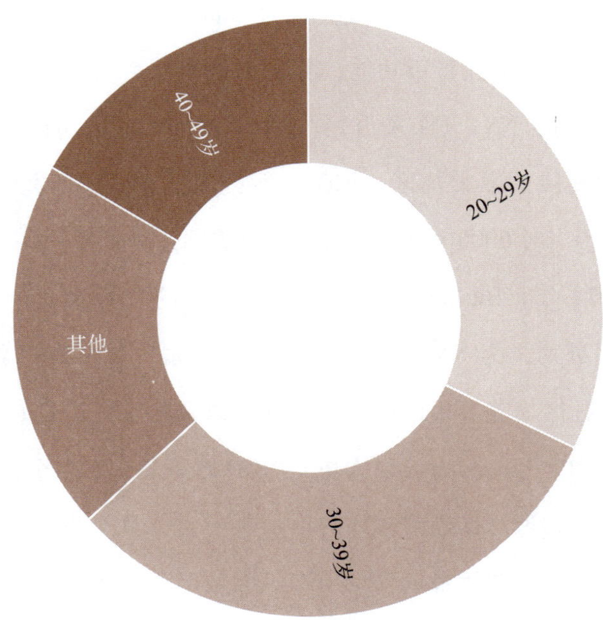

图 16－9 ICO 用户年龄分布

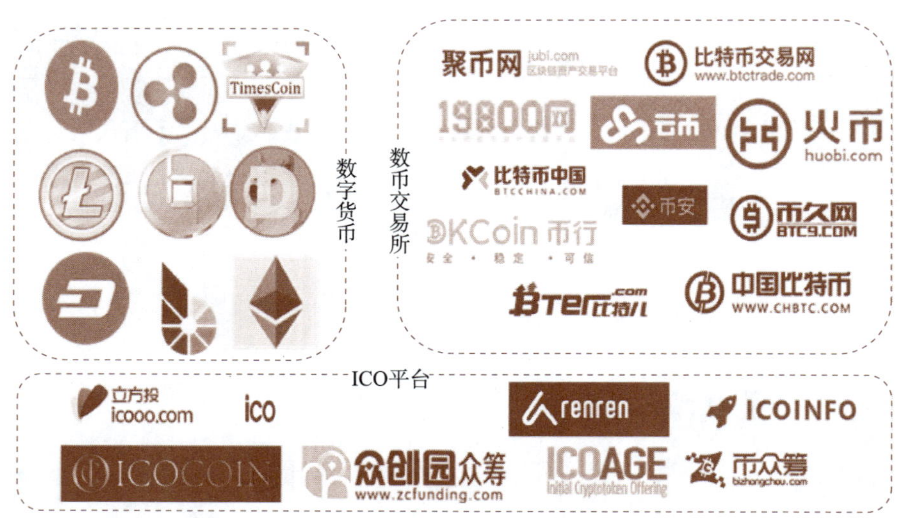

图 16－10 知名数币、数字交易所及 ICO 平台

以下按照时间顺序，介绍有代表性的国际 ICO 案例：

2013 年 7 月，Mastercoin（现更名为 Omni）：可查的最早 ICO 项目，通过 meta-protocol 拓展比特币功能，募集 5000BTC。

2013 年 12 月，NXT（未来币）：首个完整的 PoS 区块链，曾经神秘的开发者，持续发展的强大社区。ICO 神话：募集 21BTC（是的你没看错，21BTC，约等于当时 6000 美元），市值峰值曾到达 1 亿美元。

2013～2014 年，Bitshares（比特股）：曾经的“数字资产二代币三剑客”之一（另外两个为 NXT 和 CounterParty），国内数字货币界口水之源，毁誉参半，其社区培养了国内大量早期 ICO 以及数字资产爱好者。

2014 年 7 月，Ethereum（以太坊）：ICO 时募集 3 万余个比特币曾创下纪录，将智能合约理念推进到极致的区块链项目，让全世界重新认识区块链公有链的项目。近两年最成功的 ICO，也是迄今为止除比特币以外市值最高的数字货币/区块链项目。近期由于 TheDAO 事件影响晴雨不定。

2015 年 3 月，Factom（公正通）：双代币设计，首先提出存在性证明的区块链商业化以及由此导出的基金会与公司双机构设置。

2016 年 3 月，Lisk：以太坊挑战者，利用侧链的 Dapp 解决方案。

2016 年 5 月，The DAO：等值 1.5 亿美元破世界纪录的 ICO 众筹，非典型 ICO（其本身不是区块链）。向世界大声宣告智能合约时代到来后一个月即被黑客攻克，在历史上刻下了深深的双重惊叹号。

2016 年 9 月，First Blood（第一滴血）将电竞竞赛服务跟区块链结合，使用了智能合约来解决奖励结构问题。ICO 一开始即筹资 600 万美元，全球总共筹到 465 312.999ETH。

主要 ICO 平台见表 16 -2。

表 16 -2 主要 ICO 平台介绍

ICO 平台	网址	简介
ICO365	www. ico365. com	深圳众链科技有限公司旗下网站，注册资本为 100 万元，法人代表为曹金水
ICOAGE	www. icoage. com	上海趣块信息科技有限公司旗下 ICO 网站，注册资本为 12. 1428 万元人民币，法人代表为傅小其，办公地点在上海
ICOINFO	Ico. info	北京云币科技有限公司旗下 ICO 网站，2017 年上线，注册资本为 1 000 万元人民币，法人代表为邱亮，办公地点在北京
币众筹	www. bizhongchou. com	区块链媒体巴比特旗下 ICO 网站，2015 年上线，注册资本为 1 000 万元，法人代表为刘志鹏（知名科幻作家长铗，2006 年、2007 年、2008 年连续三年获中国科幻最高奖“银河奖”）
币盈 ICO	www. byingcn. com	隶属于舟山币盈网络科技有限公司，成立于 2016 年 7 月末，注册资本为 5 000 万元人民币，法定代表人为王斌
币投资	Bitouzi. com	区块链资产交易平台币久网旗下 ICO 网站，2017 年上线，注册资本为 500 万元，法人代表为刘晶超，办公地点在江西南昌
ICOGOGO	www. icogogo. com	火链管理咨询（北京）有限公司孵化，由区块动力金融服务（香港）有限公司在香港注册并运营
51ICO	www. 51ico. com	网站无 ICP 备案
众创园	www. zcfunding. com	隶属于深圳前海招股金融服务有限公司（简称招股金服），主营基于区块链技术的众筹交易业务，2015 年 7 月正式上线，是国内首家基于区块链的众筹孵化平台

续表

ICO 平台	网址	简介
ICObank	www. icobank. com	网站无 ICP 备案
立方投	www. icooo. com	深圳锚链科技有限公司，2017 年上线，注册资本为 50 万元，法人代表为王瑞锡，办公地点在深圳南山
人人 ICO	renrenico. com	网站无 ICP 备案；CEO 为白丽媛，90 后连续成功创业者；CTO 为肖柏旭，国内第一个 etc 区块浏览器 etcchain. com 网站创始人
ICOCountdown	www. icocountdown. com	美国 ICO 平台，网站设置 ICO 开启日期倒计时，只有项目官网链接，更新及时
TokenMarket	tokenmarket. net	TokenMarketLtd. 位于直布罗陀，网站除发起 ICO 之外，会披露 ICO 项目细节、币种的详细信息和评分

部分近期明星 ICO 项目见表 16 – 3。

表 16 – 3　　部分近期明星 ICO 项目介绍

项目	ICO 日期	类别	描述
政务链	2017 年 7 月 10 日 ~ 2017 年 8 月 10 日	电子政务	政务链（GACHAIN）是独立底层协议的政务服务区块链平台，将金融系统、注册管理机构、智能合约算法及智能法律的形成与执行机制等结合在一个统一的区块链平台中，可将大多数类型的政府部门机构、事业单位、社会活动等业务转移到区块链中，所有业务由智能法律和智能合约驱动
BigOne	2017 年 7 月 28 日 ~ 2017 年 8 月 4 日	交易所	BigOne（云币网国际版）是 INBlockchain（硬币资本）旗下全球区块链资产现货交易所，团队致力于将其打造成一个区块链世界里人人可参与的、高可信度的价值投资平台
PressOne	2017 年 7 月 12 日 ~ 2017 年 7 月 15 日	媒体	PressOne 是一个基于 EOS 区块链基础设施的内容分发公链，人们可以在这里创建各种各样基于内容的去中心化应用
Exscudo	2017 年 4 月 25 日 ~ 2017 年 5 月 31 日	交易所	一个将加密数字货币整合到传统金融世界的生态系统，为普通用户、交易人员、投资者和金融机构创建了一个独立网关，由证券交易所、商家、钱包、交易终端、点卡和受保护的通信通道组成
Populous	2017 年 6 月 18 日 ~ 2017 年 7 月 18 日	金融服务	全球首个基于以太坊的票据交易和贸易融资平台，采用 XBRL、智能合约、Stablecoins 等为投资者、放贷者和中小企业创造独特的交易环境，是新型的数字化票据贴现的创新
YOYOW	2017 年 5 月 21 日 ~ 2017 年 6 月 20 日	媒体	一个基于区块链技术的内容创造和分享平台，通过奖励有价值的内容，区块链底层为媒体平台提供贡献定价和权益回报功能，媒体平台、创作者、内容筛选者按贡献得到回报，媒体平台又分自营平台和三方平台，在权益上二者是等价的

续表

项目	ICO 日期	类别	描述
TaaS	2017 年 3 月 27 日 ~ 2017 年 4 月 27 日	保险	采用代币（Token）的典型封闭式基金，旨在减少投资区块链项目中的风险和技术障碍
公信宝	2017 年 3 月 14 日 ~ 2017 年 3 月 28 日	服务	基于区块链的去中心化数据交易所，提供数据点对点交易，解决了交易多方的信任问题

16.3　ICO 的发展趋势

眼下，ICO 游离于监管之外，大部分项目不规范，存在如下问题：

一是多家公司共用一个简陋的官网模板，对资金用途等内容含糊其辞。二是大多数项目并无创新点可言，白皮书空喊口号，多基于开源的比特币、以太坊源码进行的简单修改，应用前景黯淡无光。三是一些 ICO 项目在筹集完资金后再无动静，项目上线缺乏有效审核，透明度极低。四是 ICO 平台准入门槛极低，一些公开的宣称中所需要的资金规模太过夸张，平台有非法集资的嫌疑。若任由其野蛮发展，狂热的 ICO 或将狼狈收场。

16.3.1　ICO 法律问题分析

（1）网络安全风险

无论区块链网络是有中心的（私有链、联盟链）还是无中心的（公有链），有缺陷的代码、程序错误、恶意侵害人参与都可能对特定参与者造成损害或财产损失，如 The DAO 事件。目前区块链的去中心化性质使得其难以在司法实践中成为合法有效的证据。若因区块链网络本身故障（非不可抗力）导致的延时问题致使参与者对第三人承担违约赔偿责任，则可能产生的一系列违约风险归属问题。除此之外，区块链网络可能涉及个人数据的存储，特别是针对 ICO 实名注册用户的信息问题。区块链的一个主要优点是它的不可篡改性，意味着数据不能被改变或删除。然而，这可能违反了我国《网络安全法》及网络数据存储使用等相关法律法规、规章制度等的规定，如关于数据或信息的境内外的存储、管理及使用，关于个人信息的数据保留期限，关于用户提出应该删除或清除数据的要求等问题。

（2）身份盗窃风险

区块链网络内的ICO认购人通过提供数字签名来证明用户身份。由于需要私钥来创建用于识别自身的数字签名并证明对资产享有所有权，所以资产的所有者必须妥善保护私钥以保护资产。如果私钥被盗，行为人可以作为所有者改变资产的所有权。

（3）洗钱与支付风险

犯罪分子可能在世界各地注册成为某ICO项目的认购用户，将认购获得的加密数字货币在ICO项目平台上进行一系列交易，然后与非法获得的法定货币进行兑换，或者用非法获得的法定货币与某ICO项目的加密数字货币进行兑换以掩盖货币来源。近年来，勒索软件计算机病毒攻击了许多个人和商业计算机，黑客会要求受害者将赎金存入黑客伪匿名的区块链“钱包”。因此，ICO项目平台将严格履行反洗钱义务，并把控好代币支付环节，否则将承担过错赔偿责任。

（4）网络传销风险

随着比特币市值的大涨，国内大量传销组织以数字货币为外衣，通过包装ICO项目，大肆进行数字货币传销活动，对社会造成严重影响。

（5）非法吸收公众存款风险

我国《刑法》第176条非法吸收公众存款罪指的是非法吸收公众存款或者变相吸收公众存款，扰乱金融秩序的行为。

司法解释则进一步对该罪的具体行为进行了规定。最高人民法院《关于审理非法集资刑事案件具体应用法律若干问题的解释》第一条规定：违反国家金融管理法律规定，向社会公众（包括单位和个人）吸收资金的行为，同时具备下列四个条件的，除《刑法》另有规定的以外，应当认定为《刑法》第 176 条规定的“非法吸收公众存款或者变相吸收公众存款”：

①未经有关部门依法批准或者借用合法经营的形式吸收资金；

②通过媒体、推介会、传单、手机短信等途径向社会公开宣传；

③承诺在一定期限内以货币、实物、股权等方式还本付息或者给付回报；

④向社会公众即社会不特定对象吸收资金。

关于 ICO 是否会有涉及《刑法》第 176 条的非法吸收公众存款罪的风险，可以从两个关键点来讨论。首先，非法吸收公众存款罪的行为应当具有“承诺回报”的特征，这是判断的一个关键点。ICO 从目前来看不具备这一特征，投资者凭借对项目前景的判断而进行投资，项目发行方（即融资方）并未有明示或者暗示的承诺回报的举动，这就使得 ICO 在入罪条件上避免了落入《刑法》176 条的规制范围。应当注意的是，随着 ICO 项目的逐渐火热，投入的资金越来越多，很可能会有项目方为了达到快速融资的目的，而对投资者们做出保本付息的承诺。

（6）非法发行证券风险

当 ICO 项目代币对应某个企业的股权或具有股权特征的财产性权利时，则在法律上与 IPO 无实质区别，此种 ICO 在一定程度上构成公开发行证券。

在美国证券交易委员会（SEC）于 2017 年 7 月发布的对 DAO 的调查报告中提到，即使使用区块链技术，虚拟组织发起的邀约或销售仍受到联邦证券法律的管辖，并称这同时适用于“ICO”和“TokenSales”。该报告认为，术语、技术的使用不会影响交易的经济本质属性。

一旦 ICO 在我国也被监管部门给予类似的认定，就属于《证券法》等法律法规的规制范围。若 ICO 借发行数字加密代币之名，行发行证券之实，就有可能涉及非法公开发行证券。

（7）非法经营风险

《刑法》第 225 条对非法经营罪的限定范围较广。第三项“未经国家有关主管部门批准非法经营证券、期货、保险业务的，或者非法从事资金支付结算业务的”属非法经营罪，而我国《证券法》对证券的定义狭窄，《刑法》作为保障法不能越雷池半步，ICO 行为也不能认定为发行“证券”行为。其兜底条款，即“其他严重扰乱市场秩序的非法经营行为”，涉及法律适用问题，其定罪量刑应逐级向最高人民法院请示。也就是说，ICO 届时到底是否构成非法经营罪，还是未定之事，要根据当时的刑事政策具体判断。

（8）诈骗风险

我国《刑法》第 266 条诈骗罪是指以非法占有为目的，使用欺骗方法，骗取数额较大的公私财物的行为。

从理论上而言，ICO 行为不具有触犯该条《刑法》法条的可能，但正如曾经红极一时的 P2P 网贷一样，随着项目的逐渐火热，就会有不法之徒打着正经做项目的名义，暗地里却隐藏着违法目的实施起“挂羊头卖狗肉”的犯罪行为。

鉴于此，融资方发布的项目的真实性与可投资性就成为 ICO 的关键，如果融资方发行的项目从根本上而言就是虚假项目，从其发布之初就是以骗取投资者款项为目的，那么该“ICO”就难逃诈骗罪之名了。

16.3.2 ICO 的投资风险

随着 ICO 这一新型融资方式的升温，一些国家的金融监管部门开始关注并提示风险。2017 年 8 月 10 日，新加坡的商业事务部和新加坡金融管理局（MAS，也被称为新加坡央行，下称金管局）发布一份提示公告，提醒投资者应注意 ICO 等涉及数字代币投资项目的潜在风险。

新加坡金管局指出，一般的虚拟货币如比特币等，是一种特殊类型的数字代币，通常用作购买商品或服务的手段，但数字代币并不仅仅等于虚拟货币，还可以代表一种所有权、抵押权、债权等。ICO 项目有不同的业务模式，比如开发一个新的数字平台，或给投资者提供一个投资机会、承诺一定的利益或回报等。

新加坡金管局建议，投资者应核实发行数字代币项目发起方是否受到金管局的监管，并列举了发行数字代币蕴含的潜在六大风险：一是与外国和线上运营商有关的风险。投资于线上或在新加坡以外经营的项目时，由于难以验证其真实性，投资者面临较高的欺诈风险，也难以在项目失败后追查相关运营商。二是与缺乏良好信誉的项目发起方有关的风险。发行数字代币的项目发起方可能没有成熟记录，难以建立信誉，他们与所有初创企业一样，失败的概率往往很高。三是与二级市场流动性不足有关的风险。即使 ICO 获得的数字代币可以在二级市场上交易，但很可能因为没有足够的买家和卖家，买卖价差过大，导致投资者无法轻易退出，且促进二次交易的交易平台可能不在中央银行的监管范围内。若在更坏的情况下，即该数字代币没法在二级市场中流通，投资者根本无法清算其持有量。四是与高度投机性投资有关的风险。数字代币通常估值不透明、投机性高。如果数字代币对卖方的资产没有所有权，也就意味着其不会受到任何有形资产的支持。这类代币只是一种投机行为，其交易价格会在短时间内大幅波动，导致投资者的投资可能最终打了水漂。五是承诺高回报项目的风险。投资者应警惕承诺可获得高回报的项目。承诺的回报越高，风险也就越大。高回报率可能来自于投资者通过介绍其他的投资者参与来获得回报。六是洗钱和恐怖融资的风险。投资于涉及数字代币的投资项目的资金，由于交易匿名而易于滥用非法活动，且在短时间内容易筹集大量资金。如果执法部门调查与数字代币投资项目相关的非法活动，投资者将受到不利影响。

16.3.3 ICO 的监管趋势

ICO 的火爆和一系列投资风险引发了市场的多种声音，经历过互联网泡沫的人们对此抱有较高的警惕，泡沫论此起彼伏，有些人甚至认为 ICO 是一个彻头彻尾的骗局，应将其与 1717 年的“南海泡沫事件”相提并论。客观地讲，按照传统金融的特性考虑，ICO 在当下必然有过热的态势，毕竟已有大量 ICO 项目被发现只是一个空壳，而投资者却还是乐此不疲地哄抢。对于它是否为一场彻底的泡沫，现在下结论还为时过早，但无论从财富的分配方式上还是信任的重构上，ICO 确实对传统金融都带来了变革性的冲击，而往往变革性的事物在初期发展都不那么平坦。南海泡沫事件催生了现代股份制公司，而互联网泡沫在摧毁了很多人的财富的同时，也推进了互联网的发展和互联网公司的崛起。因此，无论 ICO 最终会走向哪个方向，它都会成为金融业、区块链和商业形态发展道路上富有意义的一点。

The DAO 事件后，SEC 介入了调查。2017 年 7 月 25 日，SEC 发布了一份调查报告，警告市场参与者、虚拟组织发起的邀约或销售仍受到联邦证券法的管辖，即便是使用了区块链技术，并称这同时适用于 ICO 和 TokenSales。该报告还称，无论使用了何种术语，应用了何种技术，证券的认定取决于事实和环境，特别是交易的经济属性。虽然 SEC 暂未明确表示将 ICO 纳入监管范围，但未来 ICO 必将在监管下走向规范化。

FinTech 分析及研究公司 Autonomous NEXT 近日发布了对于区块链领域的 ICO 现状的调查报告《代币狂热（Token Mania）》。报告指出，相比于其他国家，瑞士和新加坡为 FinTech 和加密货币提供了更加宽松的司法环境，加密货币在瑞士和新加坡被纳入资产范畴。英国和新加坡一样，采取了监管沙盒的措施来协助测试新的金融产品。英国金融市场行为监管局（Financial Conduct Authority，FCA）目前对分布式账本技术采取观望态度。

国内对ICO的理解带有很强的货币发行属性，这来源于“Coin”一词。有专家认为，当前各个国家政府和货币监管当局对于区块链基础上所产生的数字代币（典型代币是比特币）均存在监管的尴尬困境。将其作为货币监管，这将进一步让货币主权淡化，加速政府及货币当局失去“铸币税”的特权。如果不将其作为货币监管，也将面临无规则可以约束比特币的局面，同样会驱使区块链货币一步步蚕食货币当局的权力。

“相信各国监管机构对于未来货币的趋势是了然于心的：区块链货币最终将在一定程度上替代法币的流通，无非是区块链体系以谁为主导建立的问题，或者说，哪个国家能够从区块链货币体系的构建中获利更多。如果一味地禁止区块链数字货币的流通，则意味着某个主权政府将会失去把握新金融的能力和优势。”在这一逻辑前提下，监管部门既没有好的方式阻止区块链数字货币的产生和流通，也没有动力限制其发展，所以对于区块链货币的暧昧态度也就可以理解了。未来是否会出台相应的规则，仍需关注监管的走向。

2017年7月25日，“区块链ICO行业生态体系建设研讨会”在贵阳召开，并发布了《区块链ICO贵阳共识》，制定了贵阳“区块链ICO沙盒计划”，推出共建机制，在监管沙盒内对ICO进行授权，为ICO项目创造“安全”的创新空间，降低创新成本和政策风险。

2017年8月1日，国家互金专委会正式发布《合规区块链指引》，研究了区块链技术发展和应用中存在的问题，并从技术、业务应用和监管层面对区块链的合规性进行研究和规范。

16.4 ICO的社会评价

16.4.1 看多

（1）高效融资渠道

快速便利的融资速度极大地提高了创业者的融资效率，传统的风险投资从尽调到融资到位至少数月，而ICO则可能在几天甚至几分钟内就完成了。曾有区块链创业者表示，当初为了从一个知名大拿那里拿到风投，花了整整10个小时来解释自己的区块链思路，而这位大拿以往投资项目平均只留40分钟的会面时间。

（2）流动性

ICO最大的好处是代币可以通过数字交易平台快速退出，流通性好，可以24小时不间断地进行交易。相比起来，传统的众筹融资方式流通性较差，而VC融资往往需要3～5年的投资周期。

（3）区块链技术的巨大潜力

伴随着区块链不断生产绝对可信的交易信息流及其衍生出的绝对可信的其他信息或行为，在降低交易费用的理性行为驱使下，交易中将会有越来越多的人与人之间的信任关系转向人对技术的信任，不确定性大幅降低，商业活动得以更低成本的实现。由于信任关系在商业活动中普遍存在，区块链的应用空间将十分广阔，基于区块链项目的ICO对于长期看好行业的投资者来说，无疑具有巨大的吸引力。

16.4.2 看空

（1）博傻游戏

连专业投资界都对区块链项目缺乏理性认知，更别说蜂拥挤入ICO市场的投资小白们。一大帮投机者的涌入昭示着庞氏骗局的开局。开局阶段，投机者是一定能赚到钱的，难点在于你怎么识别出一个项目是庞氏骗局，怎么识别它是开局阶段。这种博傻游戏，不管是感性博傻还是理性博傻，只要参与了，很可能你就是最后一个傻子。

（2）技术不成熟

ICO 依靠区块链的底层技术来实现，如今区块链技术尚不完善，遑论 ICO。

万向集团副董事长肖风表示，区块链经过这三两年并没有成熟到大规模做应用开发的程度，区块链领域再过 2～3 年才能普遍，独角兽之类的公司才会出现。

“首先必须突破技术点，否则没有真实上线的可能性。这些业务要有结合的过程，在金融行业的结合肯定不快，需要很长时间去探索。”质数金服 CEO 邓柯则给出了自己认为的时间表。“2016 年、2017 年，很多公司都走出了第一步，什么时候走完了，能大规模地商用？我个人估计，从 2017 年底到 2018 年会真正地落地，这样，项目很快就可以从 POC 走向生产落地了。”

（3）落地难

在多数业内人士看来，目前绝大部分区块链尚停留在 PoC（Proof of Concept）阶段，难的并非技术壁垒，而是成熟落地。至于那些身披区块链“披风”，为了区块链而区块链的项目，不是死于未来的监管，就是因为完全无法解决行业痛点而沦为圈钱游戏。区块链的商业应用本应该是为解决具体场景中的痛点而来。万向区块链 CTO 罗荣阁指出：“目前的区块链技术不管是公有链还是联盟链，每隔几天就会有 ICO，每隔几天就看到新技术出现，都号称自己能解决所有的问题，但内部的研究认为这不是真实的世界，现实还是很残酷的。可能你在银行的某个小细分领域里可以跑很多笔业务，但很难找到通用的、各个领域里都能使用的成熟可商用的区块链技术。”

（4）无监管、无维权、无门槛

ICO的支持者基本上是一些早期的爱好者而不是专业的投资者。ICO不受监管，也不用去任何政府机构登记注册，因此，除了项目平台本身的规则之外，投资者几乎不受到保护。由于没有法律管辖和监管机构，一切投资单纯凭借项目团队的信用，因此风险极高。

第 17 章　区块链与银行的关系

17.1　区块链对银行的冲击

区块链技术对银行具有极强的颠覆性，主要体现在以下两个方面：

17.1.1　区块链是最底层技术的颠覆者

随着新技术的不断出现，银行商业模式一直在不断地进步（见图 17 -1）。例如，云平台这一系统的应用改变了银行业处理业务和部署基础设施的模式，大大降低了运营成本；大数据风控这一概念的成形彻底改变了以往采用经验判断的风险控制模式，银行开始采用通过分析数据进行决策，并可以机器学习的风控模型，极大地提高了审核效率。然而，上述互联网技术只改变了金融领域的上层应用和业务流程，并未改变银行业商业模式下的底层逻辑和相关技术。但是，区块链技术的出现却将彻底颠覆银行商业模式的底层技术基础，尤其是其系统间的信息交互方式以及交易清算模式。如果区块链应用于银行，那么银行可以在交易的瞬间完成账本信息的更新。所有的交易都会在发生的那一刻进行清算。采用区块链技术后，银行的所有系统都将使用相同的技术协议，这将大大降低系统间信息交互时的兼容性风险。除此之外，由于区块链具有时间戳，各参与方之间的交易规则一旦依照协议共识写入区块链，就将成为标准，无法再进行篡改。

17.1.2　商业制度创新的推动者

区块链技术的出现在一定程度上改变了目前商业模式的制度基础和这

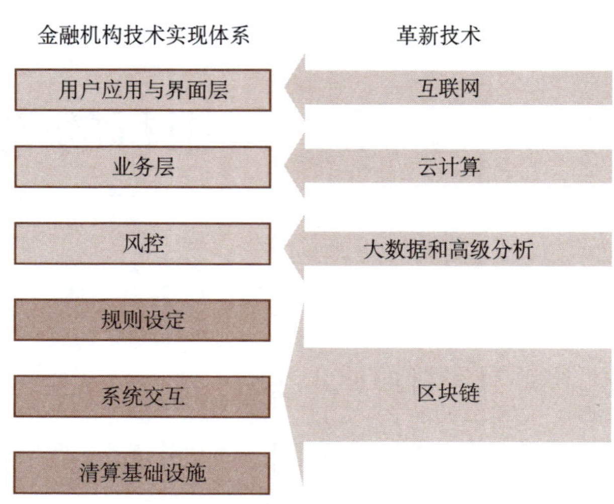

图 17－1 区块链技术的颠覆性

一模式下所有参与者之间的关系。现有金融体系的建立无法脱离三个基本制度框架：商业信任是依赖法律条文而存在的；资产转移交易是以独立第三方作为信用中介来保障实现的；交易结算和清算是以集中式的清算机构为中心来处理完成的。然而，区块链技术的出现将会颠覆这些人们习以为常的制度基础和商业流程。面对这场变革，传统制度框架下的金融中介机构应及时调整自身的角色，例如支付中介服务的支付组织 Visa 与证券发行和交易市场平台 Nasdaq，这两家中介公司已经发现区块链技术在未来会改变自身的商业价值，所以采用积极的态度去迎接技术革新，与 Chain（美国区块链技术初创公司）开展合作，将资金投入可应用区块链技术的领域中。

对于银行而言，它们会成为这一场新的技术革新中的技术受益方还是被颠覆方，在一定程度上取决于它们对区块链技术的态度。银行应该清楚地认识到自身在未来商业格局中所能够承担的角色，不可仅仅担任收取息差和交易费用的信用中介机构，而要做以积极的态度迎接新技术，思索运用区块链技术来提高自身的金融服务能力。

区块链技术可有效解决银行现有流程的多个痛点（见图 17－2）。

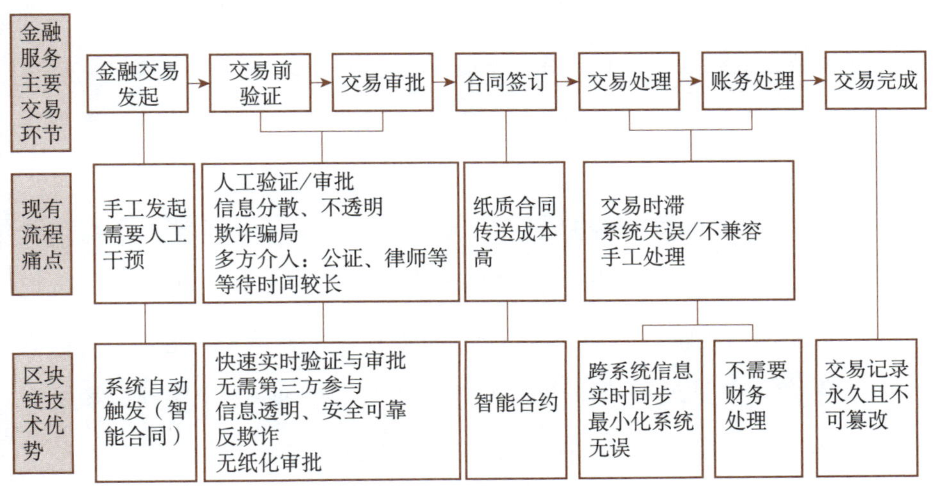

图 17－2　区块链技术对银行的冲击

区块链技术能够被应用在银行不同的业务上，包括支付结算、票据流转、供应链金融和证券发行与交易等业务领域，将惠及所有的交易参与方，包括银行、银行客户、银行的合作方（如平台企业等）。

区块链技术的应用将会解决目前金融服务各流程环节存在的效率瓶颈、交易时滞、欺诈和操作风险等问题，例如，现有流程中的手工操作、人工验证和审批工作将会转为自动化处理，纸质合同业也将被智能合约所取代，从而降低在交易处理环节的系统性风险。据相关统计，应用区块链技术可以节省跨境支付与结算业务交易流程中 40% 的交易成本。

17.2　银行业务与区块链的结合

17.2.1　数字货币

比特币及其他数字货币的出现与发展颠覆了人类对货币的概念，逐渐改变了人们使用货币的方式。随着人类的商业行为及社会发展不断推进，交易用货币从实物到金银再演变为目前使用的信用货币。现在，电子金融及电子商务已经走进了人们的生活，因为数字货币具有安全、便利、低交易成本的特性，明显更适合用于网络交易，它在一定程度上代替了物理货币的地位。

例如比特币，欧美国家已经在一定程度上接受了这种类型的数字货币，允许其用于支付商品费用，而且市场上也随之出现了比特币的借记卡、ATM 机等衍生物，还有机构搭建了可以让数字货币和法定货币自由流通的交易平台。譬如，美国的比特币交易平台 Coinbase、中国的交易平台 OKCoin 都支持法定货币与比特币之间的流转交易。

除此之外，许多国家也开始尝试发行数字货币。厄瓜多尔、突尼斯都曾采用区块链的技术发行国家管辖下的数字货币，这种数字货币能用于买卖商品、缴付水电费账单等领域。

同时，澳大利亚、俄罗斯、瑞典等国家也开始探讨发行数字货币的可行性。英国中央银行已经委托伦敦大学设计一套数字货币 RSCoin，并将其投入试验。2016 年 1 月，中国人民银行也曾召开数字货币研讨会，提出争取早日发行由央行管理的数字货币。

各国中央银行对于数字货币的关注是由于数字货币相比实物现金具有明显的优点。它能够使交易支付更加便利，减少传统货币发行、流通的成本，还可以并通过网络记录交易过程，防止洗钱、逃漏税等违法犯罪行为的发生，增强中央银行控制货币供给和货币流通的能力。同时，当区块链技术应用于数字货币中，资金和信息的安全性将得到更强的保障。

17. 2. 2　跨境支付与结算

上文 Ripple 利用区块链建立全球分布式清算结算体系的案例中已经讲到了区块链在跨境支付和结算领域对于银行业的变革。采用区块链技术以后，银行与银行之间的交易将会取消第三方金融机构所担任的中介，直接实现点对点的支付模式，从而取消隐形成本，并带来随时支付、实时到账、快速提现的优点。根据麦肯锡的测算，B2B 跨境支付与结算业务在应用区块链技术后，每笔交易成本会从 26 美元下降到 15 美元。

区块链解决方案使得 B2B 跨境支付中的中转银行不再需要（见图 17 - 3）。

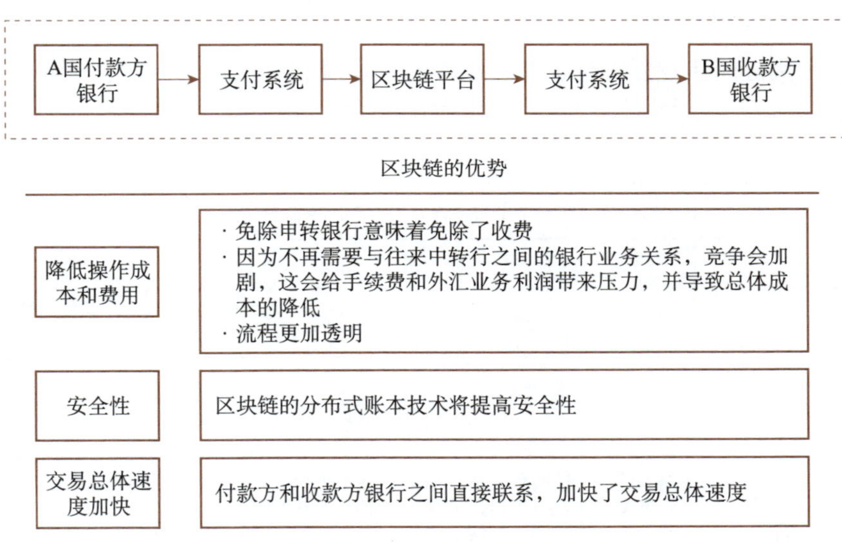

图 17 - 3　区块链技术在跨境支付与结算中的应用

17.2.3　票据与供应链金融

目前的票据交易存在一个第三方的角色来为票据交易流程进行增信，比如交易纸质票据时，其信任的基础是票据的真实性；交易电子票据，依托信任基础中央银行 ECDS 系统的检验证明。区块链的技术将取代原先中介所担任的角色，买卖双方可以直接进行点对点的交易，不再需要实物票据和 EXDS 系统担任增信环节。

区块链也能应用于供应链金融，现有的供应链金融采用纸质化作业，区块链可以帮助将这一流程数字化，去中心化的账本将会取代现有的系统，所有的参与方（包括供货商、进货商、银行）都会使用这一账本进行交易和储存信息，这不但可以增加效率，还能削减原先人工操作导致的问题。

根据麦肯锡测算，区块链技术应用于供应链金融业务后，一家规模银行一年能减少约 135 亿～150 亿美元的运营成本、11 亿～16 亿美元的风险成本；买卖双方企业一年预计也能减少约 11 亿～13 亿美元的资金成本及 16 亿～21 亿美元的运营成本。

区块链能让各方安全、清楚地掌握货物流和资金流，实现流线型供应链金融（见图 17－4）。

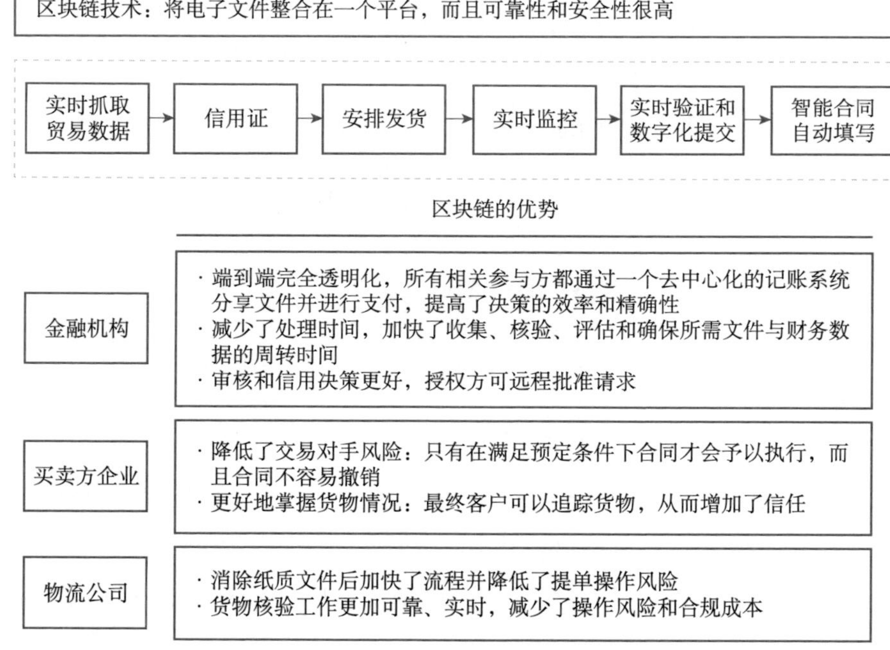

图 17－4　区块链技术在供应链金融领域的应用

17.2.4　客户征信与反欺诈

为防止客户发生欺诈、洗钱等行为，各国银行逐渐加强了在客户征信上的资金投入。据了解，为避免欺诈行为，汇丰集团增加了 5 000 多名法律合规部门的人员，瑞士联合银行则为此付出了 10 亿美元的代价，这些人力与物力的投入已经给银行造成了很大的财务负担。

区块链技术可以有效地防止欺诈的发生，由于所有的客户信息以及交易记录都储存在区块链上，而且区块链的交易信息以及客户信息是实时更新的，并会将这些信息自动化加密关联共享，银行可以通过对共享信息的分析和监控来发现哪些交易是异常的，从而防止欺诈的发生。目前，一些企业已经开始为银行设计以区块链技术为基础的系统，如 Chainalysis 公司，这家以打击反欺诈和数字货币洗钱为目标的初创型公司开始设计区块链的分析监测系统，以帮助银行通过监测公开账本的方式来进行反洗钱和反欺诈。

参考文献

［1］朱建峰、尚翠杰："我国商业银行操作风险管理研究"，《西北大学学报》，2011 年。

［2］葛林："欧洲商业银行的风险理念"，《金融经济》，2005 年第 4 期。

［3］李虹："我国网络银行业务发展及网络银行犯罪风险防范对策"，《重庆工商大学学报》（社会科学版），2007 年第 3 期。

［4］王石河："互联网金融时代的挑战"，《现代经济信息》，2012 年第 5 期。

［5］杨虎："基于大数据分析的互联网金融风险预警的模型构建"，《现代管理科学》，2014 年第 4 期。

［6］王振、刘颖："小微企业融资背景、困境及对策"，《学术交流》，2011 年第 7 期。

［7］［德］尼古拉·杰恩茨：《金融隐私——征信制度国际比较》，中国金融出版社 2009 年版。

［8］张玉喜："网络金融的风险控制研究"，《管理世界》，2002 年第 10 期。

［9］林铁刚：《征信概论》，中国金融出版社 2012 年版。

［10］杜迎伟："大数据时代征信业发展探析"，《金融时报》，2014 年第 9 期。

［11］王燕、康滨："商业银行欺诈风险管理的问题与对策"，《新金

融》，2008 年第 11 期。

［12］林明峰："电子银行反欺诈的思考"，《中国金融电脑》，2011 年第 8 期。

［13］何毅勇、余挈："关于银行业反欺诈的思考"，《银行家》，2013 年第 4 期。

［14］陈四清："试论商业银行风险管理"，《国际金融研究》，2003 年第 7 期。

［15］钟楚南：《个人信用征信制度》，中国金融出版社 2002 年版。

［16］何晓群：《现代统计分析方法与应用》，中国人民大学出版社 2001 年版。

［17］钱水土、黄震宇："信用评分模型在中小企业资信评估中的应用"，《商业经济与管理》，2004 年版。

［18］姜明辉、姜磊、王雅林："线形判别式分析在个人信用评分中的应用"，《管理科学》，2003 年第 1 期。

［19］章彰：《商业银行信用风险管理》，中国人民大学出版社 2002 年版。

［20］吴冲、乔木："商业银行非财务信用风险分析"，《哈尔滨工业大学学报》，2005 年第 7 期。

［21］姜明辉、王欢、王雅林："分类树在个人信用评分中的应用"，《商业研究》，2003 年第 12 期。

［22］毛保华："评价指标体系分析及其权重系数的确定"，《系统工程》，1991 年第 9 期。

［23］［加］Jiawei Han、Micheline Kamber 著，范明、孟小峰译，《数据挖掘概念与技术》，机械工业出版社 2001 年版。

［24］韩明："数据挖掘及其对统计学的挑战"，《统计研究》，2001 年

第 8 期。

［25］郭畅：“基于 Black-Litterman 模型的资产配置研究”，《湖北大学学报》（自科版），2009 年第 1 期。

［26］张爱国、胡勇：“‘均值—方差’模型分析应用于最有效的证券组合的研究”，《经济师》，2008 年第 8 期。

［27］吴磊：“智能投资顾问的运行风险与监管对策”，《时代金融》，2016 年第 5 期。

［28］李晴：“智能投顾的风险分析及法律规制路径”，《南方金融》，2017 年第 4 期。

［29］唐文剑、吕雯：《区块链将如何重新定义世界》，机械工业出版社 2016 年版。

［30］张哲宇、王玲：“区块链落地还有多远”，《财新周刊》，2016 年第 7 期。

［31］徐明星、刘勇、段新星、郭大治：《区块链重塑经济和世界》，中信出版集团 2016 年版。

［32］邹均、张海宁、唐屹、李磊：《区块链技术指南》，机械工业出版社 2017 年版。

［33］刘秋万：“区块链技术发展与银行业应用”，《金融电子化》，2016 年第 7 期。